JN180454

ヒッチコック映画読本

山田宏一

平凡社

目次

ヒッチコックが創案したところのフィルム・エクサイトメントのアイディアは、クローズアップの技法を発見したグリフィスの功績にも匹敵するものだ。

――植草甚一

第1章

アルフレッド・ヒッチコック覚え書

1 「たかが映画じゃないか」とヒッチコックは言った

一九六二年にフランソワ・トリュフォー（当時三十歳）がアルフレッド・ヒッチコック（当時六十三歳）に五十時間にわたっておこなったインタビューを一冊の本にまとめた「ヒッチコック／トリュフォー」が英仏二か国語で同時出版されたのは一九六六年、フランス語版の題名は「Le cinéma selon Alfred Hitchcock（アルフレッド・ヒッチコックによれば映画とは……／アルフレッド・ヒッチコックによる映画論、といったところか）」、英語版の題名が「Hitchcock / Truffaut」、邦題は英仏語版を合わせた感じで「映画術 ヒッチコック／トリュフォー」の題で一九八一年に刊行された。「映画の教科書」「映画のバイブル」とみなされる名著として知られるようになって今日に至る。二〇一五年にはケント・ジョーンズ監督によってドキュメンタリーとして映画化され、カンヌ映画祭に公式出品、日本公開（二〇一六年末）も決まって、この私が――いちおう「映画術 ヒッチコック／トリュフォー」の日本語版にかかわったということもあって――日本語字幕の翻訳を担当することになったのである。

「サスペンスの巨匠（master of suspense）」、日本では「スリラーの神様」とよばれたアルフレッド・ヒッチコック監督である。一九二五年から七六年まで、五十一年間におよぶ監督歴において五十三本の長篇映画（それにイギリス時代の共同監督作品や戦時下の二本の短篇戦争プロパガンダ映画）を撮った。ひとくちにスリラーとよばれる犯罪ミステリー映画が主な作品で、数々の大ヒットを記録したが

（アメリカ時代のヒッチコック作品だけでも二億ドル以上の収益を上げたという）、それ以上に、映画技法＝映画術の刷新者（innovator of the cinematic art）として「映画芸術の発展に貢献した」ことに対して、亡くなる一年前の一九七九年にはAFI（アメリカン・フィルム・インスティテュート）功労賞が授与されたのであった。一九六六年に出版されたフランソワ・トリュフォーによる大冊「映画術 ヒッチコック／トリュフォー」以後高まったヒッチコックについての評価がついに功労賞の形になったとみなすこともできよう。実際、フランソワ・トリュフォーは授賞式にスペシャル・ゲストとして招かれ、下手くそながら英語でヒッチコックへの祝辞を述べた。

ここ、アメリカではヒッチの愛称で親しまれている映画監督を、フランスではムッシュー・ヒッチコックとよんで尊敬しております。アメリカでは、彼がラヴシーンをまるで殺人のシーンのように撮ることで評価されていますが、フランスでは、彼が殺人のシーンをまるでラヴシーンのように撮ることで尊敬されているのです……。

しかし、その前に、なんといっても、テレビの「ヒッチコック劇場」でサスペンスの巨匠は世界中にその名を知られるようになったと言えるだろう。一九五五年十月から六二年六月まで全米で放映された三十分ものの TVシリーズで、日本では一九五七年から六二年まで（その間一年半ほどの中断はあったが）放映された。グノーの「マリオネットの葬送行進曲」として知られるようになった、不気味というよりのんびりしたメロディーをテーマ曲にヒッチコック自身の手描きによる横顔のシルエットからはじまり、最初と最後にヒッチコック本人が出てきて人を食った口上を述べる。ヒッチコックの名を最もポピュラーなものにした番組であった。その後も——一九六〇年代に——一時間ものの「ヒッチコック・サスペンス」が放映された。

AFI功労賞も最初はテレビ（たしか「ザ・テレビジョン」という番組）で放映され、その後レーザーディスクで——私の字幕監修で——発売された。久しぶりに、あらためて見直した。

ヒッチコックの業績をたたえるAFI功労賞の授賞式も「ヒッチコック劇場」のテーマ曲とともにはじまる。サファリ・ルックのヒッチコックが竿の先についた大きな網を手に登場。「ええー、お笑いを一席」といった口調で「ここはハリウッドという密林のまんなかです」と口上を述べはじめる。

みなさん、ハリウッドの夜の闇へようこそ。夜の静寂はスターの名声が落ちる音まで聞こえるほどの静けさです。水飲み場にはゴシップ好きの野獣たちが集まってきて、中傷やら蔭口やら、急にやかましくなります。

わたしは大きな獲物を狙うためにガイドを雇いました。（「スター住所録」と書いたプラカードをぶらさげたガイドが現れる）。彼ならどこに大物がいるのか知っていますから。

ヒッチコックがロンドンの電信会社の広告宣伝から、やがて一九二一年にはサイレント映画の字幕デザイン、次いで美術、脚本、助監督と仕事の幅を拡げていき、また「彼は小柄な赤毛の女性に求愛して結婚し、生涯のパートナーになる」デビュー当初の経歴が語られる。

彼女はイギリスにおける映画の編集と脚本の第一人者でした。アルマ・レヴィルです。彼女の助力を得て、ヒッチコックはドイツとイギリスで九本のサイレント映画を監督。すでに一九二六年の『下宿人』には大胆で斬新な手法が発揮されます。天才の開花でした。つづいてイギリス最初のトーキー『恐喝（ヒッチコックのゆすり）』（一九二九）。音声を得ていっそうヒッチコックは大胆でした。「ナイフ」という言葉の使いかたには、いまなおおどろかされます。

『下宿人』で、ロンドンの深い霧の夜、ドアをあけると下宿人のアイヴァー・ノヴェロが現れるシーン。そして、二階の下宿人が落ち着きなく歩くその足音が聞こえてくるかのように、天井のシャンデリアがゆれ、階下の人々が不安げに見上げると、厚い透明なガラスをはめこんだという天井をとおして二階の下宿人の靴底が、歩きまわる姿が、下から見えるという仕掛けは「純粋に視覚的な実験」だった。

このヒッチコックをたたえる夕べの司会と進行はヒッチコックの三本の映画、『白い恐怖』（一九四五）、『汚名』（一九四六）、『山羊座のもとに』（一九四九）のヒロインを演じたイングリッド・バーグマンで、こんなふうに、ユーモラスに、しかしかなりずけずけと挨拶する。

何よりもまずＡＦＩをたたえたいと思います。観客がすでに五十年前から知っている事実

デビュー当初のヒッチコック。1926年、ミュンヘン（ドイツ）のエメルカ撮影所で監督第２作『山鷲』撮影中。右がスクリプターのアルマ・レヴィル

――ミスター・ヒッチコックが天才であるという事実――をAFIがついに認めてくださったことを心からたたえたいのです。鳥肌が立つような作品ばかり撮りながらミスター・ヒッチコックがわたしたちに与えてくれた恐怖と感動を今宵ここに集まった誰もが感謝とともに称讃することでしょう。個人的にもわたしは女優としてのキャリアを築く手助けをいただいたことに心から感謝しています。ミスター・ヒッチコックは、衣裳、小道具に至るまですべての細部をきちんと準備し、衣裳係や小道具係にたずねられると、いつも「台本に書かれてあるだろ」と答えました。しかし、俳優の演技だけは「台本に書かれてある」だけではすまないのです。俳優にも考えがあり、意見があるからです。するとミスター・ヒッチコックはイライラして不機嫌になったものです。わたしがミスター・ヒッチコックと初めて口論したのは一九四五年の『白い恐怖』のときです。「ここはどうしてもこういう気持ちになれない」とわたしが言うと、あなたはこう答えましたね――「イングリッド、ふりをしろ（fake it）」。人生で最高のアドバイスでした。（大爆笑）

その後、わたしはさまざまな監督から無理を強いられて口論になりかけましたが、そのたびにどこからかあなたの声が聞こえてきたものでした――「イングリッド、ふりをしろ」。それで口論にならず、不愉快な思いをしなくてすんだのです。

実際には、『山羊座のもとに』の撮影中に、イングリッド・バーグマンがあまりにも文句ばかり言うので、ヒッチコックが「イングリッド、たかが映画じゃないか（it's only a movie）」と答えたという名言のほうがよく知られているのだが、『山羊座のもとに』を最後にコンビを解消するに至ったヒッチコックとイングリッド・バーグマンの確執も最期には——ヒッチコックの最期には——こんな形でユーモラスに、和気あいあいのムードのなかで、氷解することになったということなのかもしれない。

ヒッチコックの最期？——そう、それはまさに最期と言ってよかった。トリュフォーはこんなふうに回想している。

サスペンスの巨匠を囲む夕べは和気あいあいのムードで進行していったが、しかし、これほどサスペンスにみちた夜はなかった。出席者の誰もが、ひとことも口にはださなかったものの、ヒッチコックがこの祝賀会の終わりまでもちこたえてくれるだろうかという不安におののいていたのである。実際、この祝賀会の模様は、テレビ放映用に最後に受賞者のヒッチコックがスピーチするところだけを祝賀会の何日か前に、ヒッチコックの体調がいちばんいいときに撮影しておいたものをモンタージュしたものだった。［……］八十歳になろうとしていたヒッチコックは、次回作として企画していた『みじかい夜』を、体力の衰えから、もはや撮ることができないことを知り、一九七九年五月にはみずから「アルフレッド・ヒッチコック・プロダクション」のオフィスを閉じてしまった。［……］

もはや映画を撮る力がなくなったことを自覚せざるを得なかったのである。ヒッチコックにとって、映画を撮ることができないということは、とりもなおさず、死を意味していた。そうなのだ、映画を奪われたヒッチコックは、もはや、死ぬことしか考えていなかったにちがいない。「たかが映画じゃないか」の名せりふで知られるこのサスペンスの巨匠にとって、映画は――「たかが映画」が――彼のすべてであり、全人生であったのである。

ヒッチコックは映画だけを愛した映画作家だった。あるいはむしろ、敬虔な信者が神とともにあるように、日々、映画とともにあったのだと言ったほうがいいかもしれない。映画の他に神はなかったのだ。映画のためだけに生きてきたのである。(『映画術 ヒッチコック／トリュフォー』日本語版のためのあとがき)

AFI功労賞はまさにヒッチコックの人生の最期を飾り、たたえるというのにふさわしい賞であった。功労とは「大きな功績とそのための努力」(『大辞泉』)のこと。英語では「life achievement(一生をかけて成し遂げたこと／生涯の業績)」。功労賞というのは、皮肉っぽく言えば(いや、心からの讃辞としても)、「あとはゆっくりおやすみください。ご苦労さん」という賞なのだとずばり言ってもいいだろう。

ヒッチコックにもう「あと」はなかった。その後の人生などなかったのだ。映画を撮れずに生きていてもしかたがなかったのだとトリュフォーが書いたとおりだろう。

だが、人は死んでも作品は残る。AFI功労賞授賞式のときに紹介されたヒッチコックの代表作のさわりのシーンだけでも忘れがたいものばかりだった。一九二〇年代に「巨匠の頭脳を持った若者」としてヒッチコック監督の名を知らしめたサイレント時代の名作『下宿人』、イギリス

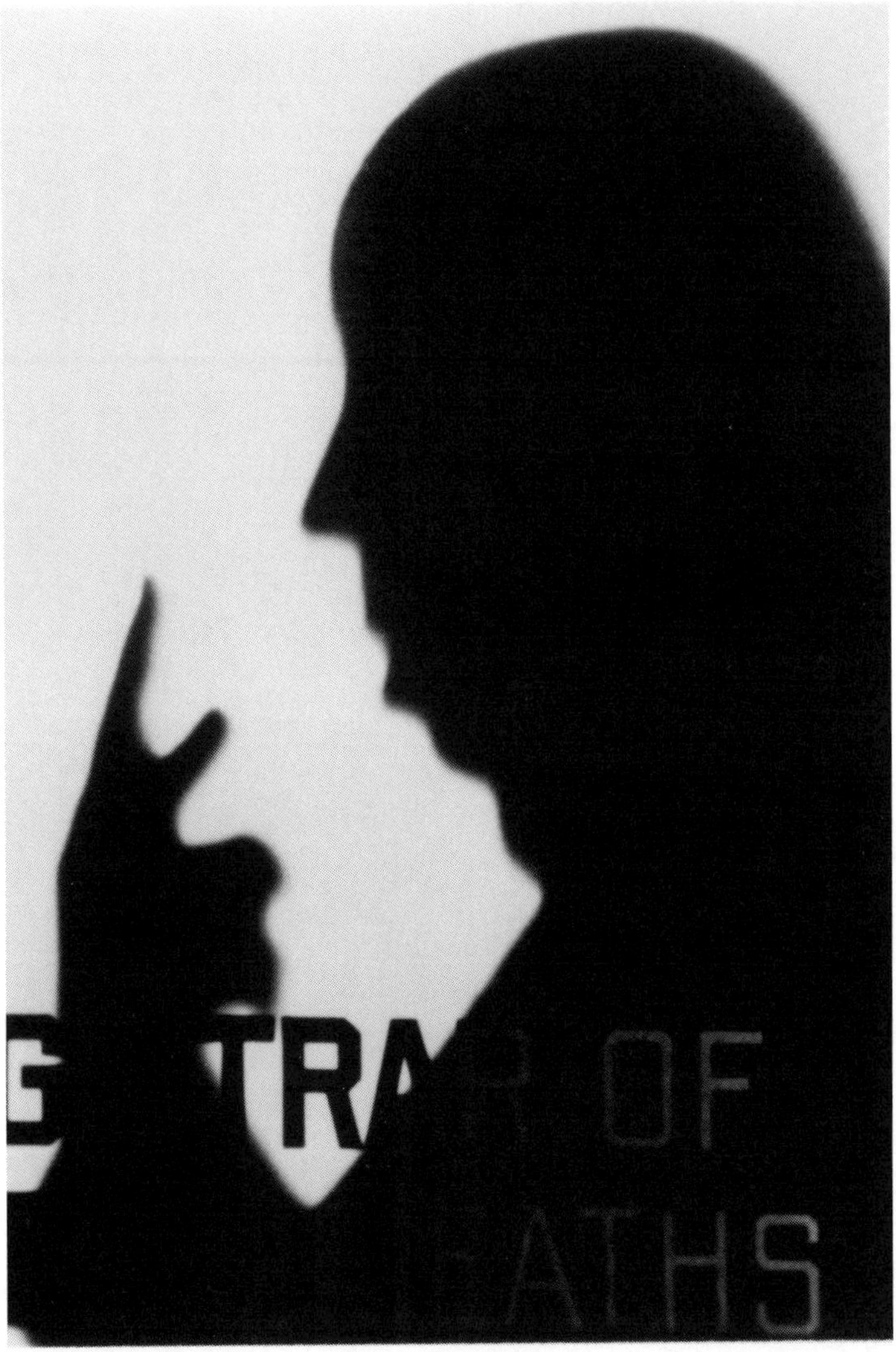

ヒッチコック最後のスクリーン・シルエット。1976年、『ファミリー・プロット』に特別出演。

映画のトーキー第一作『恐喝（ヒッチコックのゆすり）』、『三十九夜』（一九三五）、『バルカン超特急』（一九三八）、そして『暗殺者の家』（一九三四）からその二十二年後のリメーク『知りすぎていた男』（一九五六）へとイギリス時代からアメリカ時代へつなぎ、監督本人が挨拶やギャグのようにチラッと登場するおなじみの顔見せ的な特別出演（cameo appearance）、イギリス時代の『恐喝《ゆすり》』からアメリカ時代の最後の作品になった『ファミリー・プロット』（一九七六）まで次々に出演するかと思えば、世界中の映画観客を戦慄させた『サイコ』（一九六〇）のシャワーの殺人シーン、『見知らぬ乗客』（一九五一）のラストのすさまじい回転木馬の暴走シーン、『めまい』（一九五八）の高所から下をのぞきこむ一瞬のめまいの映像効果、『ダイヤルMを廻せ！』（一九五四）のハサミの殺人シーン、『北北西に進路を取れ』（一九五九）のラシュモア山の頂上から寝台車へつながる鮮やかな幕切れ、『鳥』（一九六三）の学童たちがカラスの群れに襲われるシーンといったヒッチコックならではの恐怖とサスペンスにみちた名場面もたっぷり見られるという盛り沢山の抜粋集である。

こうした忘れがたい名場面や名せりふが次々に浮かんでくるだけでもヒッチコック映画はたのしい。映画ファン同士でヒッチコック映画のこととなると話は尽きない。

AFI功労賞受賞の一年後、ヒッチコックは八十歳でこの世を去ったが、それから三十五年後に（トリュフォーもその間に、一九八四年、五十二歳の若さでこの世を去ったので、それから三十一年後に）ドキュメンタリー『ヒッチコック／トリュフォー』では世界の現役の映画監督たちがまるで映画ファン同士のようにヒッチコック映画について語る。どんな監督がどんなふうに語るのかは見てのおたのしみということにして、私の心に残った証言のひとつに、キム・ノヴァクが二役を演じる狂おしくめまいのような傑作『めまい』（一九五八）について、死んだ女を自分の性的なイメージどおりによみがえらせようとするジェームズ・スチュアートの執念をデヴィッド・フィンチャーが「美しい変態」とまでたたえるところがある。ヒッチコック映画は古典になったのだ、というよりも、むしろ一作ごとに刺激する存在として生きているのは作品だけではない、ヒッチコックという作家《オートゥール》もまた、いまなお生きつづけているのだと錯覚してしまうくらいだ。

2 「俳優は家畜だ」とヒッチコックは言った

最初に見たヒッチコック映画はイギリス映画で『巌窟の野獣』（一九三九）という白黒作品だったが、ヒッチコック映画と知って見たわけではなかった。映画なら何でも見た時代だったのだ。私は中学生だった。

「ジャマイカ亭《イン》」（映画の題名も『Jamaica Inn』）と書かれた看板がカタカタ鳴って強風にゆれていた画面が思いだされる。「ジャマイカの烈風」というリチャード・ヒューズの冒険小説（一九六五年にアレクサンダー・マッケンドリック監督によって映画化され、『海賊大将』という邦題で公開された）もあるくらいだから、カリブ海のジャマイカ島は海賊と烈風で有名だったのだろう。すさまじい暴風雨、打ち寄せる荒波にもかかわらず、夜ごとにぎわう居酒屋。どうやらジャマイカ亭《イン》は海賊の巣窟になっ

『巌窟の野獣』（1939）左からロバート・ニュートン、チャールズ・ロートン、レスリー・バンクス、マリー・ネィ、モーリン・オハラ

ているらしい。美しく気の強そうなモーリン・オハラが猿ぐつわをかまされ、羽交締めにされて誘拐される。最後には海賊の総元締だったデブというより巨体のチャールズ・ロートンが海賊船の帆柱《マスト》のてっぺんから飛び降り自殺をする……といったシーンが暗く陰惨な画面とともに脈絡なくよみがえる。ヒッチコックのイギリス時代の最後の作品だったことはのちに調べてわかったことだが、日本で公開されたのは戦後、ずいぶんあとになって、一九五二年だった。

アメリカ時代のヒッチコック映画で最初に見たのは、『私は告白する』(一九五二)だったか、『見知らぬ乗客』(一九五一)だったか。ほとんど同時くらいに見たように思うけれども(日本公開は『私は告白する』が一九五四年、『見知らぬ乗客』が一九五三年だった)、アルフレッド・ヒッチコックという監督の名前を憶え、作品に監督本人がどんなふうにチラッと出てくるかを発見するのも映画ファンにはたのしみになっていることなどを知って見に行ったのが『私は告白する』のほうだった(映画の冒頭、石段の上のほうの道をふとったヒッチコックが横切っていく)ので、たぶん『見知らぬ乗客』のほうを先に見て、たちまちヒッチコック・ファンになってしまったのだと思う。

『私は告白する』も『見知らぬ乗客』も暗く陰惨な感じの白黒映画だったが、モンゴメリー・クリフトが秘密を口にだせずじっとこらえ、罪を背負わされて苦悩する若い神父を演じるのでいっそう暗く重苦しい雰囲気の『私は告白する』に対して、『見知らぬ乗客』は、交換殺人という暗く異常なスリラーで、ホモセクシャルなニュアンスなど当時の私にはまったくわからなかったものの、めがねをかけた若い女を殺人者が誘惑して首をしめて殺害するところなどは落ちためがねにその光景が映しだされるといった戦慄の構図とか、テニスの試合を観戦中の客席のなかにただひとり、テニス・ボールの行方を追わず目も首も動かしていない殺人者がいるといった無気味なサスペンスにみちたシーンとか、とくにラストの、制御がきかなくなった遊園地のメリー・ゴー・ラウンドが暴走列車のようにものすごいいきおいで加速度をつけて回転するスリリングな迫力といったらなかった。息もつかせぬすさまじさだった。ヒッチコックが登場するおなじみのシーン（テニス選手のファーリー・グレンジャーが列車から降りてくるのとすれちがいに大きなコントラバスをかかえたヒッチコックが乗りこむ）もあるのだが、そんなシーンがあったかどうか、ちょっと忘れてしまうくらいだ。

アルフレッド・ヒッチコック——もう絶対に忘れられない監督の名であり、原作者のパトリシア・ハイスミスという女流作家の名前もしっかりと憶えた。シナリオを書いたレイモンド・チャンドラーがハワード・ホークス監督の『三つ数えろ』（一九四六）の原作者であったことを知ったのはもう少しあとになってからだったが……。

ジョーン・フォンテーンをヒロインにした『レベッカ』（一九四〇）や『断崖』（一九四一）、イングリッド・バーグマンをヒロインにした『白い恐怖』（一九四五）や『汚名』（一九四六）、あるいはテレサ・ライトをヒロインにした『疑惑の影』（一九四三）など、戦中のヒッチコックの白黒作品は戦後の映画ファンにしかすぎない私には当然ながら同時代的に見ることなどできなかった。『レベッカ』と『白い恐怖』の日本公開は一九五一年、『汚名』の日本公開は一九四九年だったことはのちに調べてわかったのだが、もしかしたら地方では封切られなかったのかもしれない（私は一九五三年に高校を卒業するまで東北の小さな村や町に疎開していたので、いずれにせよ、見るチャンスに恵まれたのはずっとあとになってからだった）。

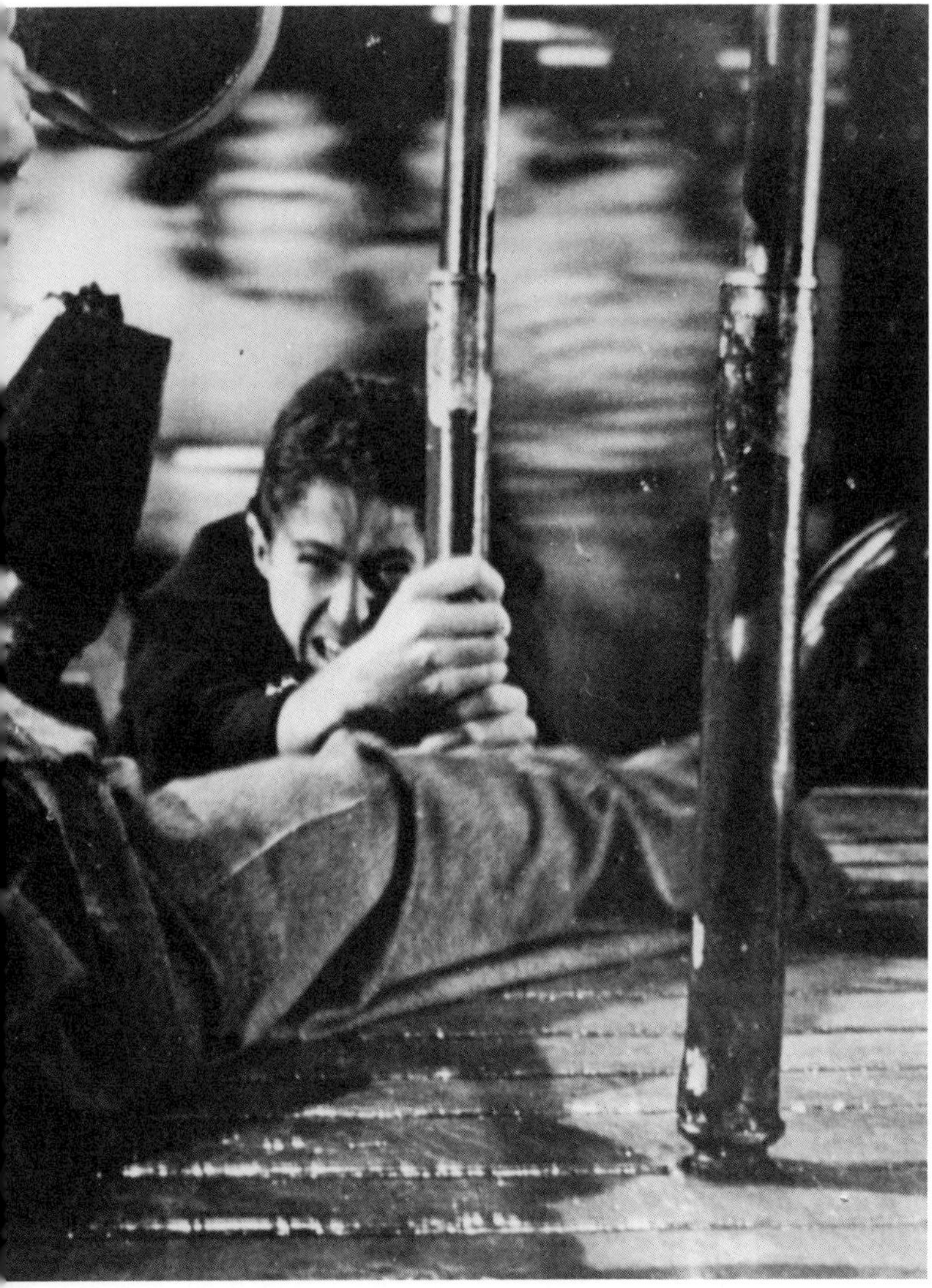

『見知らぬ乗客』(1951) ファーリー・グレンジャーとロバート・ウォーカー（手前）

『ダイヤルMを廻せ！』（一九五四）につづいて、『裏窓』（一九五四）、『泥棒成金』（一九五五）と美しいテクニカラーによるヒッチコック的美女の典型であるクール・ビューティ（英語ではクール・ブロンドとよばれる）、グレース・ケリーをヒロインにしたロマンチックな、サスペンスとユーモアがバランスよくたわむれるヒッチコック・タッチの絶好調の時代がはじまる。

『泥棒成金』のあと、グレース・ケリーがモナコ王妃になって、最高のヒロインを失ったヒッチコックはその後、周知のように、ヴェラ・マイルズ、キム・ノヴァク、エヴァ・マリー・セイント、ティッピ・ヘドレンと次々に代役（グレース・ケリーの替え玉と言ってよかった）を起用したものの満足せず、それだけいっそう映画的な技巧に磨きをかけることになったとも言えるかもしれない。『めまい』（一九五八）、『北北西に進路を取れ』（一九五九）、『サイコ』（一九六〇）、『鳥』（一九六三）とつづくヒッチコック映画は映画史の最高峰とみなされるべき傑作群であることは間違いない。映画館で上映されるたびに、テレビで放映されるたびに、見ずにはいられなかったし、見るたびにそのすばらしさに魅惑された。そんななかで、『私は告白する』以上に救いのない暗い沈鬱な異色の白黒作品、『間違えられた男』（一九五七）では冒頭（というか、映画がはじまる前）に逆光をうけて立つヒッチコックが「これは真実の物語です」と挨拶するのも印象的で忘れられない。

一九六〇年代に私は三年間ほどパリに滞在して、シネマテーク・フランセーズやシネマ・ダール・エ・デッセーとよばれる名画座チェーンで、戦前のヒッチコック作品や日本未公開作品をほとんど見ることができる幸運に恵まれた。なかでも、『三十九夜』（一九三五）と『バルカン超特急』（一九三八）はのちの——アメリカ時代の——『北北西に進路を取れ』につらなる「笑いと戦慄を交錯させた」スパイ活劇の傑作で、何度も見に行き、見るたびに感動し、興奮した。ヒッチコック映画のサスペンスの構造にはつねに、恐怖や戦慄とうらはらに笑いやユーモアが躍動していて、相反する要素がいわば対位法的に交互に累積的に作用しあって、サスペンスを高めていくかのようだ。たとえば『三十九夜』の発端のエピソード。

ミュージック・ホールの舞台では古今東西の出来事をすべて詳細に記憶していて、それを売り物にしているミスター・メモリーという芸人のショーがはじまる。いろんな質問が客席のあちこちから飛んで、そのひとつひとつにミスター・メモリーは正確なデータで答えていくのだが、観客のなかに田舎者らしい爺さんがいて、「うちのニワトリが急病で死んでしまったが、その病名は？」といったような些末な質問をしようとしては、隣席の奥さんらしき婆さんに、「あんた、バカなことを訊くんじゃないよ！」と口止めされる。それでも、爺さんはなんとか自分の質問の実現のチャンスを窺っている。と、突如、ミュージック・ホールの一角で乱闘騒ぎになり、ピストルの銃声がひびき、お客たちは動揺して、一斉に出口へ殺到しはじめ、大混乱になる。これはこの映画の事件の発端であり、重要な伏線ともなるエピソードなのだが、ここで愉快なのはこの大混乱の真最中に、まるで事件に関係なく、例の百姓の爺さんが、恐怖にひきつった表情で出口へ逃げていくお客にもまれながらも、なお、舞台に向かって、「質問！ うちのニワトリは……」などと口走っていることであった。

ミュージック・ホールの大混乱のなかで、主人公（ロバート・ドーナット）はアナベル・スミスと名のる謎の美女と出会うのだが、彼女はじつは国際的なスパイで、39階段（映画の原題も『The 39

Steps』）という秘密の暗号を口走り、その夜、彼のアパートで背中に短剣だったか出刃庖丁だったかを突き刺されて死ぬ――「逃げて！　次はあなたよ！」と言い残して。

『バルカン超特急』は原題『The Lady Vanishes（貴婦人失踪）』どおり、ノン・ストップで走る列車のなかでひとりの老婦人（彼女もまた諜報部員なのである）が忽然と消え失せてしまうというドラマチックな展開だ。どの作品もこれぞヒッチコック映画という血湧き肉躍るおもしろさ――それも、何度見てもドキドキさせる、まさにつきせぬおもしろさなのである。

しかし、おもしろいけれども大した内容がない、荒唐無稽なおもしろさだけで現実味がない、というような批判も多かった。ヒット作がつづき、ヒッチコックはおもしろいという世評が高まるにつれて、サスペンスの巨匠に対する批評もきびしくなったということもあるだろう。テレビの人気者となり、「ヒッチコック・マガジン」や「ヒッチコック・アンソロジー」やらの出版物でもマスコミの寵児となり、金もうけがうまくて商業的大成功を収めたことへのやっかみのようなものもあったにちがいない。スリラーの神様、サスペンスの巨匠とは名ばかりで、ヒッチコックというのは結局映画のテクニシャンとしては天才的で超一流だが、「作家」としては、「芸術家」としては、認めがたいということだったのだろう。「恐怖の三要素であるサスペンスとスリルとショックとが、つねに重層的に現れるその立体性」で「新スリラー」ともよぶべきジャンルとスタイルを創造したヒッチコックだが、「結局そのつみ重ねと繰り返しの中で、局部のスリルじたいだけを目標とする恐怖ショウに形骸化していったことを否めない」と荻昌弘は書いている（「ヒッチコック技法の基礎」／「世界の映画作家12　アルフレッド・ヒッチコック」、キネマ旬報社）。

『三十九夜』(1935) ロバート・ドーナットとルッチー・マンハイム

後年の彼（ヒッチコック）は映像で映像に戯むれはじめた。『泥棒成金』いらいの、笑劇化は、いわば彼が彼自身のパロディをうたいはじめた証明であった。これが彼のカラーの開始と時期を一つにすることに、私は小さからぬ関心をもつのである。カラーがやってきたときこの人は、自分の世界の崩壊を、いちはやく自覚してしまったのではないか、と。

そして「……」結局、ハリウッドという風土で映画文化最高の名声と収穫をうることのできたこの人物は、イギリスを離れてハリウッドへ渡ったことじたいが、作家としての決定的な不幸であった、と考えられないこともないのである。

ヒッチコックは、ハリウッドのため自身を分明に翻訳してやることで、スリラーを汎世界化すると同時に、彼自身の作家性は、地の塩として溶解させたのである。

イギリスの批評家で映画監督のリンゼイ・アンダーソンがインタビューなどで、よくアメリカ時代のヒッチコック映画の「通俗化」についてきびしく批評し、嘆いていたことが思いだされる。ヒッチコックはイギリスを捨ててハリウッドへ去ったとき、「商業主義という悪魔にその魂と才能を売り渡した」のであり、「その作品はイギリス的風土のなかで培われた芸術性を失って通俗化したことが惜しまれる」というのである。

こうした批判に対して、フランスの「カイエ・デュ・シネマ」誌の批評家たちが敢然としてヒッチコックの擁護と顕揚に邁進しつづけていたことを知ったのはずっとあとになってからだった。私は単なる映画ファン、ヒッチコック・ファンでしかなかったから、一九六〇年代半ばにたまたま（とはいっても、フランス政府の給費留学生の試験に私なりに相当頑張って合格して）パリに行って（とはいうものの、じつはめざす映画高等学院には口頭試問で落とされて入学できなかったのだが！）、「カイエ・デュ・シネマ」誌の若い批評家たちと知り合うことになって映画批評らしきものを書くようになり、そんな批評的環境のなかで、戦後、とくに一九五〇年代からのヒッチコック擁護論が批評家から映画監督になったヌーヴェル・ヴァーグの「作家主義」のマニフェストであったことを否応なしに知らされた次第だ。とくにフランソワ・トリュフォーがヒッチコックに五十時間ものインタビューをおこなってまとめた大冊『映画術　ヒッチコック／トリュフォー』は、ヒッチコックの映画的創造がハリウッドでこそ——トリュフォーの表現によれば「アメリカ映画的様式化」に向かって——完璧に達成されたことを証明してみせたのだった。「ヒッチコック本来の映画的資質、つまり強烈なエモーション、すばやいアクション、衝撃的な事件が次々に起きてクライマックスに達するストーリーを一気に語るヒッチコックならではの才能はハリウッドでこそ自由奔放に発揮されたように思えるのだ」と。

ヒッチコックがすぐれてアメリカ映画の監督であり、「アメリカ映画を一身に体現」することになることについては、ジャン＝リュック・ゴダールも「彼が人々のために、観客と批評家のために、映像と映像のつながりとに、アメリカ映画がもっていた力のすべてをとりもどしてやったからなんだ」と強調する。

人々はヒッチコックとともに、映画は今もなお、なにものにもひけをとらない、あのとてつもない力を保持しているということを再発見して満足したものだった。人々はそれによって、きわめつきの大衆芸術である映画はこれからもずっとつくられつづけるだろうという安心を得ることができたわけだ。またおそらくは、だから自分は大衆として存在しているという安心を得ることができたわけだ。(『ゴダール全評論・全発言II』、奥村昭夫訳、筑摩書房)

ヒッチコックは「きわめつきの大衆芸術」として「偉大なアメリカ映画の復活であり希望」であったのだ、と。「彼(ヒッチコック)は人々のために、かつてサイレント映画であったはずのもの、きわめて大衆的なものであってしかも大いにそれ以上のものであろうとしていたなにかを定義し直したわけだ」とゴダールはつづける。

ヒッチコックはサイレント映画を知っていた世代、サイレント映画出身の世代に属している。ヒッチコックにおいては物語は真に映画から生まれ出ていて、画家においてモチーフが展開されていくのと同様、その映画の展開と同時に展開されていく。

『知りすぎていた男』(一九五六)のクライマックス、ロンドンのアルバート・ホールのコンサートのシーンは、まさに「かつてサイレント映画であったはずのもの」、ヒッチコックが「サイレント映画を知っていた世代」の監督であることを、見事に証明する台詞なしの「純粋映画」の極致だ。

三百メートルのフィルム一巻まるまる、音楽だけで、台詞なしという息を呑むサスペンス。

ジェームズ・スチュアートのこんな証言がある。一九七九年のAFI功労賞がヒッチコックに授与されたときのスピーチである。

ミスター・ヒッチコックはかつてこう言ったそうです。「俳優は家畜だ」。（笑）

「それはちがう」と彼は訂正しました。「俳優は家畜のようにあつかうべきだと言っただけだ」と。（爆笑）

しかし、彼は思いやりがあり、おもしろく、細心で、明晰です。

人をたのしませることを使命としてきた男です。まさにそのために彼の人生のすべてを捧げたのです。

サイレント映画から出発した監督らしく、彼は言葉よりもアクションを重視しました。『知りすぎていた男』の撮影を思いだします。シーンはロンドンのロイヤル・アルバート・ホール。妻のドリス・デイをさがして、わたしは階段をのぼっていく。ホールのなかではロンドン交響楽団が演奏中です。わたしは階段を上がって二階の廊下で警官たちにとめられながらも、事情を説明するためにたくさんのせりふを言う。長いせりふだけれども、それで話の展開がよくわかる。

わたしはしっかりせりふを覚え、何度も練習をしておきました。本番でわたしは必死にしゃべりまくった。走りまわりながらしゃべった。シーンの終わりに、ミスター・ヒッチコックは

「カット」と言い、こうつづけました。「もう一度やろう。あんたのしゃべる声が大きすぎて、せっかくのロンドン交響楽団の演奏が聞こえなかった」。(爆笑)

そして、こう言うのです。「せりふは全部省こう。ただ緊張した顔でドリス〔・デイ〕をさがすだけでいい」。

わたしは抗議しました。「だって、このせりふは重要でしょう」。

でも、彼は「音楽の邪魔になる」と言い張るのです。

ミスター・ヒッチコックの映画に出るときは、俳優は演技を二種類やってはいけない。一種類しかないからです、彼の流儀しか。(爆笑)

まるでイングリッド・バーグマンの挨拶に逆らってヒッチコックの流儀を全面的に擁護しているような、たのしいスピーチだった。

一九七〇年代になって、トリュフォーの勧めもあって、私は「映画術 ヒッチコック/トリュフォー」の翻訳にとりかかり、フランス留学(?)時代に知り合った蓮實重彦氏の全面的な協力を得ながら、一九八一年末にやっと日本語版を仕上げることができた。マクガフィンとかレッド・ヘリングといったヒッチコック的な映画用語を学んだのもこの本のおかげだった。その間にヒッチコックのアメリカ時代の主要な作品のちょっとしたリバイバル上映もあり、イギリス時代の日本未公開作品も劇場公開されることになり(『The Lady Vanishes』が『バルカン超特急』の邦題で公開されたのもこのときだった)、その前後に東京国立近代美術館フィルムセンターで「英国映画の史的展望」という回顧上映《レトロスペクティヴ》が開催されて、サイレント映画の名作『下宿人』（一九二六）や、飯島正が『金あり怪事件あり』と訳して紹介していた『Rich and Strange』（一九三二）が『おかしな成金夫婦』の題で上映され、その後、急速にビデオ時代になって、『恐喝』は『ヒッチコックのゆすり』（そして『恐喝《ゆすり》』になる）、『おかしな成金夫婦』は『リッチ・アンド・ストレンジ』の邦題でも発売され、一九五五年から六二年にかけてヒッチコックが演出したテレビ・シリーズ（主として「ヒッチコック劇場」の三十分ものを中心に一時間ものも多少加えて）二十作品もビデオ発売され、スリラー以前のヒッチコック映画（サイレント作品をふくむ）、『ダウンヒル』（一九二七）、『ふしだらな女』（一九二七）、『リング』（一九二七）、『農夫の妻』（一九二八）、『シャンパーニュ』（一九二八）、『マンクスマン』（一九二九）、『ジュノーと孔雀』（一九三〇）、『殺人！』（一九三〇）、『スキン・ゲーム』（一九三一）、『第十七番』（一九三二）もビデオ化され、そのなかの『殺人！』や『第十七番』などスリラー以前のヒッチコック・スリラーの傑作とも言うべきおもしろさで、ヒッチコック映画は最初からおもしろかったのだ、「作家」であろうとなかろうとヒッチコックはすばらしいのだとあくまでもファンとしての私は確信するに至り、このサスペンスの巨匠の全貌をとらえることのできるまたまた幸運にただ、ただ感謝せずにはいられなかった。

というわけで、俳優を最も大事にしていたからこそ口走ったにちがいない「俳優は家畜だ」というヒッチコックの名言もふくめて、「映画だけしか頭になかった」植草甚一さんさながら「ヒッチコック万歳！」を叫ぶことにしたのである。

3 ヒッチコック的「マクガフィン」とは?――サスペンスの原点

アルフレッド・ヒッチコックは「サスペンスの巨匠」の名でよばれる。日本では「スリラーの神様」とまで崇められた。

「探偵小説の父」エドガー・アラン・ポーのように、ヒッチコックはサスペンス映画とかスリラー映画とかよばれるジャンルの基本となる映画的プロットや映画的手法をほとんどすべて案出し、完成させてしまったので、いまなお、このジャンルの注目すべき新しい傑作が生まれると、それに対して「ヒッチコック的」という形容が最大の讃辞になるほどなのである。

殺人の話が三度の食事よりも好きだったというヒッチコック監督らしく、殺人あるいは死とか犯罪に関わりのない映画はほとんど撮らなかった。ミステリーはミステリーでも、死体が主役とまでは言わぬにしてもストーリーの進行に最も重要な役割をつとめる狂言回しを演じる『ハリーの災難』(一九五六)のような軽妙洒脱なコメディーもある。

どんなに気味の悪い話でも、たとえばシャワーを浴びる若い女性が突然出刃庖丁で惨殺される『サイコ』(一九六〇)にせよ、鳥という鳥が突然人間を襲う『鳥』(一九六三)にせよ、けっして観客にもう思いだしたくもない、話題にしたくもないというほどのどぎついグロテスクな表現に堕したことはなかった。

ユーモアが、笑いが、あちこちにちりばめられているのである。その一例がヒッチコック自身の登場で、ギャグのように、あるいはファンへのめくばせのように、一作ごとにチラッと特別出演するヒッチコックの太ったシルエットは、チャップリンの放浪紳士のスタイルと同じくらい有名になった。とくにテレビの「ヒッチコック劇場」（アメリカでは一九五五年から、日本では一九五七年から、六二年まで放映）で毎回、愉快な口上を述べるホスト役で出演し、世界中のお茶の間でも人気キャラクターになった。「お茶の間にも殺人や死体を次から次へとお届けした」が、いつも「うまい犯罪としゃれた殺人を描くように心がけてきた」とヒッチコックは述べ、その五箇条の「原則」を、「うまい犯罪、しゃれた殺人」（アルフレッド・ヒッチコック編、高橋泰邦他訳、早川書房）というアンソロジー（「ヒッチコック劇場」でテレビ化されたヘンリー・スレッサーの短篇小説集）の序文に、こう記している。

一、殺人はきれいなものじゃない。
二、暴力は、正当な理由がなければ退屈である。
三、本当の気難し屋はひとりもいない。
四、犯罪は引き合わないが、楽しいものであることは確かだ。
五、遊びが大切だ。

ヒッチコック映画には、哲学的なテーマとか社会的なメッセージのようなものはなく、ただひたすら人をたのしませようとする芸人根性のようなエンタテインメント精神だけがあふれかえっているのである。「人をこわがらせるのがわたしの仕事です」とヒッチコックはいつもながらのトボケた口調で言う（WOWOW放映「ドキュメント アルフレッド・ヒッチコック〜天才の横顔」）。

『サイコ』は残酷だ、ひどい映画だと非難されたが、あれはたのしい映画なんだ。金のかかった冗談《ジョーク》だよ。まじめにとるほうがおかしい。もともと人をこわがらせるためにつくったんだから。それ以外に何かを訴えているわけじゃない。

映画のぜいたくを尽くした純粋なたのしさこそ、ヒッチコック映画の醍醐味なのである。人をこわがらせておもしろがっているだけの、深い内容もない、悪趣味な娯楽映画だという批判があってもしかたがない。「たかが映画じゃないか」というヒッチコックの名言が不滅のアイロニーにならざるを得ない所以だ。

いや、そうとばかりは言えないかもしれない。

鳥インフルエンザの猛威ならぬ人間を襲う鳥の脅威を描く『鳥』は、単にSF的な奇想天外の恐怖映画という以上に、人類滅亡の危機を予告する現代の黙示録とも言うべき哲学的寓話なのだという評釈がある。カラスとカモメの集団が地上を征服してしまった『鳥』のラストの凄絶な静けさは、終末論の映像化として神学者たちに注目されたほどだった。なぜ鳥は人を襲うのかという命題がエコロジストやフェミニストや精神分析学者の論じる対象にまでなった。

『鳥』の前作、『サイコ』あたりから、ヒッチコック映画の戦慄的な衝撃をもたらす鮮烈なイメー

『サイコ』（1960）アンソニー・パーキンス　©AHP／D.R.

ジの「意味」を分析する研究が最近になって目立ちはじめ、人を怖がらせるだけのエンタテインメントの名匠が、いまや、「不安の文学」とよばれたカフカに匹敵する「不安の芸術家」とまでよばれるようになった。

ヒッチコックの映画を例証として、フロイト以後の精神分析学者ジャック・ラカンの学説を解明する「ヒッチコックによるラカン　映画的欲望の経済《エコノミー》」（スラヴォイ・ジジェク監修、露崎俊和他訳、トレヴィル／リブロポート）といった研究書も出た。

詩人のジャン・コクトーが、自分の映画（とくに遺作となった『オルフェの遺言』、一九六〇）について「意味」を求めても意味がないのだから「何故と問い給うな」と言ったように、ヒッチコックも、物語の展開のための口実、サスペンスをつくりだすためのきっかけは、何の意味もない「マクガフィン」だと言ったが、「マクガフィン」こそヒッチコックの犯罪哲学であり、ヒッチコックの殺人美学であり、ヒッチコック映画の妙味とも言うべきものなのである。

ラカンの精神分析学によれば、「マクガフィンとは意味を産出する解釈の運動を引き起こす空虚、あるいは現実界の裂け目」ということになるのだが、これだけではわかりにくいので「ヒッチコックによるラカン」を読み進めてもさらにややこしくて難解度は深まる一方だ。たとえば、マクガフィンとは「まさにラカンが対象aと呼ぶものである」とはいうものの（対象aは「たいしょうプチ・タ」のことらしいけれども、いずれにしても）、私にとってはちんぷんかんぷんだが、「それは実体としてはあるつまらないものを示す、欲望の原因としての対象である」とのこと。「この対象は、相互主観的な関係を生み出すことにおいてのみ、現実性を有する全くの見せかけであり、主体の欲望の原因となる完全に空虚な場所である。主体の欲望は遡及的にはこの対象によって規定される」。ウーン……大声里耳に入らずと詰《なじ》られても恥ずかしながらしかたがない。

ヒッチコック自身は、このサスペンスを生みだすためのプロットあるいは、ストーリー展開のきっかけ、仕掛けについて、「映画術 ヒッチコック／トリュフォー」のなかで、こんなふうに説明している。

マクガフィンとはストーリー展開のための一つの手だ。仕掛けだ。しかし、これにはおもしろい由来がある。キプリングの小説にはインドやアフガニスタンの国境で原地人とたたかうイギリスの軍人の話が多い。この種の冒険小説には、いつもきまってスパイが砦の地図を盗む話が中心になる。この砦の地図を盗むことを「マクガフィン」と言ったんだ。つまり、冒険小説や活劇の用語で、密書とか重要書類を盗みだすことをいうんだ。それ以上の意味はない。だから、へんに理屈っぽいやつがマクガフィンの内容や真相を解明しようとしたところで、何もありはしないんだ。わたしとしては、いつもこう考えている——砦の地図とか密書とかは物語の人物たちにとってはたしかに命がけで奪い合うほどの重要なものにちがいない。しかし、ストーリーの語り手としてのわたし個人にとっては何の意味もないものだ、とね。

ところでこのマクガフィンという言葉そのものの由来は何なのか。たぶんスコットランド人の名前からきているんじゃないかと思う。こんな小話《コント》があるんだよ。二人の男が汽車のなかでこんな対話をかわした。

——棚の上の荷物は何だね？

——ああ、あれか。あれはマクガフィンさ。

——マクガフィン？　そりゃ何だね？

——高地地方《ハイランド》でライオンをつかまえる道具だよ。

——ライオンだって？　高地地方《ハイランド》にはライオンなんかいないぞ。

——ああ、それじゃ、あれはマクガフィンじゃないな。

この小話《コント》は、マクガフィンというのはじつは何でもないということを言っているわけだ。

WOWOW放映の「ドキュメント アルフレッド・ヒッチコック～天才の横顔」には、ヒッチコック式マクガフィン（仕掛け）の例として、『バルカン超特急』（一九三八）と『北北西に進路を取れ』（一九五九）における例が引用される。

『バルカン超特急』では老婦人（デイム・メイ・ホイッティ）扮する諜報部員が、事件に巻き込まれたマイケル・レッドグレーヴとマーガレット・ロックウッドに「欧州二か国の協定」の暗号をメロディーで教えるところ、そして『北北西に進路を取れ』では、レオ・G・キャロル扮するアメリカ合衆国情報部長と事件に巻き込まれたケーリー・グラントとのこんな対話のシーンだ——「輸出入がやつの仕事さ」「輸出入って、何を？」「国家機密さ」。

国家機密が何なのか、その内容はわからない。それは国家機密だから極秘なのだ。映画にとってはそれが国家機密に属すること、国の運命を左右するほどの重要な秘密であるというだけで充分なのだ。実際、『バルカン超特急』や『北北西に進路を取れ』のおもしろさはそんなところにはないのである。というよりも、そんな国家機密の内容などにこだわる間もなく、映画そのもののおもしろさにひきずられ、魅せられてしまうのだが！

車のトランクをあけたとたんに司教が死んだようにだらりとくずれ落ちてくるというのはどうだろう、といったぐあいにヒッチコックは『ファミリー・プロット』（一九七六）のシーンづくりのアイデアをだすのだとシナリオライターのアーネスト・レーマンはそのハリウッド逸話集「Screening sickness」のなかに書いている。ルイス・ブニュエルのアヴァンギャルド映画『黄金時代』（一九三〇）で二階の窓から突然司教が投げ捨てられるところがあったけれども、その急激で唐突なイメージの強烈さにかけては、それに負けず劣らずさりげなく、大胆で、スキャンダラスで、衝撃的なヒッチコック・タッチだ。映画にそのアイデアがどんなふうに形を変えて生かされ、そんなことが起こるのはなぜかはストーリー展開のなかでいちおう説明されるものの、そのイメージの唐突な迫力《インパクト》は消えない。

『見知らぬ乗客』（一九五一）のシナリオを書いたレイモンド・チャンドラーも、ヒッチコックのシーンのつくりかたをちょっと皮肉っぽくこんなふうに書いている。

……私がヒッチコックについておもしろいと思うのは、ストーリーがどんなものになるかということにおかまいなく、頭の中で場面をつくりあげることです。われわれはストーリーについてではなく、彼がつくろうとする画面《ショット》について考えさせられるのです。こっちが仕事にかかろうとするたびに、ジェファスン記念碑の頂上でラヴ・シーンを撮ろうというようなことを言

って、私たちを面くらわせるのです。（清水俊二訳「レイモンド・チャンドラー語る」、早川書房）

ストーリーよりも画面《ショット》そのものの力で映画をひっぱっていこうとするこのヒッチコックの方法を、チャンドラーはまた、「彼は演出の効果やムードや背景については鋭い感覚を持っていますが、映画の仕事の核心についてはあまり気にかけていません」と批判してもいるのだが（「彼の映画のなかに理屈がとおらずに荒っぽい追っかけになってしまうものがあるのは、このためだと思います。登場人物に対する考えかたもむしろ幼稚です。ひと好きのする青年、社交界の娘、おびえている女、気味の悪い老婆、スパイ、三枚目的人物など……」）、たしかに、ヒッチコックにとっては「映画の仕事の核心」がシナリオではなく、それをいかに映画的に処理するかということである以上、この批判は自明の理と言わねばなるまい。ヒッチコック自身はそのヒッチコック・タッチの神髄をいつもながら有名な「マクガフィン」によって説明するだけ——マクガフィンとはいわばストーリーを回転させるための潤滑油のようなものであって、何の意味もないのであり、映画的な手であり仕掛けにすぎないのだ、と。

しかし、そんなわたしのやりかたに慣れていない〔シナリオ〕ライターと仕事をするときには、きまって、マクガフィンのことでもめるんだよ。ライターはマクガフィンとは何かということにどうしても執着する。何でもないんだ、とわたしは言うんだよ。たとえば『三十九夜』だ。スパイたちの真の目的は何か。小指のない男の正体は？　それに、映画の最初のほうで殺される若い女は何を求めていたのか。他人のアパートで背中を刺されて殺されるほどの重要な秘密をにぎっていたとしたら、それはいったい何なのか。そんなことはどうでもいいんだよ。わたしたちは映画をつくるんだからね。プロットのための口実が大きくリアルになりすぎると、シナリオとしてはおもしろくても、映画としてはややこしくてわかりにくくなってしまう。映画としておもしろくするためには、すべてをできるだけ単純にしなくてはならない……。(「映画術 ヒッチコック／トリュフォー」)

『汚名』(一九四六)のウラニウムを詰めたシャンペンのびん、『三十九夜』(一九三五)の暗号、『知りすぎていた男』(一九五六)の大使の暗殺計画、『ロープ』(一九四八)の死体、『めまい』(一九五八)の高所恐怖症、『北北西に進路を取れ』のカプランという名の存在しないスパイ……すべてサスペンスを活性化するための仕掛けとしての「マクガフィン」なのである。それが何かということを追求しはじめたらきりがないだろうけれども、じつはそんな余裕をまったく観客に与えないほどのサスペンスを盛り上げる「手」であり仕掛けなのである。

つい最近、「ヒッチコック・フェスティバル」と銘打たれて『ロープ』、『裏窓』(一九五四)、『ハリーの災難』、『知りすぎていた男』、『めまい』の五作品がリバイバル公開されることになった。一九四八年から五八年に至るヒッチコックの最も豊饒な十年の五作品だけに、それぞれユニークなタッチの異色作ばかりだ。

『ロープ』はホモの青年たちの殺人ゲーム、『裏窓』は不道徳なのぞきのミステリー、『ハリーの災難』は埋めたり掘りかえしたりの死体ゲーム、『知りすぎていた男』は外国の陰謀に巻き込まれた

『三十九夜』(1935) ゴッドフレー・タール(手前)とロバート・ドーナット

家族の物語、『めまい』は死んだ女を生き返らせようとする男の狂気の愛、を描いた映画である。『ロープ』ではドラマの起こるアパートの一室にキャメラが入ってからは全篇カットの切れ目なしに撮った前代未聞の技術的実験をおこなった。『裏窓』では一本の映画を全篇ひとりの人間の視点から描いてみるという実験をおこなった。『ハリーの災難』では、死をテーマにしたコメディーの試み、最も異常な事柄を最も日常的な環境のなかで描くという実験をおこなった。『知りすぎていた男』では、自分の作品の初のリメーク（イギリス時代の『暗殺者の家』の再映画化）に挑んだ。『めまい』では、サスペンス・ストーリーの結末を故意に途中でバラしてしまい、それによってあらたなサスペンスを生みだすという映画的なプロットの試みに挑戦した。

ヒッチコックがいかに多彩な映画的実験に挑んできたかは「映画術 ヒッチコック／トリュフォー」で詳細に明らかにされたが、見世物としてのおもしろさに徹していたために「作家性」を貫いた芸術的実験として評価されることはなかった作品ばかりだったのである。映画として単純におもしろすぎたのである！

ヒッチコックは、たとえば『裏窓』と同じ一九五四年には『ダイヤルMを廻せ！』を3Dつまり立体映画で撮っている。日本では3Dで公開されなかったので、その効果は想像するしかなかったが、最近（一九八八年）パリで3Dで再公開された（といっても、3D上映はフランスでも初めてのことだった）、その時期にパリに行くチャンスがあって、初めて3Dで『ダイヤルMを廻せ！』を見ることができた。ポラロイドめがねをかけてみる立体映画である。立体映画といえばゲテモノの代名詞のようなものになっているから（一九五三年の『肉の蝋人形』から一九七三年の『悪魔のはらわた』、一九八〇年から九〇年にかけての『13日の金曜日』シリーズに至るまで、それは変わらない)、巨匠とよばれるほどの映画監督は立体映画など撮らなかった。ヒッチコックはあえてこのゲテモノの方式に挑戦しているのである。「作家」らしくないということになるのだろうけれども、映画は本質的に見世物なのだから、ゲテモノとは映画的差別の概念ではなく、むしろ映画そのものなのだとも言いたいくらいなのだが!

3D版『ダイヤルMを廻せ!』の前半は、嘘みたいに立体の効果ばかりである。冒頭、タイトルバックの電話のダイヤルから「M」の字だけがドカーンと飛び出てきて度肝を抜くが、次いで、花を活けた花びんやら何やらぐいぐい画面から飛び出てきて、いちいち、ものすごい立体効果である。その頂点が、言うまでもなく、グレース・ケリーが殺人者の男(アンソニー・ドーソン)に首を絞められながら必死に手を伸ばしてハサミを手にとるときの立体効果だが、その後は、ドラマの後半に入って、画面がピタッと静止したかのように、ただひたすら、犯人のアリバイくずしのサスペンスを盛り上げる。そして、もう立体映画であることを忘れたころになって、これが事件のカギです、と言って警部のジョン・ウィリアムズが部屋の鍵を見せる——その鍵が超アップでとらえられ、突如、ものすごい立体画面になる! 映画の醍醐味をたっぷり味わわせてくれたすばらしくぜいたくな、コケオドシだけでない、洒落た立体映画だった。

映画のぜいたくをきわめた単純にして完璧なたのしさこそ、ヒッチコック映画の醍醐味だ。イメージそのものが官能的なのである。美味なのである。テーマとかメッセージとかいった理知的な衝撃性はヒッチコック映画には微塵もないのである。

それでまた思い出されるのは『山羊座のもとに』（一九四九）の撮影中にヒロインを演じたイングリッド・バーグマンが映画のシーンや演技の意味をいちいち問うのに対して、ヒッチコックが「たかが映画じゃないか」と答えた名言である。

たかが映画、それも単なるスリラー映画、サスペンス映画にすぎないけれども、そこに命をかけて、ただひたすらおもしろい映画をつくろうとしたヒッチコックだったのである。「映画はおもろなあかんで！」と言いつづけたマキノ雅弘を想起させる。

ヒッチコックが、クール・ブロンドとよばれることになる一見冷ややかな金髪の美女を好んでヒロインに起用し、そんな美しいヒロインをこの上なく危険な状況や恐怖のどん底におとしいれて、さらに美しく描いてみせたことなど、誰にもまねできない、まさに映画的な秘術を心得たヒッチコックならではのマジックだった。

グレース・ケリーの亡霊にとり憑かれているようにあたかも第二のグレース・ケリーをつくろうとする試みとも言える『めまい』など、ヒッチコック的官能性の極致であることは言うまでもない。グリーンのテーマ（金髪のキム・ノヴァクが初めて画面に現れるときのグリーンのコート、彼女を包む墓地の淡い緑色のもや、彼女の乗るグリーンの自動車、ブルネットのキム・ノヴァクの着る濃いグリーンのカーディガン、HOTEL EMPIREというグリーンのネオンのあかりに彩られて死者の中から甦ってくるブロンドのキム・ノヴァク）、そして、ジェームズ・スチュアートがブルネットのキム・ノヴァクを高級ブティックに連れていってブロンドのキム・ノヴァク——死んだ女——が着ていたものと同じグレイのスーツを着せたり、靴店でも死んだ女がはいていた同じ黒のハイヒールをはかせたりする残酷なまでに

『めまい』(1958) ジェームズ・スチュアート ©パラマウント/AHP/D.R.

異常なフェティシズムにあふれたシーンに明かされたヒッチコックの狂気の美女造形術。

だが……恍惚のハッピーエンドはない。人間のなかの善と悪の葛藤が暴かれる映画——とトリュフォーはヒッチコック映画を定義した。

『めまい』のラストは高所恐怖症に苦しんできたジェームズ・スチュアートがキム・ノヴァクを連れて教会の鐘つき堂まで昇りつめ、ついに高所恐怖症を克服したハッピーエンドにみえる。だが、エンド・マークも出ずに、あの早すぎるフェイド・アウトはじつに不吉な予感にみちている。キム・ノヴァクが鐘つき台から足をすべらせて転落していったあと、ジェームズ・スチュアートはそこから呆然と下をのぞきこむ。その立ち姿がそのまますばやくフェイド・アウトになって映画は終わるのだが、そのあと、どのくらいジェームズ・スチュアートが鐘楼から足をすべらせずに、そのままの姿勢でもちこたえられたのであろうか。彼は、たしかに、夢の女を、死んだ女を、よみがえらせることができた。だが、その女は、彼の人生をめちゃくちゃにした悪魔のような企みに加担していたばかりか、こんどこそ本当に死んだ女になってしまったのだ。高所恐怖症を克服することができたとしても、人生の官能のきわみともいうべきめまいを失ってしまった彼が、これ以上生きていくことができるのか、どうか。

「意味を産出する解釈の運動を引き起こす空虚、あるいは現実界の裂け目」という「ヒッチコックによるラカン」におけるマクガフィンの定義は、こうした予定調和的なハッピーエンドとは相矛盾するヒッチコック的プロットの、唐突というよりは一瞬の不吉な結末のことを言ったものなのだろうか。

4 ヒッチコック的「レッド・ヘリング」とは?
――『サイコ』と恐怖の原点

［一九九九年］ヒッチコック生誕百年記念に『サイコ』(一九六〇)がビデオ発売され、これも記念に再映画化されたというガス・ヴァン・サント監督の新作『サイコ』(一九九八)が劇場で公開中だが、すでに一九八〇年にブライアン・デ・パルマ監督によるほとんどリメーク(いや、見事なイミテーション?)と言っていい『殺しのドレス』があったことを思いだす。

『サイコ』はヒッチコックのきわめつきの恐怖物語で、「ヒッチコック劇場」およびそれに次ぐ「ヒッチコック・サスペンス」などで自らも二十本近く演出したヒッチコックがテレビの早撮りの体験と技術を活用しつつ、撮影のジョン・L・ラッセルをはじめとするテレビのスタッフで、いきおいに乗って一気に早撮りした低予算のモノクロ映画であった。

実話にもとづいて書かれたロバート・ブロックの小説(邦訳の題名は「気ちがい」だったが、いまもこの差別用語的な題で出ているかどうか)の映画化で、この小説のどこに興味をひかれたのかというフランソワ・トリュフォーの質問に、ヒッチコックは「ただ一カ所、シャワーを浴びていた女が突然惨殺されるというその唐突さだ」と答えている。

それだけで映画化に踏み切った。まったく強烈で、思いがけない、だしぬけの、すごいショ

ックだからね。(『映画術　ヒッチコック／トリュフォー』、晶文社)

そこは映画のなかでも名場面になった——「世界中をふるえあがらせた」シャワーの殺人のシーンである。ヒッチコック映画のなかでも最も有名なシーンである。

『サイコ』には、「まったく強烈で、思いがけない、だしぬけの、すごいショック」が、じつはシャワーの殺人のシーン以外にも、まだまだあるのだが、それは見てのおたのしみということにして(といっても、すでに見ていてよく知っていても、やはり「すごいショック」の連続なのだが)、「この映画を最もたのしく見るために、内容は秘密に」という映画の初公開のときのヒッチコックの「おねがい」に忠実に、これ以上「内容」を下手にバラさないことにしよう。

すでに「内容」を知り尽くしているファンには、シャワーの殺人のシーンについての克明な分析とデータを中心に『サイコ』をめぐる製作秘話を特典映像として収録したすばらしいLDボックス「スペシャルコレクション『サイコ』」(パイオニアLDC)が出ていることをついでながら記しておきたい。

「見たあと、お友だちにけっして話さないでください」とヒッチコックが画面に出てきて「おねがい」をする予告篇や広告が『サイコ』の初公開のときには劇場やマスコミ媒体をにぎわせ、上映館では途中入場おことわりという、いまではどの映画館でもあたりまえになっている(そしてしばしば不自由にすらなっている)画期的な興行方針が打ちだされた。ガス・ヴァン・サント監督の新作『サイコ』の新聞広告にも「注意!!　この映画のラスト30分間は絶対に入場できません」とうたってい

『サイコ』（1960）シャワー室のカーテンに迫る影　©AHP／D.R.

るが、ここまで「リメーク」してしまっては「内容」をバラすも同然のような気がする。

ヒッチコックの『サイコ』の初公開のときには、アメリカでは「上映開始後はどなたも入場することはできません。たとえアメリカ合衆国の大統領でも、イギリスの女王陛下でも」といううたい文句であったということである。ということは、映画はいつでも自由に映画館に入って見られる興行だったのが、『サイコ』以後、原則として開映時刻を厳守しなければならなくなったということでもある！

「映画を百パーセントたのしんでいただくためです」とヒッチコックも宣伝に協力、というよりも、そもそもこうした宣伝方法を考えたのがヒッチコック自身だったのだという。宣伝もまたヒッチコックの映画づくり、創造の延長だったのである。そうした「ショーマン」としてのヒッチコックとその裏側にひそむ天才的な映画作家ヒッチコックの両面を、二面性を、見事にあばいてみせた原典が「映画術 ヒッチコック／トリュフォー」（前出）でもあったと言えるだろう。その日本語版のための翻訳では松田道弘氏から貴重な助言をいただき、とくに手品のテクニックとしてレッド・ヘリング（赤にしん、つまり燻製にしん）についてご教示をいただいたことを思いだす。『サイコ』の演出にもかかわるので、「内容」をあまりバラすことにならないように気をつけながら紹介させていただくと、レッド・ヘリングとは「トリックをあざやかに成功させるため」の「だましのテクニック」としての「ミスディレクション」、故意に間違った方向に誘導するというテクニックのこと、なのである。

レッド・ヘリングはくんせいニシンのことですが、転じて「肝心の問題点から注意をそらそうとする試み」という意味で使われるようになりました。これは猟犬にキツネのにおいと、他のにおいをかぎわけさせる訓練に、くんせいのニシンが使われたからだ、といわれています。
（松田道弘「とりっくものがたり」、筑摩書房）

ヒッチコックはトリュフォーにこんなふうに語っている。

この映画（『サイコ』）の最初の部分は、ハリウッド用語でいえば、レッド・ヘリングというやつだ。つまり、殺人が起こる瞬間が完全な不意打ちのショックとなるように、観客の注意をよそにそらしておくトリックだ。ジャネット・リーが大金を盗んで逃走する冒頭の部分を意図的に長々と綿密に描いてみせたのも、はたしてこの女はつかまらずに逃げきれるかどうかという点に観客の注意を向けるために必要だったのだ。盗んだ四万ドルのことをあえてしつこく強調したのも、そのためだ。最初から最後まで、この四万ドルの札束の入った封筒がどうなるのかと観客に思わせておくためだった……。

ジャネット・リーは車で逃走するのだが、やがて雨になり、夜のハイウェイを走る車にどしゃ降りの雨が打ちつける。ワイパーも拭いきれない車窓を打つ豪雨が不吉な予感をかきたてる。バーナード・ハーマンのスリリングな音楽とともに忘れがたいシーンだ。

「白黒映画の音楽は弦楽器だけですっきりした感じをだす」というバーナード・ハーマンの「白黒の映画音楽《ブラック&ホワイト・スコア》」が息もつかせぬサスペンスを盛り上げる。暗い灰色の世界に閃光のように鋭い透明感がつらぬく。ジャネット・リーの車はハイウェイをそれて死のモーテルに向かう。

これ以上、余計なことは言わないことにしよう。ただ、マルクス兄弟の映画のギャグについても、ハーポ、チコ、グルーチョの三兄弟が同時に勝手に別々の方向に動きまわって観客の目をくらますところに「燻製ニシン」が出てくること（ポール・D・ジンマーマン「マルクス兄弟のおかしな世界」、中原弓彦・永井淳訳、晶文社）を付け加えておこう。

それにしても、なぜヒッチコックはこれほど恐怖にこだわり、魅せられつづけたのだろう。

一九六〇年代になって、とくに『サイコ』の大ヒットのあと、ヒッチコックの名声が高まるにつれ、フランスではシャルル・ボードレールのフランス語訳によるエドガー・アラン・ポオの「不思議物語」（邦訳は東京創元社刊行の豪華版「ポオ全集」に収められている）の文庫版がヒッチコックの序文付きで出版され、そのなかでヒッチコックは、自分の撮ってきた映画は要するに「お伽噺のように何度も何度も語られて誰もが知っているお話」なのだと述べている。

もしわたしが「シンデレラ」を撮れば、誰もが死体をさがすことだろう——もしエドガー・アラン・ポオが「眠れる森の美女」を書いていたら、誰もが殺人犯をさがしていたであろうように。

『サイコ』はまさにグリム童話の映画版だ。それは、フランソワ・トリュフォーがすでに指摘しているように、「赤ずきんちゃん」の多かれ少なかれ意識的な脚色であり映画化なのだ。そういえば、「ヒッチコック劇場」に出てきて人を食った口上を述べるホスト役のヒッチコックは、やさしいおばあさんに化けて赤ずきんちゃんを食べてしまおうと待ち構えているオオカミに似ていなくもない。

ヒッチコック自身は、恐怖を描きつづけたわけを、四歳か五歳のときに父親の手紙を警察署長に届けに行ったところ、いきなり留置場に閉じこめられた恐怖の体験がトラウマになっていると語っているのだが、娘のパトリシア・ヒッチコックによれば、「あれは作り話なのよ」とのことである！

これも「作り話」かもしれないけれども、「不思議物語」の序文では、ヒッチコックはこんな幼児体験も述べている。

まず最初に、わたしはすごくこわがりであることを告白しなければならない。四歳か五歳くらいのときに、よくわかった。あの夜のことをいまでも思いだすのだが、わたしは突然目がさめてとび起きた。家のなかは真っ暗で、ものすごく静かだった。わたしはベッドで身を起こしたまま、母を呼んだ。答はなかった。家には誰もいなかったのだ。わたしはおそろしさのあまり、ぶるぶるふるえた。ふるえながら家じゅうを走りまわった。誰もいない家というのは本当にこわい。

台所にくると、月の光が不気味にさしこんでいた。恐怖がさらにつのり、ふるえがとまらなかった。そのとき、急に空腹感を覚えた。冷蔵庫をあけると、冷たい肉があった。わたしは泣きながら腹いっぱい食べた。

両親が帰ってきて、わたしの気持ちはやっと落ち着いた。両親はわたしが眠りこんだと思ってちょっと散歩に出ただけだと言った。

そのとき以来、わたしは、夜ひとりでいることと冷たい肉を食べることには耐えられなくなった。

それで思いだされるのは、『鳥』（一九六三）の予告篇である。ヒッチコック自身が出てきて、ひとり、小さな食卓で、冷たくなったチキンにナイフとフォークを入れる。と、急に騒がしい鳥の群れの鳴き声とともにドアを外から突っついて襲いかかる恐怖のサウンドが高まり、「食欲がなくなりました」とヒッチコックはナイフとフォークを投げ捨てるのである。「ヒッチコック劇場」の皮肉なお笑いの口上と寸劇のようなオトボケぶりである。「恐怖はたのしい」というのもまたヒッチコックの名言なのである。

5 インタビュー／フランソワ・トリュフォー

ヒッチコックの映画術

「彼と交わすことができた長い対談を収録した一冊の本は、わたしの人生で、わたし自身が撮った何本かの映画よりも大事なものです」とフランソワ・トリュフォーは述べている。彼とはもちろんアルフレッド・ヒッチコック、一冊の本とは巨匠が新鋭にその創作の秘密を明かした映画の宝庫ともいうべき大冊「映画術 ヒッチコック／トリュフォー」である。

その「映画術 ヒッチコック／トリュフォー」を翻訳しながら、疑問点があるたびにトリュフォーに書簡で問いただして答えてもらったのだが、一九八一年五月に、たまたまパリに行くチャンスがあったので、最後のいくつかの質問は直接インタビューして答えてもらったのである。以下がそのときのインタビューをテープから起こしたものである。

――「映画術 ヒッチコック／トリュフォー」を三年がかりでやっと訳し終えました。これまでも手紙で何度もうるさく質問してご面倒をおかけしましたが、それも今回で最後です。とは言いながら、またいろいろ手紙で質問させていただくことになるかもしれませんが……。今回はいくつか確認したい点がありますので、ページを追って質問したいと思います。

まず、一九四五年の『白い恐怖』について、ヒッチコックは、脚本の最終的な手直しをベン・ヘクトに依頼し、「ベン・ヘクトは精神分析に熱中していたので、このサイコ・スリラーにはうってつけのライターだった」と言っていますが、ベン・ヘクトは、『白い恐怖』のほかにも精神分析をテーマにした映画の脚本を書いていたのでしょうか。

トリュフォー　ベン・ヘクトが当時流行のフロイトの精神分析に最も精通していたアメリカのライターだったことは間違いなかったようです。しかし、彼が精神分析をテーマに小説を書いたり論じたりしていたかどうかは知りません。もしかしたらそのようなテーマの短篇小説などを書いているのかもしれませんが……。ごぞんじのように、ベン・ヘクトはシカゴの新聞記者から作家になり、何冊かの長篇小説、数多くの短篇小説を書いています。映画の脚本はジョゼフ・フォン・スタンバーグ監督の『暗黒街』（一九二七）、ハワード・ホークス監督の『暗黒街の顔役』（一九三〇／三二）、『特急二十世紀』（一九三四）、エルンスト・ルビッチ監督の『生活の設計』（一九三三）などを書いています。チャールズ・マッカーサーとのコンビで書いたものもたくさんあります。ヒッチコックのために脚本を書いたのは、『救命艇』（一九四三）の手直しが最初ですが、これには名前をだしておらず、クレジット・タイトルに名前が記されるのは『白い恐怖』が初めてです。ヒッチコックがこのライターの起用にとても満足していたことはたしかです。

ヒッチコックはベン・ヘクトの仕事にすっかり惚れこみ、彼をハリウッドの最もすぐれたシナリオライターとして評価していました。それまでいっしょに仕事をしたライターのなかでも文句なしに最高で、最もいい仕事ができたと考えていた。『白い恐怖』に次いで『汚名』（一九四六）の脚本もベン・ヘクトに依頼し、その後も何かあると相談をもちかけ、クレジット・タイトルにこそ出ていないけれども、『パラダイン夫人の恋』（一九四七）や『ロープ』（一九四八）の脚本の最終的な手直しもベン・ヘクトがやっています。ヒッチコックはいつもベン・ヘクトの仕事ぶりにノスタルジーを感じつづけていました。『見知らぬ乗客』（一九五一）の脚本でレイモンド・チャンドラーともめたとき、ヒッチコックがその穴埋めに、すぐ、チェンチ・オーモンディという、ベン・ヘクトのアシスタントをやっていた女性を起用して脚本を完成したことを想い起こしてください。脚本の劇《コン》的構成《ストラクシオン》、つまり多彩な登場人物を配し、ストーリーをドラマチックに展開することにかけてはベン・ヘクトにまさるシナリオライターはいないとヒッチコックはつねづね言っていたものです。

――当時、フロイトの精神分析の影響によるサイコ・スリラー、異常心理映画が大流行するのですが、『白い恐怖』はそのブームをつくった最初の一本とみなされていますね。

トリュフォー　ヒッチコックも『白い恐怖』は精神分析映画の最初だったと言うのですが、はたして映画史にも書かれているように『白い恐怖』が精神分析映画の最初と言えるかどうか、わたしは疑問に思っています。というのも、『白い恐怖』の前年からデヴィッド・O・セルズニックが製作にかかわっていたイギリス映画『第七のヴェール』（コンプトン・ベネット監督、一九四五）をヒッチコックが見て触発されたことは間違いないからです。人間の潜在意識をあつかった映画で、ジェームズ・メイスンとアン・トッドが出ています。ヒッチコックが『白い恐怖』のあと、『パラダイン夫人の恋』にアン・トッドを起用したことにも、その影響がうかがわれます。しかし、『第七のヴェール』はイギリス映画で、公開も『白い恐怖』のあとになったので、アメリカでは『白い恐怖』が最初の精神分析映画、サイコ・スリラーとみなされるに至ったのではないかと思います。

『白い恐怖』（1945）オリジナル・ポスター　©AHP／D.R.

――『白い恐怖』に次ぐ『汚名』はあなたの最も好きなヒッチコック映画なので、この映画をめぐる章は話もはずんで、おもしろい映画的話題にあふれていますね。たとえば、映画の撮影現場をそのまま映画にしたら、どんなにおもしろいだろうというような話もしているんですね。このヒッチコックとの対話がおこなわれたのは一九六五年ですから、すでにこのころからあなたには『アメリカの夜』(一九七三)のアイデアがあったわけですね。

トリュフォー　そうです。その前に、とくに『ピアニストを撃て』(一九六〇)と『突然炎のごとく』(一九六一)の撮影のときの体験からきたアイデアでした。

――『突然炎のごとく』の本番撮影中のジャンヌ・モローが「誰かあたしの背中をかいてくれない?」というせりふを言ったときに、突然、撮影中なのに小道具係がつかつかとジャンヌ・モローのところへ行って背中をかいてやるという、笑い話みたいなことが起こったりしたとか……。

トリュフォー　ええ、そのようなことはしょっちゅう起こります。しかし、わたしが映画の撮影を描く映画を考えたのは、とくにシネマスコープによる撮影のためでした。つまり、スタンダード・サイズの映画の場合にはふつうに撮るだけでいいのに、シネマスコープというのはまったく自然に反した異常に横長のサイズなので、上下の空間が切られてしまい、アングルやカットを変えるたびに、天井のシャンデリアを下にさげたりテーブルを上にあげたりしてフレームに入るようにしなければならないのです。そんなところを初めて見た人は、何をばかなことばかりやっているんだろうと思って笑いだしてしまうでしょう。シネマスコープの撮影のたびに、いつもこんなばかばかしい滑稽なことをやらなければならず、ああ、これだけでも何かおもしろい映画ができそうだと考えて

『汚名』(1946) ケーリー・グラントとイングリッド・バーグマン

いました。そう、まだ具体的に『アメリカの夜』のアイデアがあったわけではありませんが、いつかはそんな「映画についての映画」をつくってみようと当時から思っていたことはたしかです。

――その「映画についての映画」の傑作あるいはむしろ模範として、ジーン・ケリーとスタンリー・ドーネンのミュージカル・コメディ『雨に唄えば』(一九五二)を挙げておられますね。

トリュフォー 『雨に唄えば』は何度も何度も見た大好きな映画だし、『アメリカの夜』の脚本を書くときにもまた参考試写をして見ました。ミュージカル・コメディとしてはもちろん、映画の内幕を描いた映画の傑作だと思います。ただ、『雨に唄えば』は、いまでこそ映画史上の名作と評価され、ミュージカル・コメディの傑作とみなされていますが、一九五二―五三年ごろ、公開当時はまったく評価されなかったし、興行的にも当たらなかった。この映画の名声が高まったのはずっとあとになってからなのです。

『雨に唄えば』はほとんど最後のミュージカル・コメディだったのです。実際、そもそもが低予算映画で、スターらしいスターも出ていない。スタンリー・ドーネンとジーン・ケリーは、MGMの要請でシド・チャリシーのダンス・ナンバーを挿入せざるをえなかったけれども、彼女は映画のヒロインではなく、特別出演としてダンス・ナンバーで踊るだけ。そのくらいしかギャラを払えなかったのです。その結果、さんざんの興行成績で、まったく評判にならなかった。奇妙なことに、『雨に唄えば』は、その後、年月がたつにつれて評価が高まってきた稀有な作品です。数年前、AFI(アメリカン・フィルム・インスティテュート)によるトーキー以後のアメリカ映画の名作ベスト・テンの発表と授賞式があったときも、一位が『風と共に去りぬ』(一九三九)、二位が『市民ケーン』（一九四二）で、そのあと何位だったかに『雨に唄えば』が選出されていました。これはおどろきでした。その一年前だったらありえなかったことでしょう。この映画の名声と威信が年ごとに高まってきたのは、たぶん主題歌がその後すっかりポピュラーになり、名曲としての評価が決定的に高まったこともあると思います。主題歌はスタンダード・ナンバーになっていて、周知のように『雨に唄えば』はその意味で一種のリメークでした。トーキー初期に『ホリウッド・レヴィユー』（チャールズ・F・ライズナー監督、一九二九）というミュージカル・コメディで歌われたナンバーだったのです。

映画についての映画、映画の内幕を描く映画という主題は、いまだにプロデューサーたちからうさんくさく見られています。わたしが『アメリカの夜』を企画したときも、ユナイテッド・アーチスツに蹴られてしまいました。『黒衣の花嫁』（一九六八）から『野性の少年』（一九七〇）までずっと付き合ってくれたあとでした。その後やっとワーナー・ブラザースで映画化されることになったわけです。

――一九五九年にヒッチコックは『北北西に進路を取れ』（一九五九）を撮る前にハモンド・イネスの小説「メリー・ディア号の遭難」の映画化を企画し、その謎ときのおもしろさが映画ではうまくいきそうもないという理由で放棄したと言っているわけですが、マイケル・アンダーソン監督で五九年に同じ話がMGMで映画化されているんですね。エリック・アンブラー脚本、ゲーリー・クーパー主演で（邦題『メリーディア号の難破』）。

トリュフォー　そうです。そもそもゲーリー・クーパー主演で企画された映画だったからですが、ほかの監督によって映画化されました。『北北西に進路を取れ』を撮る前にヒッチコックはMGMとゲーリー・クーパー主演で一本撮る契約をしていました。脚本はアーネスト・レーマンで、何度か稿を重ねたものの、ヒッチコックはどうしても気に入らず、結局この企画を捨てて、別の作品を撮ることにしたのです。それがケーリー・グラント主演の『北北西に進路を取れ』です。

——ヒッチコックはすでに一九四〇年、ハリウッドで撮った二本目の映画『海外特派員』（一九四〇）のときにも、ゲーリー・クーパーを使いたかったと言っていますね。

トリュフォー　そう、ヒッチコックはゲーリー・クーパーを使いたいと思っていたけれども、断念せざるをえなかった。

——『海外特派員』のときのように、ゲーリー・クーパーが主演をことわったわけですか。

トリュフォー　そうではありません。ゲーリー・クーパーは、むしろ、『海外特派員』を見て、ヒッチコックの映画に出なかったことを悔やんでいた。だから、ヒッチコックとの仕事を待ち望んでいたはずです。では、なぜヒッチコックが『北北西に進路を取れ』の主人公の役にゲーリー・クーパーではなくケーリー・グラントを起用したのか。その交替の理由は、たぶん、これはわたしの想像にしかすぎませんが、あえてその理由をさぐれば、当時ゲーリー・クーパーは病気がちで、すっかり老けこんでいたからだと思います。おそらくすでにガンに冒されていたのかもしれません。ケーリー・グラントは、ゲーリー・クーパーとほとんど同年齢だったけれども、ずっと若々しく、老いのイメージがまったくなかったので、ヒッチコックは彼を起用したにちがいないのです。というのも、わたしたちのヒッチ・ブック（「映画術　ヒッチコック／トリュフォー」）のなかでは言っていませんが、というのも、ヒッチコック自身がカットしてしまったからなのですが、じつはヒッチコックが『めまい』(一九五八)の興行的失敗の原因を語ったとき、ジェームズ・スチュアートが老けすぎていたからだと指であごのしわをつまんで見せたものです。ジェームズ・スチュアートはヒッチコックの最もお気に入りの俳優の一人だったけれども、『めまい』のようなラヴ・ストーリーを演じるには年をとりすぎていたというのです。ヒッチコックの映画はすべてラヴ・ストーリーなので、『北北西に進路を取れ』のときもヒッチコックはそれにふさわしい若さのあるスターを考えたのだと思います。ケーリー・グラントは年齢的にはジェームズ・スチュアートよりも若くはなかったけれども、ヒッチコックの『泥棒成金』(一九五五)でカムバックして身も心も若返っていた。その後、ケーリー・グラントが第二の青春ともいうべき二枚目スターとしての新しいキャリアをつづけていくことはごぞんじのとおりです。

——オードリー・ヘップバーンを相手に演じたヒッチコック・タッチの『シャレード』(スタンリー・ドーネン監督、一九六三)などもそのあとつくられるわけですね。

トリュフォー　そう、そう。スタンリー・ドーネン監督の作品でしたね。ヒッチコックのイミテーションにしてはよくできた映画でした。ケーリー・グラントのほとんど最後の映画ですね。

ヒッチコックにとって最も大きな問題は一九六〇年代に彼のスターを失うことです。ジェームズ・スチュアートは老けこみ、ケーリー・グラントは実質的に引退する。一九六三年の『鳥』のロッド・テイラーや、つづく翌年の『マーニー』のショーン・コネリーは、明らかにジェームズ・スチュアートやケーリー・グラントの身代わりでした。ショーン・コネリーはヒッチコックも気に入って、そのあと二、三本契約しようとするのですが、ヒッチコック映画といえばどうしてもスリラーということになるので、新しい役への飛躍と脱皮をねらっていたショーン・コネリーのほうが、『007』シリーズを中心とするアクション映画やスリラー映画のヒーローのイメージに縛られるのをきらって、契約をことわったのです。ヒッチコックの最大の不幸は、言うまでもなく、彼の永遠のヒロインともいうべきグレース・ケリーを失ったことでしたが、彼女がモナコのレーニエ三世と結婚して引退したことをヒッチコックは惜しみつつも恨んではいませんでした。南仏で『泥棒成金』を撮影中にヒッチコックはグレース・ケリーとともにレーニエ三世に食事やパーティーに招かれ、それがきっかけで彼のヒロインとモナコ大公との恋がはじまったことをヒッチコックはよく知っていたし、レーニエ三世とも仲がよかったからです。イングリッド・バーグマンが彼を捨てて、ハリウッドを捨てて、ロベルト・ロッセリーニのもとへ走ったことは絶対に許さなかったヒッチコックでした。「あのイタリアの田舎者がイングリッドを台無しにした」とヒッチコックはロッセリーニを罵倒し、怒っていたものです。しかし、グレース・ケリーの引退にはただ愛惜の念を示していただけでした。それだけに、じつは絶望も深かったのでしょう。『泥棒成金』以後のヒッチコック映画のヒロインを演じた女優たちは、ティッピ・ヘドレンもキム・ノヴァクもエヴァ・マリー・セイントもヴェラ・マイルズも、すべてグレース・ケリーの代用品だったと言ってもいいくらいです。『めまい』はグレース・ケリーのために企画された映画でしたが、彼女がいなくなったために、もうひとりのグレース・ケリーをつくりだそうとするヒッチコック自身の悲痛な物語とみなすこともできます。

映画史は、しばしば、こうした身代わりの女優史でした。ジャン・ルノワールの『牝犬』（一九三一）はカトリーヌ・ヘスリングのために企画され、ジャニー・マレーズに取って代わられた。エルンスト・ルビッチの『青髭八人目の妻』（一九三八）はミリアム・ホプキンスのために企画され、クローデット・コルベールに取って代わられた。ロベルト・ロッセリーニの『ストロンボリ』（一九五〇）はアンナ・マニャーニのために企画され、イングリッド・バーグマンに取って代わられた。ジョゼフ・L・マンキーウィッツの『裸足の伯爵夫人』（一九五四）はリンダ・ダーネルのために企画され、エヴァ・ガードナーに取って代わられた。

ヒッチコックは、『鳥』（一九六三）でティッピ・ヘドレンを使ったあと、『マーニー』（一九六四）のヒロインのためにヨーロッパのとびきり美しいマヌカンたちを集めてスクリーン・テストをおこなっています。それでも第二のグレース・ケリーは見つからず、結局、ふたたびティッピ・ヘドレンを使うことになるわけです。『マーニー』はヒットせず、ヒッチコックは意気消沈していました。世界的に大ヒットした『サイコ』（一九六〇）をのぞけば、ヒッチコックが一九六〇年以後のどの作品にも満足していないのは、彼のヒロインを演じた女優たちにどうしても不満が残ったからでしょう。

――『引き裂かれたカーテン』（一九六六）の場合はどうだったのでしょうか。ジュリー・アンドリュースもグレース・ケリーの代用品として起用されたのでしょうか。彼女はまったくヒッチコック的なブロンドのクールで官能的な美女というタイプではありませんね。もしかしたら『知りすぎていた男』（一九五六）のドリス・デイに共通する母性的というか、家庭的なイメージなのかもしれませんが……。

トリュフォー　『引き裂かれたカーテン』は、ヒッチコックが『マーニー』の失敗ですっかり自信を失っていたときに、ポール・ニューマンとジュリー・アンドリュースという当時最も人気のあった二大スターを押し付けられて引き受けた作品でした。この二大スターの出演料で製作費の半分以上が食われてしまったという映画です。ポール・ニューマンも、ジュリー・アンドリュースも、たしかに、まったくヒッチコック的なスターではないと思います。

『引き裂かれたカーテン』は、『マーニー』と同じように批評家から叩かれた作品ですが、わたしはどちらも大好きだし、捨てがたい魅力にあふれたヒッチコック映画だと思っています。しかし、『引き裂かれたカーテン』がヒッチコックの作品の一つの曲がり角になったことは認めざるをえない。ヒッチコック的なスターが出なくなったばかりか、アメリカ時代のヒッチコックの作品をそれまでずっと支えてきたスタッフがここでいっきょに抜けてしまうからです。『ハリーの災難』（一九五六）からすべてのヒッチコック映画の音楽を担当してきたバーナード・ハーマン、『見知らぬ乗客』以後、『サイコ』をのぞくすべてのヒッチコック映画の撮影を担当してきたロバート・バークス、『裏窓』（一九五四）からすべてのヒッチコック映画の編集を担当してきたジョージ・トマシニといった重要な名前が、『マーニー』を最後にクレジット・タイトルから消えてしまうのです。

一九六六年にわたしが『華氏４５１』の音楽をバーナード・ハーマンに依頼したとき、わたしはもちろんそんな事情は知るよしもなかったのですが、じつはバーナード・ハーマンはヒッチコックの『マーニー』のために書いたスコアが採用されず、屈辱のどん底にあったのです。ヒッチコックも映画会社（ユニヴァーサル）に対してバーナード・ハーマンを擁護するだけの力を持っていなかった。バーナード・ハーマンとヒッチコックの友情ある協力関係はそこで終わってしまうわけです。のちにバーナード・ハーマンは、『華氏451』のスコアの作曲を依頼されたことが当時の彼にどんなに救いになったかをわたしに告白してくれたものです。

——撮影監督のロバート・バークスは一九六八年に亡くなったんですね。

トリュフォー　そうです。ヒッチコックはすごくその死を悼んでいました。『引き裂かれたカーテン』の撮影もロバート・バークスがやっていたら、もっとよくなっていたはずだと、あとあとまで悔やんでいました。

——ところで、『引き裂かれたカーテン』のヴォルフガング・キーリングが二役を演じたというグロメクの兄が出てくる工場のシーンはまるまるカットしたフィルムが残っているので、あなたに送ってあげよう、とヒッチコックは言っていますね。そのフィルムをあなたはアンリ・ラングロワのシネマテークに寄贈しましょうと答えていますが……。

トリュフォー　いや、結局、そのカットされた場面のフィルムは送ってくれませんでした。わたしもその後ヒッチコックに催促はしなかったのですが……。

——カットされた場面といえば、『引き裂かれたカーテン』の次の『トパーズ』（一九六九）のラストのミシェル・ピッコリとフレデリック・スタフォードの決闘のシーンも完全にカットされてしまったそうですが……。

トリュフォー　『トパーズ』はヒッチコック映画としては最も不幸で悲惨な結果になりました。ラストは、ミシェル・ピッコリが、ソ連のスパイであることが発覚する前に、あえて、死ぬ覚悟で、フレデリック・スタフォードにピストルの決闘をいどむのです。その自殺的決闘のシーンはパリ郊外のひとけのない競技場で撮影されました。しかし、ロサンゼルスでおこなわれた抜き打ち試写会《スニーク・プレヴュー》の反応は最悪で、招かれた若い観客たちがピストルによる決闘などというこのフランス式騎士道のアナクロニズムを嘲笑し、まったく受けつけなかった。それでヒッチコックは、思いきってこのラスト・シーンをばっさりとカットし、ミシェル・ピッコリが自宅にこもって自殺するシーンを付け加えて、なんとか最初のアイデアだけは救おうとしたわけです。

——ミシェル・ピッコリが家のなかに入るや、そこへキャメラが急速にズーム・アップして、なかから銃声が一発とどろくという、かなり強引で唐突な結末でしたね。

トリュフォー　そうです。あのドアをあけて部屋に入っていくミシェル・ピッコリのうしろ姿は、じつはミシェル・ピッコリではなく、フィリップ・ノワレなのです。映画の撮影はもう終わっていて、俳優との契約も切れてしまっていたので、撮り直しができなかった。それで、やむをえずあのような手を使ったのです。というのも、ミシェル・ピッコリが家に入るうしろ姿というのは撮っておらず、別のシーンでフィリップ・ノワレがドアをあけて入るうしろ姿だけが撮ってあった。しかも、フィリップ・ノワレはステッキをついて歩いているので、ステッキがどうしても邪魔になる。で、ドアをあける一瞬、ステッキを腕に抱えて前に持っていくところをつかまえて、ちょうどステッキの見えないうしろ姿に現像処理で早いズーム・アップのように寄っていき、銃声をかぶせて、かろうじてごまかしているのです。苦肉の策と言うしかないでしょう。映画全体のバランスが

くずれてしまってもしかたがない、せめて最初のアイデアのかけらでも残すことができればいいと
ヒッチコックは考えたにちがいないと思いますね。
――ヒッチコックは一九七一年の『フレンジー』でまたよみがえる、というか、調子を取り戻すわけですが、その前にカトリーヌ・ドヌーヴ主演で『みじかい夜』を企画していましたね。その企画を捨てざるをえなかったのも、『引き裂かれたカーテン』『トパーズ』とつづけてヒットしなかったという事情があるわけですね。

トリュフォー　カトリーヌ・ドヌーヴとウォルター・マッソーの主演で企画したものでしたね。一九七〇年にはかなり具体的なところまで進んでいたはずですが、あの企画が流れてしまったのは本当に残念です。とくにカトリーヌ・ドヌーヴには気の毒だったと思います。大きな飛躍のチャンスになりえたかもしれないのに。ヒッチコックは『みじかい夜』を『汚名』のある種のリメークとして撮るつもりだったようです。単なるスパイ映画ではなく、エモーションのあるラヴ・ストーリーを考えていたのではないかと思います。
『フレンジー』と『ファミリー・プロット』（一九七六）の大成功のあと、ヒッチコックはふたたび『みじかい夜』の企画にとりかかるわけですが、こんどはリヴ・ウルマンとショーン・コネリーを主演にしてフィンランドでロケーションをすることになり、『北北西に進路を取れ』と『ファミリー・プロット』に次いでアーネスト・レーマンに脚本を依頼するものの、その出来上がりに満足せず、その後も何人ものライターに書き直させてはほとんど無意味にいじくりまわしていたそうです。すでに心臓を患ってペースメーカーを付けていたヒッチコックは、やがて腎臓病と関節炎を併発し、

否応なく身体の衰弱を自覚せざるをえなかっただろうし、もう映画を撮ることができないと思って自暴自棄になっていたようです。

そんなヒッチコックに最後まで希望を与え、付き合っていたのが、ノーマン・ロイドです。ノーマン・ロイドは知っていますね。

――『逃走迷路』(一九四二)のラストで自由の女神のてっぺんから落ちる犯人を演じた俳優ですね。

トリュフォー そうです。その後、テレビの「ヒッチコック劇場」(一九五五―六二)の制作や演出を担当し、アルフレッド・ヒッチコック・プロダクションの製作面を担当してヒッチコック映画の重要なスタッフの一人になりました。『みじかい夜』の準備のためにフィンランドまで行ってすべてのロケハンをおこなったのも、彼です。車椅子の生活を余儀なくされていたヒッチコックがもはやロサンゼルスから一歩も出られないことを承知のうえで、なお、彼はヒッチコックへの友情のために、フィンランドまで出かけ、ヒッチコックが充分に満足できるだけのロケハンをおこない、写真もたっぷり撮ってきて見せた。最後の最後までヒッチコックに尽くした人です。ヒッチコックが死んだとき、わたしは彼といっしょに埋葬に行きました。ロサンゼルスのホテルまで彼が車で迎えに来てくれたのです。

ノーマン・ロイドはアメリカ時代のジャン・ルノワールとも親しく付き合っていました。ルノワールがアメリカで撮った『南部の人』(一九四五)に出演して以来、彼はルノワールの最も親しいアメリカの友人でした。わたしが彼を知ったのもベヴァリー・ヒルズのルノワールの家ででした。彼はチャップリンの映画にも出ています。『ライムライト』(一九五二)でチャップリンのカルヴェロ

『逃走迷路』（1942）ロバート・カミングス（手前）とノーマン・ロイド　©ユニヴァーサル／D.R.

が最後の舞台で熱演してオーケストラ・ボックスに転落してしまい、動けない身体を舞台の袖まで運ばれて横たわるとき、枕を高くしてクレア・ブルームの踊る姿を見せてやろうとする舞台監督の役が彼です。若いころは舞台の俳優で、オーソン・ウェルズの劇団マーキュリー・シアターに所属していたこともある。話好きで、すばらしく話のおもしろい人なので、シナリオを書いたらいいのにと思うのですが、全然その気がなく、書くのが嫌いなのです。とにかくすごい人物だし、交際も広く、体験も豊かなので、自伝を書いたらすばらしいと思うのですが、書く気がないのです。もしわたしがもっと英語に強かったら、聞き書きで彼の自伝をまとめたいところですが、なにしろ、しどろもどろの会話がやっとという程度ですからね(笑)。ノーマン・ロイドは、サイレント時代から活躍していた監督のフランク・ロイドの息子です。

――フランク・ロイドの……やっぱりそうでしたか。名前の連想から、フランク・ロイド・ライトという建築家についておうかがいしたいのですが、ヒッチコックの『北北西に進路を取れ』のラスト近くに出てくるジェームズ・メイスンのスパイ団の隠れ家がフランク・ロイド・ライトの設計のコピーだとヒッチコックは言っていますね。

トリュフォー　フランク・ロイド・ライトは戦前、東京の帝国ホテルを設計したことでも知られていますから、彼については日本の建築の本でくわしく調べられるでしょう。人間が住む家のなかに自然をそのまま採り入れて生かすべきだというセオリーを最初にうちだしたアメリカの建築家で、家のなかに小川が流れていたり、客間に自然の樹木が茂っていたりするモダンな建築を考えた人です。ニコラス・レイは、映画監督になる前に、フランク・ロイド・ライト協会で建築を学び、ライトの影響を強く受けたと語っています。ニコラス・レイの西部劇『大砂塵』（一九五四）のジョーン・クロフォードの酒場《サルーン》の壁に岩肌がなまなましく露出しているでしょう。岩の上に家を建てるなら岩をそのまま生かすという建築のアイデアにもとづくあのセットについて、ニコラス・レイはインタビューでフランク・ロイド・ライトの影響を語っています。ヒッチコックの『北北西に進路を取れ』のあの邸宅もまさにフランク・ロイド・ライトふうにゴツゴツした岩山の斜面を自然に生かして建てられているので、わたしはそのことをヒッチコックにただしてみたのです。

――「映画術　ヒッチコック／トリュフォー」の日本語版あとがき用のために送っていただいたあなたのテクストのなかに、「ヒッチコックは観客を完全に映画の主人公に同化させ、その観客＝主人公の視点からすべてを描く主観的演出法を駆使し、〈斜めの演出〉によって、目線によるアクションつなぎを中心にしたグリフィス以来の古典的演出を多角的なつなぎにまで発展させた」というくだりがあるのですが、ヒッチコックの〈斜めの演出〉についてもう少し説明していただきたいのですが……。

トリュフォー　映画でストーリーを語るためのカット割り、アクションつなぎを一つの演出法として体系化したのは、言うまでもなく、D・W・グリフィスです。いわゆる同軸上のつなぎ（raccord dans l'axe）、目線に沿ってロングからアップへ、あるいはアップからロングへつなぐ方法です。グリフィスの申し子たちともいうべきジョン・フォードやハワード・ホークスがこの演出法を完成させます。人間の身体と同じようにキャメラの重心も自然に目線の方向にかかっていくので、目線をくずさずにアクションをつないでいくのが一番自然なわけです。キャメラの動きがこれ見よがしにならずに自然にアクションがつながる。最初は七、八人の人間がいる場所全体をフル・ショットでとらえる。それからキャメラが近づいていって、そのなかの二人をアップでとらえる。このアクションが劇場の舞台の上でおこなわれているとしたら、キャメラは観客席から舞台に向かって据えられる。ときには奥の二階席に、ときには一階の最前列に、ときには三列目に、といったぐあいに、つねにキャメラは観客席のなかにいるのです。ところが、ヒッチコックの場合は、キャメラがずっと観客席のなかに落ち着いていない。キャメラは舞台のなかに入ってしまう。そしてそのなかの人物の一人つまり主人公の眼そのものになって、その見た目ですべてをとらえられるアングルをさがすわけです。ここで正攻法の演出がくずれる。一定の目線に沿ってキャメラの位置を決めるカット割り、同軸上のつなぎを無視して、キャメラが映画の主人公の眼そのものになり、観客を完全に主人公に同化させてしまうのです。その場合、きまって、まず主人公をアップでとらえ、切り返して、主人公の眼から何かをとらえる。そこでもう完全に観客は主人公の身になって、その眼ですべてを見るようになる。このような見事な主観的切り返しを確実に体系化できたのはヒッチコックだけです。そうした目線をくずしてキャメラを斜めに構えたような切り返しを、同軸上のつなぎによる正攻法の演出に対して、〈斜めの演出〉(mise en scène oblique)とよんでみたのです。グリフィス式の演出法はカットが整然とつながれるので美しいイメージになる。まるで十九世紀の大衆冒険小説の挿絵のような美しい画面になる。しかし、たとえば二人の人物が見つめ合うところをロングでとらえるというようなことがむずかしくなるわけです。ヒッチコックはそこを主観的なキャメラの切り返しで、エモーションを主体にした演出と画《え》づくりを考えだしたわけです。ヒッチコックがその最初の映画作家というのは言いすぎかもしれない。なぜならすでにサイレント時代に『最後の人』（一九二四）を撮ったF・W・ムルナウがいますから。

それに、〈斜めの演出〉というのは、むしろ、キャメラをつねに斜めにゆらしながら映像に新しい躍動感をもたらしたオーソン・ウェルズの演出のほうによくあてはまるでしょう。というのも、ヒッチコックはワンカットごとに画《え》コンテを描いて、すべてをきちんと体系的に演出する。顔の正面のアップ、横顔のアップ、等々すべて正確に画コンテに描き、そのとおりに撮る。オーソン・ウェルズはそのようなやりかたにまったく興味がなく、もっと音楽的に、リズミカルに発想し、高揚し、飛躍する。人物が静止していることがなく、いつも足早に歩きながら画面に入ってくる。そしてまた足早にキャメラのレンズすれすれに画面から出ていく。オーソン・ウェルズの人物は、まさに、カニのように斜めに画面をよぎっていくのです。テクニックを説明するのはとてもむずかしいのですが、そこにヒッチコックとオーソン・ウェルズの大きな違いがあります。ウェルズの人物たちは、いつもキャメラのレンズに対して斜めに動くのです。キャメラのわきに一定の距離とバランスを保って歩くことがない。

――ヒッチコックの映画術の基本は「スクリーンをエモーションで埋めつくす」こと、そして「じゅうたんの模様を緻密に完璧に織りこむ」ことというヒッチコックの言葉に要約されるとあなたは結論として語っておられますが、「じゅうたんの模様、云々」というのは、あなたの『緑色の部屋』（一九七八）の原作となったヘンリー・ジェイムズの小説の一篇に由来する言葉ですね。

トリュフォー　ヘンリー・ジェイムズの「じゅうたんの模様」（あるいは「じゅうたんの下絵」）とい

う短篇小説からきています。「The figure in the carpet」という小説です。フランスでは「La figure d'un tapis（じゅうたんの模様）」とも「L'image d'un tapis（じゅうたんの下絵）」とも訳されています。ヒッチコックがそのヘンリー・ジェイムズの短篇小説を知っていて意識的にその表現を使ったのかどうかはわかりません。というのも、これはヘンリー・ジェイムズ的な意味とかかわりなく、映画の脚本の構成を緻密にするという意味でよく使われる表現だからです。映画の演出や編集にも使われる表現です。とくに撮影はカットの順番どおりにこなすことができないので、まったくパズルのように空白のイメージを埋めていって筋のとおった作品をつくり上げるという意味の表現です。じゅうたんの模様もパズルも同じ意味合いの表現です。

——『華氏451』の日記（「ある映画の物語」）でも、「パズルの形が出来上がってきて、あとは残りの空いたところを埋める」というように書かれていますね。

トリュフォー　そう、そのとおりです。

——あなたの『緑色の部屋』は、愛する死者をよみがえらせるという物語として、ヒッチコックの『めまい』を最も直接的に想起させるのですが、そのような映画的出典の自覚はありましたか。

トリュフォー　ヒッチコックの『めまい』はまったく意識しませんでした。もちろん、『めまい』は大好きなヒッチコック映画で何度も見て、すみからすみまで暗記してはいますが……ただ、『緑色の部屋』をつくるとき、文学的な雰囲気よりも、映画的記憶に結びついたイメージを大事にしようとしたことだけはたしかです。そのとき念頭にあったのは、とくにトーキー初期のアメリカのユニヴァーサルの怪奇映画でした。といってもベラ・ルゴシやロン・チャニーのような、いかにも怪

1962年、ヒッチコック／トリュフォー対談中。フィリップ・ハルスマン撮影　©AHP／D.R

奇的な俳優を使ってわたしの映画をつくろうと思ったわけではありません。ジャン・グリュオーと共同でシナリオを書くにあたって、ヘンリー・ジェイムズの主題、とくに「死者たちの祭壇」という短篇小説のストーリーをユニヴァーサルの怪奇映画ふうに脚色してみたのです。二つの例を考えてみました。一つは、死者しか愛せない男が自分の気に入った女を愛することができるように彼女を殺してしまう物語です。もう一つは、逆に、女のほうが、死者しか愛せない男に愛されるために自分を殺してもらう物語です。シナリオとしては書きませんでしたが、映画のイメージをつくりだすために頭のなかで訓練のつもりで想像してみました。

第2章

ヒッチコック的美女と犯罪

1 イングリッド・バーグマン『汚名』を中心に

イングリッド・バーグマンは恋する女であった。スウェーデンからハリウッド入りするきっかけになった『間奏曲』（グスタフ・モランダー監督、一九三六）とそのアメリカ版リメークである『別離』（グレゴリー・ラトフ監督、一九三九）から『カサブランカ』（マイケル・カーティス監督、一九四二）、『誰が為に鐘は鳴る』（サム・ウッド監督、一九四三）、『ガス燈』（ジョージ・キューカー監督、一九四四）、『凱旋門』（ルイス・マイルストン監督、一九四八）等々に至るまで、こみあげてくる恋の歓びとともにその苦しさをやさしく気丈に秘めて不倫の恋や悲恋に泣く美しいメロドラマのヒロインというのが彼女の役どころであった。

実生活の彼女は、ハリウッドでスターの栄光の絶頂をきわめようとしていた矢先に、イタリア映画『無防備都市』（ロベルト・ロッセリーニ監督、一九四五）を見て衝撃をうけ、ハリウッドも家庭も捨てて、ネオレアリズモの名匠、ロベルト・ロッセリーニ監督のもとに走るというスキャンダラスな情熱の犯罪者になるのだが、それは、スクリーン上で『聖《セント》メリイの鐘』（レオ・マッケリー監督、一九四五）の理知的で気品のある尼僧が同時に『ジェキル博士とハイド氏』（ヴィクター・フレミング監督、一九四一）の自堕落な商売女にもなり得たという以上に鮮烈な、過激な恋する女の映画的事件であったにちがいない。「生の最後の日まで演技した」と自分の墓碑銘に記すために女優として生きた彼女ならではの情熱的犯罪でもあったのだろう。

『汚名』は、そんなイングリッド・バーグマンの犯罪的なまでに過激な恋する女の魅力を、そのたくましさともろさを、その淫らなほどの大胆さとデリケートな傷つきやすさを、このうえなく洗練《ソフィスティケート》されたサスペンスあふれるタッチで描いてみせた感動的な映画だ。一九四六年のアルフレッド・ヒッチコック監督作品である。

静かな清潔感とかぼそい肉体のはかなさが魅力であった『レベッカ』（一九四〇）、『断崖』（一九四一）のヒロイン、ジョーン・フォンテーン、そして少女のようにういういしい身体つきと身振りの美しさが印象的だった『疑惑の影』（一九四三）のヒロイン、テレサ・ライトに次いで、ヒッチコックがハリウッドで見出した最初の――大人の女として美しくタフな肉体的存在感を持った――真のヒッチコック的美女が、イングリッド・バーグマンであったのだ。

「精神分析というオブラートにくるんではあるけれども、これも、要するに、いつもながらの亭主《マン》狩り《ハント》の物語《・ストーリー》」とヒッチコック自身がずばりその主題を要約している『白い恐怖』（一九四五）で、イングリッド・バーグマンは、やがて『裏窓』（一九五四）と『泥棒成金』（一九五五）のグレース・ケリーにその典型的なイメージとキャラクターが収斂され、凝縮され、完成されることになるヒッチコック的な「亭主狩り《マンハント》」のプロフェッショナルとして登場する。若いハンサムな新入りの院長、グレゴリー・ペックにたちまち恋をしてしまう女医がイングリッド・バーグマンで、知的で色気のない女の映画的象徴である縁なしの眼鏡をはずして、たちまち美しい恋する女になるや、甘えん坊で幼児的な男をまさに精神分析というオブラートにくるんで、赤子の手をねじるようにものにしてしまうのである。

『白い恐怖』（1945）イングリッド・バーグマンとグレゴリー・ペック　©AHP／D.R.

『白い恐怖』につぐ『汚名』もまた、スパイ・スリラーのプロットを借りた「マンハント・ストーリー」と言えるかもしれない。アメリカに亡命して市民権を得ていたドイツ人の父とアメリカ人の母を持ち、幼くして母親を失ってからはずっと父親の手ひとつで育てられたわがまま娘がイングリッド・バーグマンである。ちょうど『海外特派員』（一九四〇）のハーバート・マーシャルとラレイン・デイの父娘と同じ関係だ。

イングリッド・バーグマンは、父親がナチス・ドイツのスパイとして反逆罪に問われて投獄されたあと、自暴自棄になって、男遊び、酒びたりの毎日を送るが、ある夜、パーティーに飛び入りで現れたケーリー・グラントをひと目見て好きになってしまう。ケーリー・グラントは最初、うしろ姿しか画面にうつらず、どんな顔をしている男なのか、まったくわからない。ただ、イングリッド・バーグマンが一方的に、その背中だけの影のような男に向かって話しかけるのが正面から印象的にとらえられる。彼女はもう恋する女としての心の準備ができており、女の言葉で真剣に男を口説いているのだが、男は、この最初のうしろ姿のシルエットに象徴的にとらえられているように、影のように男としての実体のないイメージだ。女の誘惑に心を動かさず、冷たく押し黙ったままである。

ケーリー・グラントは、じつはFBIの情報部員として、イングリッド・バーグマンに、ある任務を提案に来たのである。スパイとして断罪された（そしてやがて獄中で毒殺自殺をとげる）父親の汚名をそそぐために、父親の旧友で同志で南米に潜伏しているナチの残党の秘密組織のリーダーと目される男（クロード・レインズ）に近づいてその周辺と組織の内情をさぐるという任務である。

「マタ・ハリになれというのね！」とイングリッド・バーグマンはケーリー・グラントに向かって皮肉っぽくなじるのだが、それというのも、ケーリー・グラントが彼女の愛に対してはまったく無反応で、彼女を愛でひきとめようとしないからであり、そのために、また自暴自棄になった彼女は、実際、マタ・ハリのように「男を誘惑して誑《たら》しこむ」女スパイになって、とはいえプロのスパイではないから、世にも皮肉な運命にもてあそばれることになるのである。

ケーリー・グラントもまたイングリッド・バーグマンに身も心もひかれているのだが（「映画史上最も長いキス・シーン」のエロチックな緊張感！）、酒びたり、男遊びの彼女の過去にこだわり、「女が愛によって変わる」ことなど信じようとはしないのだ。

暗いペシミズムのようなムードが最初からこの白黒映画を支配していて、イングリッド・バーグマンのマンハント作戦も、相手が、ケーリー・グラントとはいえ、政府の役人であり、物語も第二次世界大戦直後のナチ狩りという冷厳な実話的ドラマということもあって、ヒッチコック的ヒロインならではの奔放で果敢な行動にもかかわらず、宝石泥棒をつかまえるというロマンチック・スリラー『泥棒成金』（一九五五）のアルセーヌ・ルパン的な優雅な冒険のように明るくユーモラスに事は運ばない。少なくとも、『鳥』（一九六三）のラストの、あの、鳥の大群に襲われて全身血みどろになるという残虐な仕打ちと同じくらいの、いや、もしかしたらそれ以上の、陰惨で苛酷な運命がヒロインを待ちうけているのである。

もしかしたらイングリッド・バーグマンという女優のイメージにもある種の暗さのようなものがつきまとっているのかもしれない。笑顔が明るく、人なつこくて、愛らしい、あの小さな綺麗な顔

『汚名』（1946）ケーリー・グラントとイングリッド・バーグマン　©AHP／D.R.

からはちょっと想像もできないくらいの大柄で骨格のがっしりした身体が、その流れるような気品のある動きにもかかわらず、ときとして、彼女ごのみの熱演や重厚な演技のせいもあって、重々しくのしかかってくるような印象があるからなのだろうか。ハリウッド的なソフィスティケーション、洗練された繊細な美しさも、一皮むけば、『ストロンボリ』（ロベルト・ロッセリーニ監督、一九五〇）や『われら女性』（ロベルト・ロッセリーニ監督、一九五三）のようにイタリアの農村の大地に根ざしたネオレアリズモのむきだしの生活力あふれるたくましさそのものになりうるということもあるのだろうか。

同じヒッチコック映画でも、敵のスパイのリーダーのジェームズ・メイスンとケーリー・グラントのあいだにはさまった『北北西に進路を取れ』（一九五九）のエヴァ・マリー・セイントとまったく同じ役なのに、『汚名』のイングリッド・バーグマンには愛の三角関係をたのしみながらハッピーエンドに向かう明るさがない。いや、映画そのものに明るさがないのだ。

ケーリー・グラントを見れば、それがよくわかる。『北北西に進路を取れ』のケーリー・グラントの陽気さとは正反対に、『汚名』のケーリー・グラントは笑みひとつ浮かべず、終始、絶望的な暗い表情をしているのである。『汚名』と『北北西に進路を取れ』は同じひとつの物語の、同じひとつのヒッチコック・プロットの、陰と陽、裏と表のようだ。『汚名』のケーリー・グラントが、男らしい潔癖さというよりは傲慢さゆえに、女への不信とFBI局員としての公的な任務にかこつけてぐずぐずしている間に、イングリッド・バーグマンはナチのスパイである年上の——父親と同じほどの——クロード・レインズに求愛され（それも、皮肉なことに、心から愛されて）、結婚してしまうのである。心をひらかないケーリー・グラントに対して、クロード・レインズのほうは無条件に絶対の愛をイングリッド・バーグマンに捧げるのである。

スパイ・スリラーのプロットに愛と嫉妬の三角関係のメロドラマが異常に複雑にからんでサスペンスを盛り上げる。というのも、三角関係は、ケーリー・グラントとクロード・レインズとイングリッド・バーグマンのあいだばかりでなく、クロード・レインズと彼を溺愛する母親（レオポルディン・コンスタンティン）とイングリッド・バーグマンのあいだにも——ちょうど『鳥』のロッド・テイラーとその母親（ジェシカ・タンディ）とティッピ・ヘドレンの緊迫した関係のように——生じるからである。息子を奪われた母親のおそろしい敵意にみちた監視の眼、そして、「若くてハンサムな」ケーリー・グラントとの関係を疑う夫のクロード・レインズの愛ゆえに嫉妬深い監視の眼に絶えず追われながらも、イングリッド・バーグマンは、秘密の情報を入手して、「連絡員」のケーリー・グラントとの束の間の逢瀬に——官能のふるえをおさえきれないかのように——熱中するのである。双葉十三郎氏の言葉を借りれば、わななくような「サスペンス演技」で、イングリッド・バーグマンは愛の二重スパイを演じていくのだが、そのクライマックスが、あの、あまりにも有名なワンカット撮影、二階からキャメラがクレーンでゆっくりと降りていってイングリッド・バーグマンの左手ににぎられた鍵を超アップでとらえるまでの驚異的なワンカット撮影からはじまるシャンペン・パーティーのシーンだ。鍵は地下の酒蔵の鍵で、イングリッド・バーグマンが夫のクロード・レインズのキーホルダーから抜き取ったのである。イングリッド・バーグマンはケーリー・グラントにひそかに鍵を渡し、パーティーのさなかにこっそりと地下の酒蔵に入り、ワインのびんに

『汚名』（1946）左からレオポルディン・コンスタンティン、イングリッド・バーグマン、クロード・レインズ　©AHP／D.R.

詰められたウラニウムを発見して、ナチの秘密組織の謀略工作を壊滅する糸口をつかむというクライマックス・シーンだが、パーティー用のシャンペンを取りに地下に降りてきたクロード・レインズに目撃されたケーリー・グラントは咄嗟にイングリッド・バーグマンを抱き寄せてキスをし、クロード・レインズの疑惑を一気に嫉妬のほうにみちびき、その場を取り繕う。こみあげる官能の歓びにうちふるえるイングリッド・バーグマンの「サスペンス演技」はそのきわみに達する。スパイ・スリラーのプロットを愛のドラマのプロットに切り換え、交錯させてサスペンスをいっきょに高めるヒッチコックの演出のきわみでもある。

一時は嫉妬に狂ってごまかされ、「愛に見放された男」として絶望的になったクロード・レインズだが、その夜遅く、いつの間にかキー・ホルダーに酒蔵の鍵がもどされているのを見て、自分は単に「妻に裏切られた」のではなく、「敵のスパイと結婚した」ことを知るのである。もちろん、彼は妻にも敵のスパイにも二重にだまされたわけだが、いかにも男らしい卑劣さで、妻の裏切りを敵のスパイ工作に転換させて割り切ってしまうのだ。そこには母親の入れ知恵と共謀があるのだが、こうして母は息子を取り戻し、母と子は共通の「敵」を倒すために結束することになる。

『汚名』が見ごたえのある映画だとすれば、そこには単純に一本の映画があるのではなく、少くとも二本の映画があるからなのだろう。愛の三角関係をモチーフにしたプロットとスパイ・スリラーのプロットが二重構造になっていて、そのふたつのプロットの切り換えと交錯がサスペンスにつぐサスペンスを重層的に、かつ加速度的に高めていくからにちがいない。サスペンスとは、アンドレ・モロワの定義どおり、「不安にみちた期待」であり、「このうえなく恐ろしく、このうえなく快い戦慄」ということになるのだが（「鏡の前のフェンシング」、河盛好蔵・円子千代訳、彌生書房）、フランソワ・トリュフォーの定義によれば「ヒッチコック自身の感受性のたかまりに応じてわたしたち観客をエモーションのきわみからきわみへひっぱっていく至芸としか言いようのないテクニック」（「映画術　ヒッチコック／トリュフォー」、前出）なのであり、それこそ「ヒッチコック・タッチ」とよばれるもの、いわばヒッチコックの映画術そのものにほかならないのである。

クロード・レインズは恋する男の役をさっさと捨てて、自分を裏切った女への復讐でもなく、機密を盗んだ敵のスパイ行為に対する報復措置でもなく、「アメリカのスパイと結婚した」自分のミスをカムフラージュするために、事実を仲間の誰にも知られないように、ひそかに、母親と組んで、毎日少量の毒薬をまぜたコーヒーを妻のイングリッド・バーグマンに飲ませて、ゆっくりと自然に彼女を死にみちびこうとする。陰険で狡猾な行為だが、しかし、だからといって、ケーリー・グラントのほうがクロード・レインズよりも卑劣で狡猾ではないなどとは言えないのだ――たとえ私的な愛と公的な義務の板ばさみになり、その葛藤に苦しんだとはいえ、結局はふんぎりがつかずに彼女を瀕死の状態にまで追いやってしまうのだから。

フィルム・ノワールの男たち、たとえば『深夜の告白』（ビリー・ワイルダー監督、一九四四）のフレッド・マクマレーや『殺人者』（ロバート・シオドマーク監督、一九四六）のバート・ランカスターや『過去を逃れて』（ジャック・ターナー監督、一九四七）のロバート・ミッチャムが「タフでなければ生きていけない」ことを知りつつも「やさしさ」に流されて堕落し、破滅していったのに対して、『汚名』の男たちは簡単には女にだまされない。疑い深く、ひねくれた男たちなのである。

『汚名』(1946) 左からケーリー・グラント、イングリッド・バーグマン、クロード・レインズ
©AHP／D.R.

おそらく男のシニシズムと疑惑の影を取り除き、男に真の愛とやさしさを喚起させるために、女は、毒を盛られ、鳥の大群の襲撃をうけ、身も心も痛めつけられなければならないのだろう。それが恋する女の試練なのだ。ヒッチコック映画は、満身創痍になりながらもまごころをつらぬきとおす女の愛の旅路でもある。そして、その試練に耐えるだけの強く、たくましく、タフな（鈍感な、ということではない）肉体的存在感が女には要求される。イングリッド・バーグマンはそんなヒッチコック的ヒロインの最初の完璧な見本であったのである。イタリアのロベルト・ロッセリーニ監督とともに暗い化粧っ気なしのネオレアリズモ的試練をへたあと、アメリカからフランスに帰ったジャン・ルノワール監督（『恋多き女』、一九五六）とともに明るくおおらかな笑顔を取り戻し、屈託のない恋多き女、イングリッド・バーグマンがよみがえるのは、それから十年後のことになる。

2 グレース・ケリーとヒッチコック的「亭主狩り《マンハント》」美女群

ヒッチコックの映画のヒロインたちは乗り物が好きだ。彼女たちは男を寝室のベッドにまともに誘ったことはたぶん一度もないのに、自動車や列車の寝台車に誘いこむのは得意中の得意で、それは魅惑のロマンスのはじまりを予告するサスペンスにみちた日常的な儀式のようだ。

『北北西に進路を取れ』（一九五九）のエヴァ・マリー・セイントがケーリー・グラントをまず食堂

車でつかまえ、ついで、たくみに寝台車に連れこむ手口たるや、まるでスイートホームで妻が夫をまず食卓につかせてから寝室へいざなうかのごとき手なれたやりかた（それがとんだ食わせものであったことは彼女が二重スパイの役をひきうけている以上結果的にそうなっただけのことで、本質的なことではない）であったことを想起すれば、ヒッチコック的美女の誘惑の発想が、動く乗り物を落ち着いた我が家のごとく支配し、単なる浮気やアバンチュールとしてのセックスでなくてずばり結婚そのものを目的としていることが容易に察せられよう。ハワード・ホークスの映画のヒロインたちと同じように、ヒッチコック映画の女たちもすばらしい色情狂だが、けっして多情ではないのである。「告白的女性論」（講談社）の北原武夫ふうに言えば、「浮気でふしだらだが実のある女性」ということになろうか。セクシー、というよりも、セックスは大好きだが、淫乱ではなく、結婚相手つまり生涯の男をつかまえることにかけては本能的に天才的な女性たちである。

　あまりに早急で短絡的すぎる結論と思われるかもしれないので、もっと例を挙げてみよう。『断崖』（一九四一）のジョーン・フォンテーンがケーリー・グラントに出会うのも走る列車のなかである。車掌が検札のために車室《コンパートメント》にまわってきたとき、ケーリー・グラントの切符代が足りないので、彼女はごくあたりまえのように彼の座席の代金を支払ってやる。じつはやんちゃ坊主のようなケーリー・グラントが向かいの席のジョーン・フォンテーンのハンドバックから切手をつまみだして切符の不足料金代わりに車掌に渡して「ママに手紙でもだしてやれよ」などとしゃれたつもりでふざけた冗談を言ったりするのだが、そうしたわがままを彼女は黙ってゆるしてやるのだ。さりげなく、やさしく、しとやかではあるが、もう女房気取りなのである。

『見知らぬ乗客』（一九五一）のホモセクシャルな出会いには、男と女のあいだの微妙なユーモアが欠けているせいか、たちまちすべてが深刻かつ陰惨になって犯罪になだれこむ。男と女のあいだのやりとりは愛の交感だが、ホモセクシャルの男たちのあいだでおこなわれるのは交換殺人なのだ。『三十九夜』（一九三五）のマデリン・キャロルは、列車の個室のなかに逃げこんできて突然キスしながら「助けてくれ、無実の罪を着せられて追われている身だ。恋人のふりをしてくれ」とたのむロバート・ドーナットを、すげなく、警察にバラして渡してしまう。自分の家にずかずかと入りこんでくるような男をゆるすことができないのだ。『バルカン超特急』（一九三八）のマーガレット・ロックウッドが、ホテルの寝室に——いかなる理由であれ——傍若無人に闖入してきたマイケル・レッドグレーヴに対して、「こんなに図々しいひとに会ったことはないわ！」と叫んで腹を立てたのも当然なのである。そんな不幸な出会いをしたふたりも、やがて列車のなかでは心が通じあい、そのあとタクシーのなかで結ばれる。

寝室に誘いこむのはつねに女なのであり、女が誘いこまないかぎり、男はけっして女の寝室には入れないのである。ひょっとして間違って入りこんでしまって、女に「ストップ！」と叫ばれても、『北北西に進路を取れ』のケーリー・グラントのように美男子で、やさしく、にこやかに微笑み、礼儀正しく、何もせずにすぐ出ていこうとすると（彼は逃亡中の身なのである）、ベッドのなかの美女は（ここで彼女はすばやく、めがねをかけて男の品定めをするのだが、あの忘れがたいワンシーンだけの美女は何という名の女優なのだろう）、こんどは男をひきとめようとして、また「ストップ！」と言うのだ。最初の「ストップ！」は「やめて！」という叫びだが、あとの「ストップ！」は「おねがい、やめないで!」というやさしいささやきである。

と、まあ、ヒッチコック映画の女たちというのはこんな調子なのだ。『汚名』(一九四六)のイングリッド・バーグマンがケーリー・グラントを夜のドライブに誘って猛スピードでハイウェイを走るときの酔っ払い運転の見事さは、どうだ。ウイスキーを何本も無理やり飲まされて泥酔した『北北西に進路を取れ』のケーリー・グラントの命からがらのジグザグ運転とは大違いである。車を運転するイングリッド・バーグマンは身も心も酔いほぐれて心地よく腰を落ち着けている感じなのである。

サンフランシスコの坂道をゆるやかに走る『めまい』(一九五八)のキム・ノヴァクの車のなかからはその官能的なぬくもりが匂い立ってくるようだった。身投げしたキム・ノヴァクを自ら救い上げたジェームズ・スチュアートは彼女をごく自然に彼女のグリーンの車のなかに運びこむ——まるで彼女のベッドに誘いこまれるかのように。

そう、ヒッチコックのヒロインたちの運転する自動車のなかは女の寝台のようなぬくもりがあるので、男たちはたちまちそのなかに吸いこまれてしまうのである。『第3逃亡者』(一九三七)の青年(デリック・デ・マーニー)が身を隠したのは少女(ノーヴァ・ピルビーム)の自動車のなかだし、『舞台恐怖症』(一九五〇)のリチャード・トッドが逃げこんだのもジェーン・ワイマンの運転する車のなかであった。心ならずも手錠で結ばれて車に乗せられた『三十九夜』のロバート・ドーナットとマデリン・キャロルも、それをきっかけにしてやがてほんとうに結ばれることになる。『泥棒成金』(一九五五)のグレース・ケリーも、男(ケーリー・グラント)をホテルの寝室のベッドには直接誘わないが（彼女は、ただ、寝室の入口で、その晩はじめて会った男に、何も言わずに、すまして燃えるようなくちづけをするのだが）、翌日、さっそく、ドライブには誘う。もちろん、車を運転するのは彼女だ。なにしろ彼女は「タクシーのなかで生まれた」というくらいだから、車のなかは揺籃《ゆりかご》同然、我が家同然といったところ。男を車のなかに誘いこんだら、もうお手のものである。『泥棒成金』の原題《To Catch a Thief》——泥棒をつかまえる——そのままに、彼女はねらった男（ケーリー・グラントはかつては「ネコ」とよばれた名高い宝石泥棒である）をつかまえたのだ。「あたしはすぐ核心に迫る主義」だし、「あたしの望む男性に値段はつけない」のである。

豊かなる独身をたのしんでいたナイス・ミドルのケーリー・グラントは、グレース・ケリーの誘惑の本質をずばり「亭主狩り《マンハント》」と定義するのだが、『鳥』（一九六三）のティッピ・ヘドレンをへて、『ファミリー・プロット』（一九七六）のバーバラ・ハリス（彼女のねらった男、ブルース・ダーンは、ずばり、タクシーの運転手だ！）に至るまで、ヒッチコックのヒロインたちの行動の原理はすべてこの「亭主狩り《マンハント》」の一語に集約される——といってもこれはけっして極論でも短絡でもこじつけでもない。ヒッチコック自身がこんなふうに自分のヒロインたちの物語を定義してみせているのである。イングリッド・バーグマンの『白い恐怖』（一九四五）は「いつもながらの亭主狩り《マンハント》の話」であり、ジョーン・フォンテーンの『レベッカ』（一九四〇）やティッピ・ヘドレンの『マーニー』（一九六四）は「いつもながらのシンデレラ物語、すなわち夢の王子様をつかまえる話」なのだ、と（「映画術　ヒッチコック／トリュフォー」、晶文社）。

ところで、男をつかまえることは犯罪であろうか。それには、エラリー・クイーンがこんなふうに答えてくれよう。

「女性は男性よりもおそろしい」とはじめていったのは、ラドヤード・キプリングだった。この引用句の解釈をちょっとひねれば、女性は、北西騎馬警察隊の捜査官と同じように、つねにめざす男（犯人と結婚相手と二つの意味がある）をつかまえる、という意味にも解釈できる。（「犯罪の中のレディたち／女性の名探偵と大犯罪者」序文、厚木淳訳、創元推理文庫）

とはいえ、そのとたんに、ボワロー／ナルスジャックのつぎのような言葉がきびしくはねかえってくるのではあるが——。

犯人というのは明確な動機に従って行動する何者かではなく、本能と自由とがないまぜられた、言葉では言い表しがたい強力な性向に従って動く者だからである。（「探偵小説」、篠田勝英訳、文庫クセジュ、白水社）

ヒッチコックの女たちは「本能と自由とがないまぜられた、言葉では言い表しがたい強力な性向に従って動く」のだが、にもかかわらず、つねに結婚というきわめて「明確な動機」を持っているのだ！

車のハンドルをにぎるヒッチコックのヒロインたちがめざすものは、つねに結婚相手である。

『サイコ』（一九六〇）のジャネット・リーが大金を持ち逃げしたのは、それで愛人のジョン・ギャビンの私生活のゴタゴタを解決してもらい、さらにふたりの結婚資金に役立てるつもりだったのだが、愛人に会いに行く途中で豪雨になり夜になってしまったために一泊するつもりで立ち寄ったモーテルで彼女は二重人格の、というよりも老いた母親に化けたアンソニー・パーキンスに惨殺されてしまうのである。この恐怖のプロットに、フランソワ・トリュフォーは、おばあちゃんに化けて待ち構えていた狼に食われてしまう赤ずきんちゃんの話と同じ寓意を読み取った。

『鳥』（一九六三）のティッピ・ヘドレンも、車を飛ばして、ボデガ湾に向かう。めざす男はロッド・テイラーである。彼女の車のなかには、ロッド・テイラーの小さな妹への贈り物という口実ではあるが、愛のシンボル、結婚のシンボルそのものといった「ラヴ・バード」のつがいの入った鳥籠がある。ボデガ湾で彼女を待ち構えていたものは、狼ならぬ鳥の大群なわけだが、この鳥たちに将来住みつくはずだった「家」を襲撃され、占拠され、奪われた彼女は、ロッド・テイラーの家族とともに、やっと自動車のなかに逃げこむ。いつまた大洪水のように襲いかかってくるかもしれない無気味な鳥の群れにとりかこまれた黙示録的な風景のなかを走り去っていく自動車はあたかもノアの方舟のようだ。

ヒッチコックの映画のヒロインが安住できる場所は、もはや車のなかしかないのだ！

『泥棒成金』に話を戻そう。グレース・ケリーはケーリー・グラントをドライブに誘い、モンテカルロの町と海が一望に見渡せる場所に車をとめる（やがてモナコ王妃になるグレース・ケリーが「夢の王子さま」レーニエ三世を現実につかまえたのが、この『泥棒成金』のコートダジュール・ロケの最中であった）。

『泥棒成金』(1955) 撮影中のヒッチコック(手前)、グレース・ケリーとケーリー・グラント
©AHP/パラマウント/D.R.

グレース・ケリーがケーリー・グラントに「胸がほしい？　それとも、脚？」などときくので、ケーリー・グラントがギョッとすると、それはピクニックのために用意してきた昼食のフライドチキンのことだったというようなさりげなくエロチックなおふざけがあって、グレース・ケリーはなおも逃げ腰のケーリー・グラントに迫る。かつては「ネコ」の異名で世間を騒がせたこの素敵な中年紳士泥棒をもうすぐ罠にかけられるという思いにわくわくしているのがわかる。

「ネコにおてんばの子ネコができたのよ」

「冗談はよせ」（とケーリー・グラントはぐっとグレース・ケリーの腕をつかむ）

「あたしの手首に指紋がついてよ」

「ぼくはネコじゃない」

「あなたって握る力が強いのね。泥棒はそうでなくっちゃ」

「このために来たんだろう？」（とケーリー・グラントはグレース・ケリーをひきよせてキスをする）

「今夜、八時にカクテル、八時半にお食事——あたしの部屋でね」

「行けない。カジノへ行って花火を見物するんだ」

「あたしの部屋からのほうがよく見えるわ」

「約束があるんだ」

「来てくれなきゃ、あなたの行った先にネコのジョン・ロビーさまァって呼び出しをかけるから。では、八時にね、遅れてはだめよ」

「時計がない」

「盗みなさい」

ふたりはそのまま抱き合うのだが、じつに見事な、そして魅惑的なヒッチコック的美女の「亭主狩り」の一幕であった。デヴィッド・ドッジの原作にはこんなすばらしくばかげたシャレたシーンがあるかどうかは知らないけれども、こんな対話、というよりも、たのしい男と女のやりとりを書いたのは、『裏窓』（一九五四）から『泥棒成金』をへて『ハリーの災難』（一九五六）、『知りすぎていた男』（一九五六）に至るヒッチコック映画の最もウィットに富んだ台詞を書いている（そもそもはラジオ作家だという）ジョン・マイケル・ヘイズである。グレース・ケリーは「盗みなさい」と言うところで、まるで「あたしをつかまえなさい」といわんばかりのいたずらっぽい目つきをする。

犯罪のにおいをかぐと、グレース・ケリーはかわいらしく鼻孔をひくひくさせ、好奇心でいっぱいになる。ケーリー・グラントに「きみは何にいちばんスリルを感じる？」ときかれて、彼女は「探求中」と答えるのだ。『裏窓』では、こうした彼女の犯罪への好奇心がむきだしになっていて（「探偵小説を読んだことないの？　いつだって美人秘書が一役になうのよ！」と彼女は言うのだ）、脚にギブスをつけて動けないジェームズ・スチュアートに代わって（というよりも、それをいいことにして、勝手に！）、中庭の向こうの妻殺しの犯人のアパートに非常梯子を伝って忍びこみ、殺人の証拠になる結婚指輪をさがしだすのである。そう、ここでも結婚指輪が問題なのだ。ジェームズ・スチュアートはまだ結婚したくないのだが、グレース・ケリーはどうしても彼をつかまえて結婚したいと思っている。そして、スチュアートが裏窓からのぞき見てしまったバラバラ殺人事件の犯人をつかまえることに夢中になっているあいだに、彼自身は女につかまえられてしまっているという皮肉なめぐりあわせだ。

そのうえ、ジェームズ・スチュアートは、この探偵ごっこの大好きなグレース・ケリーのおかげで、犯人に命をねらわれ、実際、殺されかけるのである。そう、ヒッチコックのヒロインたちは、いつも、犯罪を誘発するのである。「巻きこまれ型」と一般的によく分析されているヒッチコック・プロットにおいて、たしかに男たちはよく犯人と間違えられて殺人事件やスパイ事件に巻きこまれはするが、女たちはいっしょになって巻きこまれたようなふりをしながら、逃げるのではなく、むしろ「すぐ核心に迫る」のであり、逆に犯人を刺激して犯罪を誘発させ、その結果、事件を解決へとみちびくのである。『暗殺者の家』(一九三四)のエドナ・ベスト(そして二十二年後のリメーク『知りすぎていた男』のドリス・デイ)も、『北北西に進路を取れ』のエヴァ・マリー・セイントも、『ファミリー・プロット』のバーバラ・ハリスも、みんなそうだ。『マーニー』のティッピ・ヘドレンは、ずばり、女泥棒である。『泥棒成金』では、ケーリー・グラントをつかまえようとするもうひとりの女であるブリジット・オーベールが女泥棒であったが、彼女は、泥棒のプロであったケーリー・グラントに言わせると「まだ娘」であり、グレース・ケリーは「女」なのである。

『ダイヤルMを廻せ!』(一九五四)がヒッチコック/グレース・ケリーのコンビの第一作であったが、ヒッチコックはグレース・ケリーを犯罪の被害者にし(というよりも、やはりここでも彼女は不倫をたのしみながら犯罪を誘発せずにはおかない刺激的な色情狂的美女なのだ)、そして徹底的に痛めつけた。彼女は殺人者にストッキングで首を絞められ、あえぎ、もがく。首筋に絞められた跡が赤紫色についていて、妙になまなましく、強烈な印象だった。まるでキスマークがつきやすい血の気の多い女の肉

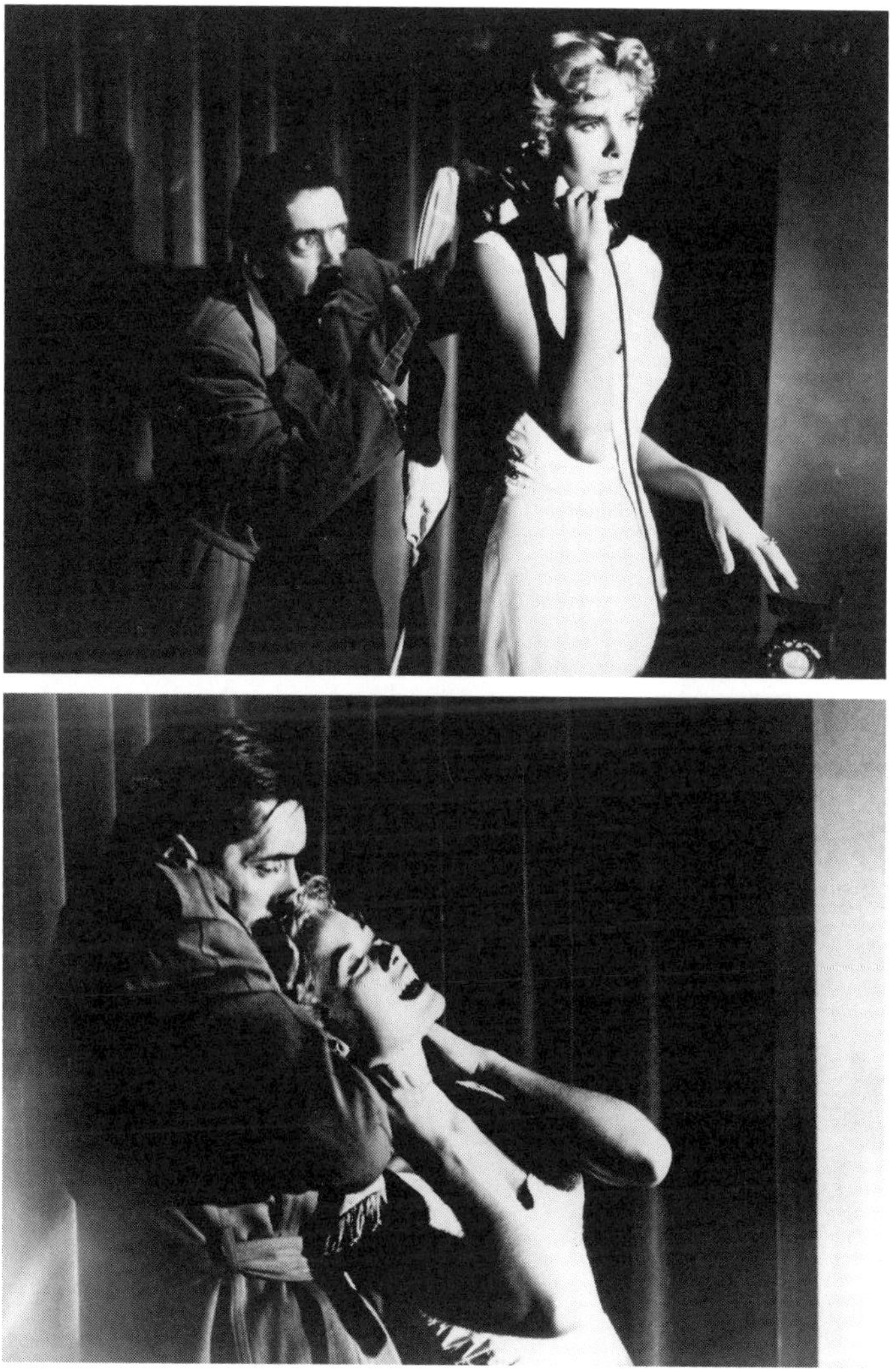

『ダイヤルMを廻せ！』（1954）の殺人者（アンソニー・ドーソン）とグレース・ケリー
©AHP／D.R.

感性みたいなものを感じさせた。

『ダイヤルMを廻せ！』のグレース・ケリーのイメージの延長線上に、『サイコ』のジャネット・リーや『鳥』『マーニー』のティッピ・ヘドレンがいる。『北北西に進路を取れ』のエヴァ・マリー・セイントも『めまい』の最初のキャストに予定されていたヴェラ・マイルズも、キム・ノヴァクも、グレース・ケリーの「身代わり」であった。

『サイコ』のジャネット・リーも、『鳥』のティッピ・ヘドレンも、そしてもちろん男を陥れるために企まれた二重の罠におちる『めまい』のキム・ノヴァクも、けっして不慮の出来事に巻きこまれるのではなく、むしろ――まさしく赤ずきんちゃんのように――運命に向かって車を走らせ、彼女たちのほうから血みどろの、あるいは死に至る犯罪をまねくのだ。罪深い女たちなのである！

3 インタビュー／キム・ノヴァク
めまいのように

キム・ノヴァクが「ゆうばり国際冒険・ファンタスティック映画祭'96」に「ヤング・ファンタスティック・グランプリ部門」の審査委員長としてやってくると映画祭のチーフ・プロデューサーである小松沢陽一氏から連絡があり、おどろき、いさんで、雪の北海道に飛んだ。

『ジャスト・ア・ジゴロ』（デヴィッド・ヘミングス監督、一九七九）でデヴィッド・ボウイとタンゴを踊った四十七歳の、とはいえ、まだじつに美しかったキム・ノヴァクが、私の見た最後の彼女のスクリーン・シルエットである。

ハリウッドで最も美しくグラマラスで官能的なブロンド女優の一人だったキム・ノヴァクだが、『ピクニック』（一九五五）のときは二十二歳、『めまい』（一九五八）のときは二十五歳であった。

夕張で六時間もスキーをたのしんだという元気いっぱいの六十三歳のキム・ノヴァクに、［一九九六年］二月二十日、映画祭の最終日、これから東京へ帰るという寸前に、短い時間ながら会見することができた。

——時間があまりないので、私にとって最も印象的な、忘れがたい映画のシーンから、おうかがいしたいと思います。初めて見たキム・ノヴァクさんの映画は一九五五年のジョシュア・ローガン監督『ピクニック』です。あまりの美しさに目がくらみました。とくに、あの「ムーングロウ」というジャズの名曲のメロディーにのって石段を踊りながら下りてくるシーン。夜の川べりで、提灯の下で踊っていたウィリアム・ホールデンが、そんなキム・ノヴァクさんの姿を見上げて、いっぺんに魅せられてしまうシーンです。

キム・ノヴァク　『ピクニック』はわたしも大好きな映画です。あの、マッジというヒロインには身も心も同化できました。田舎にいて、ただ美しい女の子というだけでなく、もう少し何かがほしい、何かになりたいと思っている彼女の気持ちが、わたしもアメリカの小さな町で生まれ育ったので、とてもよくわかりました。マッジはわたし自身でもあったのです。性のめざめを描いたシーンもすばらしい。石段のダンスのシーンがその頂点ですね。

——あのシーンのキム・ノヴァクさんはとてもセクシーで美しく、ウィリアム・ホールデンならずとも、誰もが魅了されたと思います。

キム・ノヴァク　わたしはすっかりマッジになりきって、裸で踊っているような気持ちで演じたんです。

——そんなキム・ノヴァクさんの肉感的な美しさが、カラー・シネマスコープの画面に見事にとらえられていたと思います。

キム・ノヴァク　ジェームズ・ウォン・ホウという中国人のキャメラマンがそうした官能的なものをつかまえて表現するのがとてもうまかったのですよ。

——ジェームズ・ウォン・ホウはその後もキム・ノヴァクさんの『媚薬』（リチャード・クワイン監督、一九五八）のキャメラを担当していますね。美しい、美しいキム・ノヴァクさんでした。

キム・ノヴァク　すばらしい撮影監督《シネマトグラファー》でした。映画の流れのなかで、ここというところを見事にきめてくれる名手でした。『ピクニック』では、監督の力以上にジェームズ・ウォン・ホウのキャメラが重要な役割を果たしていたような気がします。

——『媚薬』のこともぜひおうかがいしたいと思っていました。キム・ノヴァクさんが最も妖しく美しく輝いていたカラー映画の一本ですね。魔女の役で、ジェームズ・スチュアートに恋をし、魔法をかける……。

キム・ノヴァク　そう、そう、わたしは魔女でした。
――シャム猫を抱いて、猫の目のように深く謎めいた目つきで、妖しくにらみ、テーマ音楽の魔女のメロディーをセクシーに口ずさみながら、ジェームズ・スチュアートを誘惑するんですね。
キム・ノヴァク　（メロディーを口ずさむ）
――ジェームズ・スチュアートは、魔法にかかったことを知らずに、回転ドアから何度外に出ようとしてもまた戻ってきてしまう。忘れられないシーンです。
キム・ノヴァク　そう、この歌をハミングしながら、シャム猫を抱いて、魔法をかける。じつは、猫アレルギーで苦しみましたが！（笑）
――『ピクニック』に次いで、オットー・プレミンジャー監督の『黄金の腕』（一九五五）のキム・ノヴァクさんの美しさとやさしさにも魅了されました。白黒作品でしたが、美しさの印象は変わりませんでした。麻薬中毒のフランク・シナトラを救おうとして、禁断症状が起こってふるえるシナトラをやさしく抱きしめてやるシーンなど忘れることができません。柔らかい肌のぬくもりを豊かに感じさせるシーンでした。
キム・ノヴァク　麻薬が切れて、フランク・シナトラが凍えそうにふるえる。わたしは毛布になって彼の体をくるんであたためるというシーンでしたね。
――そうです。キム・ノヴァクというと、肉感的なブロンドの美女で、男を誘惑して破滅にみちびくファム・ファタール（妖婦、運命の女）というイメージが強いのですが、じつは、そのような役ばかりでなく、とくに初めのころは、『愛情物語』（ジョージ・シドニー監督、一九五六）にしても、家庭的でやさしい女の役を演じておられましたね。デビューはリチャード・クワイン監督の『殺人者はバッヂをつけていた』（一九五四）で、たしかに、忘れがたい魅惑的なファム・ファタールの役でしたが……。

キム・ノヴァク　そうなのです。当時のコロムビア〔という映画会社〕の社長だったハリー・コーンは、気むずかしい人ではありましたが、すばらしく鋭い勘で俳優の資質を見抜く人でした。本能的に、この役はキム・ノヴァクにいいと決める人でした。ただセクシーな女というだけでなく、『愛情物語』のやさしい妻の役などもやらせてくれた。女優としてのわたしのイメージが豊かにふくらむように、いろいろな役を与えてくれたのです。ところが、彼が死んでからは、みんな、キム・ノヴァクといえばブロンドのセックス・シンボルときめつけて、そのイメージの役ばかり。まだコロムビアとの契約が残っていたので、わたしは命令に従うしかなかったのです。

――ハリー・コーンが亡くなったのは、一九五八年ですね。作品でいうと、ハリー・コーンが陣頭に立ってキム・ノヴァクさんの役を決めていたのはどのへんまでですか。『女ひとり』（ジョージ・シドニー監督、一九五七）はまだハリー・コーン製作総指揮ですね……。

キム・ノヴァク　『女ひとり』のときはまだ健在でした。あの映画もとてもよかったでしょう。ハリー・コーンがわたしにくれた最後の美しい役が『媚薬』のヒロインだったと思います。

――『媚薬』の前に、やはりジェームズ・スチュアートと共演で、アルフレッド・ヒッチコック監督の『めまい』（一九五八）に出ていますね。この映画のキム・ノヴァクさんほど美しかったものはないと思います。ブロンドとブルネットの二役を演じていますが、とくに、死んだブロンドのキム・ノヴァクさんがグリーンのムードに包まれてよみがえってくるシーンのすばらしさ。まさにめまいのように美しく魅惑的なシーンでした。

キム・ノヴァク　『めまい』では、わたしをめぐるすべてがグリーンのイメージに彩られていました。ミスター・ヒッチコックがそのように色彩設計をしたのです。わたしが乗る自動車もグリーンでした。グリーンは生命のあかし、生のイメージとして使われています。墓地のなかでたたずむわたしのまわりにも淡いグリーンのもやがたちこめています。

――映画のなかで最初に現れるときも、グリーンのコートを着ていましたね。そして、あのグリーンの色調のなかからよみがえるシーン、ホテルの一室に外のグリーンのネオンサインのあかりが反映しているのですが、そのグリーンのイメージから本当によみがえるようにブロンドのキム・ノヴァクさんが美しい幽霊のように現れる……。

キム・ノヴァク　そう、あのシーンはすばらしかった。グリーンは永遠の生命のシンボル、死をも超えて生きつづけるものの象徴的な色として使われたのです。

――ジェームズ・スチュアートは愛する女を、死んだ女を、よみがえらせようとして、ブルネットのあなたの髪をブロンドに染め変えさせたり、いろいろなことをするのですが、それはまるでヒッチコックがあなたを夢の女に、理想のヒロインにつくりあげようとしているかのように感動的でした。

キム・ノヴァク　死んだ女のイメージにとり憑かれているジェームズ・スチュアートに、わたしは「もしわたしが彼女の、、、ように〔ママ〕ブロンドの女になったら、わたしを愛してくださる?」と言うのです。

『めまい』（1958）キム・ノヴァク　©AHP／パラマウント／D.R.

ええ、あのシーンはよく憶えています。監督のミスター・ヒッチコックはとてもきびしかった。わたしはミスター・ヒッチコックに愛されるためなら、どんなことでもやるつもりでした。どんな撮影にも耐えるつもりでした。「どんなことでもするから、どうしたら愛してくださるの？」というせりふはミスター・ヒッチコックに言っているつもりでした。いま思っても鳥肌が立つくらいエロチックなシーンでした。わたしはスクリーンから観客の一人ひとりに向かって、「もしわたしがあなたの望むような映画スターになったら、まるごとわたしを愛してくださる？」と言うような気持ちで演じたのです。

――すばらしいシーンでした。映画を見た人はみな鳥肌が立つくらいぞくぞくした魅惑のシーンでした。

キム・ノヴァク　最近、『めまい』の新しいネガが発見されたことをごぞんじですか。いくつか編集のときにカットされて使われなかったシーンもあり、それらもふくめて、いま、復元作業がおこなわれています。グリーンがオリジナルに近い美しい色彩でよみがえるはずです。一年がかりの仕事になるそうです。来年はこの新しい『めまい』が世界中で再公開されることになっています。そのときにはできたらまた日本に来たいと思います。そのときにはまた、新しい『めまい』についていっしょにお話をしましょう。

――ぜひまたインタビューさせてください。たのしみにしています。たしかに、いま見られる『めまい』のプリントは、ビデオで出ているものもふくめて、グリーンがあまり美しくありません。全体にカラーが褪色しているような気がします。

キム・ノヴァク　そうなのです。ビデオでは見ていませんが、いま、リバイバル上映されているときのプリントはカラーに多少問題があるのです。こんどの復元版ではオリジナルのグリーンを見事に復元して、真のカラーに近づくでしょう。来年、一九九七年には見られることになると思います。

——お話をうかがっていますと、キム・ノヴァクさんは映画のなかで演じる役に身も心も同化してしまわれるようですね。

キム・ノヴァク　そうですね。自然にそうなってしまうのです。映画を撮ること、役を演じることは、わたしにとってはその人物になりきることなのです。ありきたりのことかもしれませんが、わたしではない別の人間になりきることによって、もう一つの人生を生きること、と言ってもいいと思います。

——しかし、いつもそういうわけにはいかないのではありませんか。完全には同化できなかった役もあるのではないでしょうか。

キム・ノヴァク　それはそうです。映画によります。というより、監督次第ですね。要は監督なんですよ。監督がわたしをうまく使ってくれれば、わたしもすべてを与えることができる。しかし、自分のやりたいことだけを押しつける監督もいるのです。俳優とのコミュニケーションを一切拒絶して、ただキム・ノヴァクという名前がほしいだけで、キム・ノヴァクがどんな女優なのか知ろうともしない。キム・ノヴァクはハリウッドのスター・システムによってつくられたセックス・シンボルにすぎないのだときめつけてくる。わたしの外見だけを求めてくる。内面は必要としない。わたしと話もしないし、わたしを役づくりに参加させてもくれない。ただ美しいだけでいい。そこに立っているだけでいい。言われたとおりのせりふを言えばいい。ただそれだけ。そんなときは、わたしのほうも心を閉ざしてしまう。言われたとおりにするだけ、ロボットのように操作されるだけで、身も心もからっぽになってしまう。言われたとおりにするだけ、ロボットのように操作されるだけ技術的に何でも言われたとおりに見事にやりきる能力を持っている俳優もいます。監督と心が通わなくても割り切ってやれるという俳優もいます。しかし、わたしはだめです。監督がわたしをまったく理解してくれないとわかっていながら、なおかつ自分を与え、作品に加担することなど、とてもできない。

――ヒッチコックはどんな監督でしたか。俳優に何も説明しないということですが、『めまい』のときはどうでしたか。

キム・ノヴァク　ミスター・ヒッチコックはとても頭がよく、巧妙な監督でした。すべてを心得ていて、明快で、きちんとこまかく説明もしてくれました。きびしい監督でしたが、役づくりについては、「わたしにはわからない。あなた次第だ。あなたがこの役をつくるんだ。あなたにしかできない役だ」と言って、おだててくれたものです。「だから、あなたをこの役に起用したんだ。あなたを信じている。あなたでなければできない役だ」って。ただ、せりふのしゃべりかた、身の動かしかたなどについてはとてもこまかく、きびしかった。メーキャップや衣裳についてもこまかい指示があった。外面的なことについては厳密でした。しかし、内面的な役づくりは自由にまかせてくれたのです。それも、じつは自由にさせてくれるように思えただけで、巧妙にミスター・ヒッチコックの手にひっかかって縛られていたのかもしれませんが（笑）。

――『めまい』では、キム・ノヴァクさんはグレイのスーツと黒いハイヒールが嫌いで、絶対にいやだというのに、ヒッチコックがどうしてもと強要するので、ずいぶんもめたというエピソードが残っていますね。衣裳デザインを担当したイディス・ヘッドが、ヒッチコックの指示にしたがって、グレイのスーツをつくってしまったけれども、あなたがことわったので大変だったとか……。

キム・ノヴァク　いや、ことわったわけではありません。実際、着てみたわけですから（笑）。たしかに、わたしはグレイのスーツを着たことがなく、黒いハイヒールもはいたことがなかった。でも、ミスター・ヒッチコックは、わたしの好みを知っていながら、「試してごらん」とうまく誘ってじっと待っているのです。じつにうまいのです。ミスター・ヒッチコックならではのうまさです。わたしは、いつのまにか、グレイのスーツを着せられ、黒いハイヒールをはかされてしまった。そのために、逆に、その気になってしまった。自分が変わってしまっていた。外面をすべてきめられてしまったために、内面もコントロールされてしまったのです。ミスター・ヒッチコックはわたしの外面を着せることによって、わたしの内面を裸にしてしまったのです。たしかに、わたしはグレイのスーツも黒いハイヒールもいやだった。しかし、グレイのスーツを着せられ、黒いハイヒールをはかされて、別人に変わってしまっていた。

――まさにヒッチコックの映画術ですね。

キム・ノヴァク　じつにうまい手口です（笑）。外面をすべてコントロールすることによって内面をコントロールしてしまうというミスター・ヒッチコックならではのやりかたです。

――キム・ノヴァクさんはハリー・コーン社長の死後、コロムビアから出て、ほかの映画会社で仕事をつづけられていますが、一九六四年にはユナイテッド・アーチスツでビリー・ワイルダー監督の『ねえ!キスしてよ』というセックス・コメディーに出演しておられますね。この映画のことも、ぜひおうかがいしたいと思いました。ネヴァダ州のクライマックスという町にある「へそボタン」といういかがわしい売春バーの、おへそまるだしの「ポリー・ザ・ピストル」とよばれるホステスの役でしたが、心やさしく、心意気もあるという娼婦でした。

キム・ノヴァク 『ねえ!キスしてよ』ねえ……(笑)。わたしはコメディーが大好きだし、ビリー・ワイルダーはいい監督だと知っていたので出演した作品でした。ただ、脚本を読まずに引き受けてしまったのです。ビリー・ワイルダーが「信用しろ」と言うので、つい信用して読まなかったのです。そのあと、脚本を読んで、こう思いました。「ああ、この役をやると、また誤解されそう」。

――単なるセックス・シンボルにすぎないと……。

キム・ノヴァク そのとおりです。

――たしかに『ねえ!キスしてよ』はビリー・ワイルダーらしい強烈な諷刺にみちたセックス・コメディーでしたね。

キム・ノヴァク ビリー・ワイルダーは皮肉屋ですが、それはみせかけで、じつはとてもデリケートでやさしい人なのです。そんな内面を押し隠したうわべだけの皮肉屋なのです。内気《シャイ》な人です。心根のやさしさを口の悪さでカバーしているような感じです。

――『ねえ!キスしてよ』が白黒で撮られたのには何か理由があったのですか。

キム・ノヴァク さあ、よく憶えていません。白黒でしたか? 当時はとてもいそがしかったということもあるのですが、あまりにも評判の悪い映画だったので、じつは出来上がった作品を見ていません。見たくなかったというのが正直なところです。

――『ねえ！キスしてよ』には二つの版があって、ラストシーンがあまりにも不道徳だというので撮り直したソフト版がいまビデオで出ていますね。

キム・ノヴァク　ビデオのことは知りませんが、ラストシーンを多少変えたことはよく憶えています。そうです。最初の版のラストシーンは不道徳すぎるというのでアメリカ中から批判され、攻撃され、断罪されて、手直しをせざるを得なかったのです。撮り直しというほどのことではなく、ほんのちょっと手直しをしただけと聞いています。しかし、それだけで映画のよさがすっかり消えてしまったといわれました。

――そうですね。残念ながら。ところでもう一本、ずっとあとになってからですが、キム・ノヴァクさんが大胆にも全裸で裸馬に乗って月夜の晩に現れるというエロチックな名場面を演じたコメディーがありましたね。一九六九年の『空かける強盗団』（ハイ・アヴァーバック監督）というB級っぽいコミカルな西部劇でした。

キム・ノヴァク　ああ、『空かける強盗団』！　ゼロ・モステルが出た作品でしたね。

――牧師に化けたゼロ・モステルがボスになって、銀行強盗を企む話で、夜警の目をくらますために、キム・ノヴァクさんが全裸で白馬にまたがって銀行の前に現れる。じつに美しいシーンでした。

キム・ノヴァク　美しかった？　ほんと？（笑）ばかばかしくて笑ったでしょう。

――コメディーですから、もちろん抱腹絶倒でした。しかし、あの月夜のシーンはキム・ノヴァクさんならではの夢のような美しさでした。

キム・ノヴァク　あれはたのしいシーンでした。わたしは乗馬が得意だし、大好きだったので、よろこんであのシーンに出たのですが、全裸で乗馬なんてね（笑）、大変でしたよ。おもしろかったのは、全裸といっても、ブロンドの髪を長く垂らして前をおおい隠していたのですが、本番中、馬が走りだしたら、そのいきおいで髪がパーッとひるがえって丸見えになってしまった（笑）。わたしの身体に残っていたのは、ここところ（と左右の乳首のところを指して）にちょこっと貼りつけた小さなひなぎくだけ。でも、恥ずかしいと思うよりも、たのしくて、どんどん走りつづけ、いっきょに本番オーケーになった。とても寒い夜で、みんな凍えそうにふるえていたけど、わたしは裸で馬に乗っていたおかげで、馬の体温でとてもあたたかかった。そんな思い出があります。軽いコメディーだったけど、たのしい撮影でした。

――コメディーが本当にお好きなのですね。

キム・ノヴァク　大好きです。それに、『空かける強盗団』の脚本はとてもいいものでした。

――ウィリアム・ピーター・ブラッティの脚本でしたね。のちに『エクソシスト』の原作者および脚本家になる人ですが、コメディーを書いてもうまい人でしたね。

キム・ノヴァク　いい脚本でした。コメディーは大好きです。ゼロ・モステルというすばらしい舞台俳優といっしょに仕事をできたのもうれしかった。

――コメディーだけでなく、キム・ノヴァクさんが出演された映画のなかで個人的に最もお好きな作品は何ですか。

キム・ノヴァク　パディ・チャイエフスキーの舞台劇を映画化した『真夜中』（デルバート・マン監督、一九五九）など大好きな作品です。最も好きな映画の一本です。

――ブロードウェイではたしか『ピクニック』の監督、ジョシュア・ローガンが演出した舞台劇ですね。この映画でキム・ノヴァクさんが演じたのも、孤独で心やさしいヒロインでしたね。

キム・ノヴァク　とても美しいストーリーで、脚本を読んで、ぜひやりたいと思った作品です。映画はニューヨークで、わずか二週間で撮り上げられました。ハリウッドとはまったく違った雰囲気で、脚本家も監督も積極的に対話を求め、とてもいい感じで仕事ができました。まるで舞台劇のように本読みや立稽古をして、それから撮影に入るという、わたしにとってはまったく新しいやりかたでした。それに尊敬する大俳優、フレドリック・マーチと共演できたことも忘れられないすばらしい体験でした。何もかもすばらしかった。大好きな作品です。

――キム・ノヴァクという名前の由来をおうかがいしたいのですが、本名はたしかマリリン・ノヴァクさんですね。

キム・ノヴァク　そうです。ハリウッドにはすでにマリリン・モンローという大スターがいましたから、マリリンという名は変えなければなりませんでした。しかし、わたしはノヴァクという姓だけは変えたくなかった。なぜキム・ノヴァクという名前になったかというと、これにはおかしな話があります。わたしがハリー・コーン社長のオフィスに呼ばれていくと、わたしの名前を決めるための会議がひらかれていました。そこで決められた名前はキット・マーロー でした。キット・マーローなんてね（笑）、ピンと来ませんでした。姓のノヴァクはどうしても変えたくないとわたしは言いました。そのかわり、ミスター・コーンの気持ちも考えて、キットという名はむげにことわらずに、「キ」の音だけを生かしてキムにしてもらったのです。キットは子猫《キットン》を想像させる名です。でも、わたしは子猫ちゃんタイプの女優ではないので、キットではなく、キムならいい、とミスター・コーンに言ったのです。『媚薬』ではわたしは猫のイメージですが、猫と子猫は違いますからね（笑）。

――キム・ノヴァクさんのデビュー作は一九五四年のロイド・ベイコン監督『フランス航路』で、この作品にはマリリン・ノヴァクという本名で出られていたとのことですが、どこに出ておられたのですか？『フランス航路』の主役はジェーン・ラッセルで、キム・ノヴァクさんは傍役だったと思われますが……。

キム・ノヴァク 傍役どころか、ほんのワンシーンに出ただけです。それも二十人ものモデルたちといっしょに階段をおりてくるというシーン。わたしは二十人ものモデルのなかの一人にすぎなかった。ジェーン・ラッセルが踊るナンバーで、バックのコーラスガールの一人でした。それでも、誰かがわたしを認めてくれて、ハリウッドのスクリーン・テストを受けるようにすすめてくれたのです。

――その映画がリチャード・クワイン監督の『殺人者はバッヂをつけていた』だったわけですね。

キム・ノヴァク それはあとから決まったことで、コロムビア撮影所でスクリーン・テストを受けたときには、まだ出演作品が決まっていたわけではありません。コロムビアのほうでは何か考えていたのかもしれませんが、わたしはテストを受けただけ。スクリーン・テストをしてくれたのが

『殺人者はバッヂをつけていた』の監督になるリチャード・クワインでした。

――『フランス航路』はRKOの作品ですが、二十人ものモデルの一人として出られるきっかけは何だったのですか。たしかキム・ノヴァクさんは当時モデルをしておられたわけですね。

キム・ノヴァク そう、わたしは短期大学に在学中からモデルとして働いていました。その夏、わたしは冷蔵庫の宣伝のために全国を巡回することになりました。二か月間の夏休みを利用して旅に出る仕事でした。四人のモデルが冷蔵庫をあけて、♪ショウほど素敵な商売はない……と歌うのです(笑)。シカゴから出発してカリフォルニアに終わるという宣伝旅行でした。で、ロサンゼルスに着いたとき、モデル・エージェンシーのほうから、ちょうどRKOが撮影中の映画、『フランス航路』のなかのモデルの役をさがしているということで、私たちを紹介してくれたのです。それから、コロムビアのスクリーン・テストに合格して契約をしました。その夏がすぎて、二か月後、シカゴに帰ってきたときには、もうスターになっていたのです。本当にあっという間のことでした。

――コロムビア映画の社長、ハリー・コーンは、キム・ノヴァクさんの前に、リタ・ヘイワースという女優を育て、大スターに仕上げていますが、一九五七年の『夜の豹』(ジョージ・シドニー監督)という作品でリタ・ヘイワースからキム・ノヴァクへ、スターの交替劇を演出したといわれています。たしかに、『夜の豹』にはお二人が競演し、キム・ノヴァクさんのほうがリタ・ヘイワースを圧倒する美しさでした。

キム・ノヴァク そう、そのように演出されたのです。ひどい話です。リタ・ヘイワースは本当にかわいそうでした。

わたしがリタ・ヘイワースに替わるスターとして売りだされたのは本当です。なぜそのようなチャンスがわたしにめぐってきたのかというと、当時、ハリー・コーン社長はリタ・ヘイワースに対してものすごく怒っていました。せっかく育て上げてコロムビアのドル箱スターになったリタ・ヘイワースがアリ・カーンという大富豪と結婚し、コロムビアとの契約を破棄しようとしたからでした。そこで、ハリー・コーンは、リタ・ヘイワースに対して、「おまえなんかいらない」と言って、みせしめのために、リタ・ヘイワースに替わる新しいスターを育て上げてみせたのです。それがキム・ノヴァク、つまりわたしだったのです。もちろん、当時のわたしはそんな事情は知る由もなかった。それでも、リタ・ヘイワースはまだコロムビアと一本だけ契約を残していました。それが『夜の豹』だったのです。そこで、ハリー・コーンはこの映画でリタ・ヘイワースを苦しめ、いじめぬこうとした。リタ・ヘイワースが主役であるはずなのに、わたしをこの映画に出演させ、すべての面でわたしのほうを美しく魅力的に見せて、リタ・ヘイワースの不利になるようにしたのです。すべてみせしめでした。

——フランク・シナトラをめぐって、リタ・ヘイワースとあなたが踊るナンバーがありますが、スター交替を象徴するようなナンバーでした。

キム・ノヴァク　そのとおりです。そのように意図的に撮られたのです。撮影中もハリー・コーンはリタ・ヘイワースにとても意地悪にふるまい、しょっちゅう面と向かってこう言っていました。「これでおまえは最後だ。もうおまえなんかいらない。おまえのかわりに新しいスターが出るんだ」。リタ・ヘイワースはどんなひどいことを言われても、静かに耐えていました。それはやさしい、いい人で、そんなひどい言葉でののしられるような人ではなかった。

あのミュージカル・ナンバーも、本当はもっと長く、すばらしいものだったのです。リタ・ヘイワースはすばらしいダンサーで、彼女が踊るところがもっとあったのです。しかし、フランク・シナトラがいっしょに踊るのをいやがったために、せっかくの踊りのナンバーがすっかり短くなってしまった。彼女の見せ場がこんなふうにどんどん少なくなっていったのです。本当はリタ・ヘイワースのためのビッグ・シーンになるはずでした。

――フランク・シナトラのほうが『夜の豹』ではスターだったのですね。

キム・ノヴァク　二年前の『黄金の腕』のときは歌手としてのフランク・シナトラの人気が落ちていたこともあって、彼も一所懸命でした。しかし、その後、人気を盛り返して、『夜の豹』のときには大スターになっていたのです。『黄金の腕』のときのフランク・シナトラはとてもすばらしく、親切で、いっしょに仕事をして、よく付き合ってくれたのですが、『夜の豹』のときにはもう鼻持ちならないくらいあつかいにくいスターでした。よくあることですが……。それにしてもリタ・ヘイワースには気の毒なことばかりだったと思います。

＊

後記――キム・ノヴァクの再来日は実現せず、『めまい』のニュー・プリントとともにキム・ノヴァクに再会することはできなかったけれども、一九九九年はヒッチコック生誕百年にあたり、『サイコ』（一九六〇）や『鳥』（一九六三）などのニュー・デジタル・マスター版によるビデオが次々に発売され、待望の『めまい』のニュー・プリント、完全復刻版も「東京国際ファンタスティック映画祭」で上映されることになった。キム・ノヴァクが「ゆうばり国際冒険・ファンタスティック映画祭'96」に来日したとき、すでに褪色しかけていたこのヒッチコック映画のオリジナル・ネガが発見されて復元作業がはじまり、とくにあの幻のグリーンが「オリジナルに近い美しい色彩でよみがえる」ことを期待し、予告していたことが思いだされ、東京・渋谷パンテオンの大きなスクリーンで見て納得、堪能した。

狂おしいまでの愛の映画だ。「忘れないで、あなただけを愛したわたしを」と言い残して、女は男の目の前で飛び降り自殺をしてしまう。狂気と絶望のふちに立たされた男の前に、やがて死んだ女によく似た女が現れる。ただ、髪の色が違う。死んだ女はブロンドだったが、新しい女はブルネットである。

当時、二十五歳の美しいキム・ノヴァクがこの映画の妖しく官能的なヒロインを演じた。ブロンドの女とブルネットの女の二役を演じ、ミステリアスで夢幻的、しかも、におうばかりの肉感的なイメージで、主人公のジェームズ・スチュアートのみならず、私たちファンを魅了した。

フランスのミステリー作家のコンビ、ピエール・ボワローとトマ・ナルスジャックの小説「死者の中から」の映画化だが、映画ではラストのクライマックスの三十分前に犯罪のトリックの謎が明かされるという謎ときのプロットの常識を破る大胆な構成である。ミステリーのプロットではなく、愛のプロットで見せるというヒッチコックならではの映画術だ。愛とサスペンスが、ヒッチコックの映画では、同義語なのである。

男は死んだ女のイメージにとり憑かれたまま、そのイメージを重ね合わせて、生きている女をつくり変えながら愛そうとする。ブルネットのキム・ノヴァクに死んだ女と同じグレイのスーツを着せ、同じ黒い靴をはかせ、ついにはブルネットの髪をブロンドに染め変えさせる。まるでヒッチコックのブロンド美女造形術を見る思いがする。

「この映画の主人公は死んだ女をよみがえらせようとしていろいろなことをするわけだが、そうした彼の必死の試みは、映画的には、彼が生きている女に衣服を着せようとすればするほど、じつは逆に衣服をぬがせて裸にしようとしているかのように描いてみた」というヒッチコックの言葉どおりのすばらしく印象的なシーンの連続だ。というのも、男はかつての女――死んだ女――とそっくりの女をよみがえらせようとしているつもりなのだが、じつはまったく新しい女を創造しようとしているかのようだ。

男の執拗な要求に女は抵抗しながらも、愛ゆえに、結局は男の意のままになる。「もしわたしがあなたの言うとおりに変わったら、わたしを愛してくださる?」と女は男に言う。男は愛ゆえに女を変えようとし、女も愛ゆえに自分を変えようとするのだ。折から「東京国際映画祭'99」で催されたロベール・ブレッソン追悼回顧上映(だったと思うけれども、もしかしたら特集上映のあと、その年の十二月にロベール・ブレッソンが亡くなったため、結果的に追悼の回顧上映になってしまったのかもしれない)で見た『ブローニュの森の貴婦人たち』(一九四五)を見て、ジャン・コクトーが書いたこんな衝撃的な台詞が心に残った――「愛というものがあるのではない。愛の証拠があるだけだ」。まるで『めまい』のテーマをずばり要約しているかのようであった。

男は愛を見出すために、愛の証拠をひたすらかき集めているだけではないのだろうか。つくりものでもいい、証拠がほしいのだ。グレイのスーツ、黒いハイヒール、ブロンドの髪……とくにブロンドの髪！

こうして、男はついに夢の女を手に入れる。死んだ女が彼の目前によみがえるのだ。クライマックスのホテルのグリーンのネオンのあかりに照らされて、まさに「死者の中から」、死んだ女、ブロンドのキム・ノヴァクが、ついに生きてよみがえってくる魅惑の瞬間は、ヒッチコック映画のなかでも最も美しく最もロマンチックな（荒唐無稽な、と言ってもいい）イメージだ。

グリーンのテーマがキム・ノヴァクを包み込む。ブロンドのキム・ノヴァクが初めて画面に現われるときのあざやかなグリーンのコート、サンフランシスコの坂道をうねるように走る彼女の運転するグリーンのジャガー、墓地にたたずむ彼女のまわりにただよう淡いグリーンのもや、ブルネットのキム・ノヴァクがはじめて現われるときに着ている濃いグリーンのカーディガン。

だが、最後に、女の首飾りを見て、男はそれが彼の求めた愛の証拠ではなかったことに気づき、幻想は一瞬にして消え去るのだ。死んだ女などいなかったのである。『めまい』はよみがえった甘美な悪夢のように美しく戦慄的な映画だ。

第3章

イギリス時代のヒッチコック映画

1 ヒッチコック以前のヒッチコック
――『快楽の園』から『リッチ・アンド・ストレンジ（おかしな成金夫婦）』まで

アルフレッド・ヒッチコックはサイレント時代にイギリスで監督になったが、そのイギリス時代の重要な作品のほとんどがビデオ／DVDで見られることになった（あっという間に映画はDVD――デジタル多用途ディスク――時代になってしまった）。それも、ヒッチコック以前のヒッチコックとでも言ったらいいか、「スリラーの神様」「サスペンスの巨匠」とよばれるずっと以前のヒッチコックのごく初期の、会社命令で何でも次々に撮っていた時代の作品、サスペンス映画やミステリー映画のジャンルにはまったく入らない、少くともヒッチコック的な殺人や犯罪が主題ではないヒッチコック作品、ボクシング映画の形を借りた三角関係のメロドラマ、男やもめの嫁さがしを主題にした田園喜劇、上流階級の家出娘の冒険を描いたラヴ・コメディー、ミュージカル・レヴューの寸劇、劇的な文芸映画、結婚九年目の夫婦の危機を描いた悲喜こもごものロマンチック・コメディーといった、いずれも日本未公開のめずらしい作品が六本も出揃ったのである。

『リング』は、ヒッチコックのオリジナル・シナリオで、サスペンス映画でもなく、犯罪的な要素もまったくないものの、真の「ヒッチコック映画」とヒッチコック自身が「映画術 ヒッチコック／トリュフォー」（晶文社）のなかで述懐していた一九二七年のサイレント作品。

『農夫の妻』は、江戸川乱歩によって「ロマンティシズム本格探偵小説の最高峰」と激賞された

「赤毛のレドメイン家」の著者としてあまりにも有名なイーデン・フィルポッツが「田園小説《ダートムア》」作家だった初期に書いた同名の戯曲の映画化で、一九二八年のサイレント作品。

『シャンパーニュ』は、ヒッチコックが「そいつはわたしの作品のなかでも最低のものだ」と吐き捨てるように言うと、フランソワ・トリュフォーが「それは不当な評価だ」とヒッチコック本人に代わって反論し、「グリフィスの喜劇を想わせるすばらしいシーンがたくさん」あり、「とてもいきいきとしていて、活発なムードにあふれ」、「さまざまなギャグやユーモアを追求した新しい意欲的なアイデアにあふれた映画」だと、これも「映画術 ヒッチコック／トリュフォー」のなかで、擁護顕揚している一九二八年のサイレント作品。

『エルストリー・コーリング』は、ハリウッドでつくられた『パラマウント・オン・パレード』（一九三〇）のような、映画会社――エルストリー撮影所――のスターが次々に顔見世的に出演するパート・カラーのバラエティ・レヴュー映画で、ヒッチコックは『リング』『農夫の妻』『シャンパーニュ』につづけて使ったお気に入りの男優、ゴードン・ハーカーの出る寸劇《スケッチ》の演出だけを「ほんのお付き合い程度に」ひきうけたという（それにしても、こんな珍品まで見られるとはゆめにも思わなかった）、一九三〇年のごく初期のトーキー作品。

『スキン・ゲーム』は、文豪ジョン・ゴールズワージーのヒット舞台劇の映画化で、せりふの多いことで有名なこの芝居をヒッチコックがさらにせりふの多い映画にしたことで知られる一九三一年のトーキー作品。

『リッチ・アンド・ストレンジ（おかしな成金夫婦）』は、ヒッチコックの私生活が最も直接的に反映しているといわれる「自伝的な」夫婦の泣き笑いのドラマで、ヒッチコック自身がイギリス時代の作品では最も気に入っているという一九三二年のトーキー作品。

サイレント時代からトーキー初期にかけての古い作品なのに、いずれも画面がすばらしく鮮明なことにまず感動してしまう。あまりに鮮明すぎて、いわゆるストック・ショットつまりつなぎに使われた実写のカットがバレてしまうくらいだ。さらに、おどろくべきことには、『リング』と『農夫の妻』の二本は伴奏音楽すら入っていないサイレント版である！　回転速度はトーキー・スピードらしいけれども、それにしても、一時間半近く、うんともすんとも言わぬ息づまるような沈黙のドラマには（こんなふうに音なしで公開上映されたことはないと思うけれども）、緊張感で圧倒された。この果てしない長さを感じさせるサイレント映画ならではのゆったりとしたリズムには、まるで夢のような音のない不思議の世界に私たちを吸い込んでしまう魔力があることもたしかだ。

かつて――もう二十数年も前のことだが――パリのシネマテークで、ヒッチコックが一九二五年に撮った処女作、『快楽の園』をただ一度だけ見たことがある。じつはすでに殺人のシーンもあるのだが、愛の運命の皮肉を描いた大流転劇《メロドラマ》とも言うべきサイレント映画だったが（シネマテークでの上映だったから、もちろん伴奏音楽も入らず、息づまるような緊張感を強いるじっとがまんのサイレント・スピードによる上映だった）、こんな忘れがたい鮮烈なシーンがあった。ふたりのヒロイン（ヴァージニア・ヴァリとカルメリータ・ゲラフティ）が――どちらもキャバレーの踊り子で、ふたりは仲よく同じアパートに同棲しているのだが――夜遅く帰ってきて、寝室で着がえをするシーンがあった。ふたりの若い女は次々に自分たちの着ているものをぬいでいくのだが、その女たちのぬぐカットとぬぎ

『快楽の園』（1925）カルメリータ・ゲラフティとヴァージニア・ヴァリ

捨てられるドレスや下着が床に投げだされて、積み重なっていくカットとが交互に、加速度的にモンタージュされて、じつにエロチックなストリップショーまがいの効果が画面ににじみ出るのだった。ふたりの女は、そのあと、かたやパジャマ、かたやシュミーズを身にまとって、ダブルベッドの上でとんだりはねたり、じゃれ合ったりしてから、仲良く抱き合ってシーツのなかにもぐりこむという、背徳的というか、倒錯的というか、異常に官能的な快楽にまみれた印象的なシーンであった。これをあえてサスペンスとはよばぬにしても、やがてヒッチコックのサスペンスにエロチシズムがぬきがたく合体していくことを考えれば、『リング』で蛇がとぐろを巻いた形のリングを男が女の手首にはめてから腕のほうまで撫でるようにしてすべらせながら上げていくとリングが女の腕の肉に食い込むアップとか、『シャンパーニュ』でヒロインの腕の肉を男がつまむアップなどに出くわしたりするとドキッとせずにはいられない。ヒッチコックの作品としては最も取るに足らぬ駄作と自他ともに認めている『スキン・ゲーム』も、実際に見てみると、緊迫した台詞合戦、演技合戦の連続でドラマチックなサスペンスのある作品なのだが、そのラスト・シーンで、肩と背中をセクシーに露出した夜会服姿の美しいフィリス・コンスタムが入水自殺をしたあと、まだ血の気が残っている生々しいずぶ濡れの死体が池からひきあげられる異常にエロチックなイメージなど、ここは夜の庭園の池のこちら側からとらえられ、向こう側の邸宅のあかりのついた客間で女が自殺したことをまだ知らずに女の過去の秘密をめぐって男たちが口論し、喧嘩になり、取っ組み合っているシルエットを奥の背景に同時に入れこんだすばらしい構図で、ビデオでもその映画的な空間のドラマチックなひろがりを充分にたのしむことができた。

『リング』は、『快楽の園』で監督としてデビューして二年目のヒッチコックの六作目。ぶらんことともに、そこから見た目で風景がゆれる。テントの前に立つ呼込みの男の口の超アップから玉投げスタンドの道化の人形の口のアップへ、といったぐあいに、縁日でにぎわう遊園地の情景を早いテンポで点描する快調な出だしで、アメリカ時代の『見知らぬ乗客』(一九五一)の遊園地のシーンにつらなるようなイメージの展開だ。

『シャンパーニュ』の冒頭、ナイトクラブのテーブルでシャンペングラスにシャンペンが注がれると、キャメラがそのままグラスを飲みほす人間の眼になってしまったかのようにグラスをとおしてはるか向こうに踊っている女の姿が見える。『白い恐怖』(一九四五)のグレゴリー・ペックがミルクを飲むシーン(ミルクを飲みほすにつれてグラスの向こうにマイケル・チェーホフ博士の姿が見えてくる)、あるいはまたレオ・G・キャロルがイングリッド・バーグマンの背中に銃を向けるシーン(そのままキャメラはレオ・G・キャロルの眼になり、イングリッド・バーグマンが去ったあと、自殺を決意したレオ・G・キャロルすなわちキャメラに銃口が向けられ、発砲する)をすでに予告する衝撃的なカットだ。

『農夫の妻』に出てくる三人の女、男のようながっしりとした体格のスポーツウーマンとやせた不感症のオールドミスといつまでたっても可愛らしい少女のつもりでいる太ったヒステリー女という醜女たちのさりげなく強烈なリアリズム描写には、すでに、あの、醜悪な金持ちの未亡人たちをブタよばわりする『疑惑の影』(一九四三)の未亡人殺しの主人公の影のようなヒッチコックの暗い悪意がこめられているようにも見えるし、それとは対照的に『リッチ・アンド・ストレンジ』のヒロイン、ジョーン・バリーに『北北西に進路を取れ』(一九五九)のエヴァ・マリー・セイントにつら

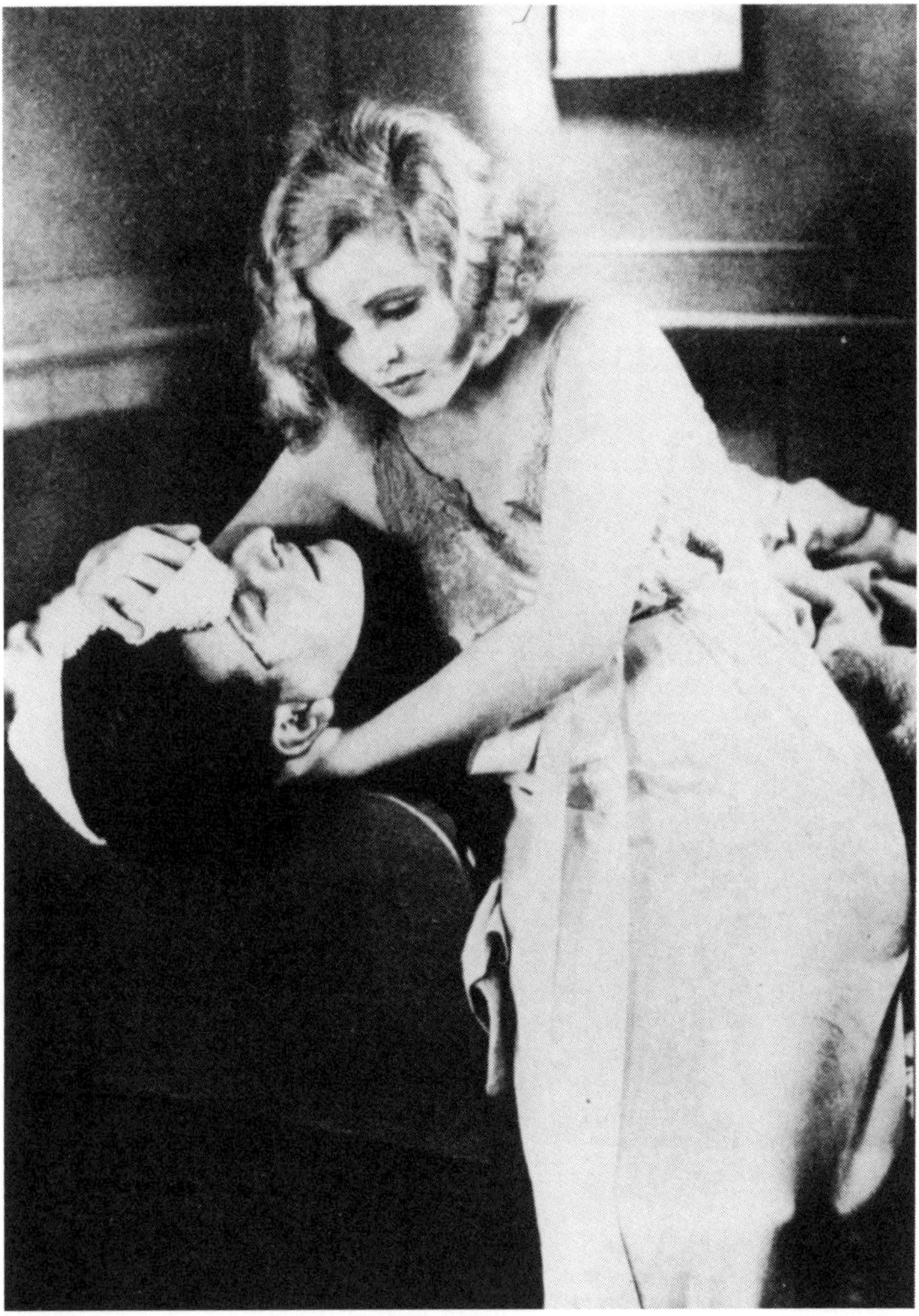

『リッチ・アンド・ストレンジ（おかしな成金夫婦）』（1932）ヘンリー・ケンドールとジョーン・バリー

なる典型的なブロンドのヒッチコック的美女を発見することができる。

『北北西に進路を取れ』という題名がシェイクスピアの「ハムレット」の台詞（福田恆存訳によれば「ハムレットの狂気は北北西の風の時にかぎるのだ」）に由来しているように、『リッチ・アンド・ストレンジ』という題名もシェイクスピアの「あらし《テンペスト》」の台詞に由来していることを確認できただけでもうれしかった。映画の冒頭に「Doth suffer a sea change / Into something rich and strange」という字幕が出てくるのだ。福田恆存訳では「竜神《わだつみ》の業の不思議や／なべて貴き宝となり……」、小田島雄志訳では「海はすべてを変えるもの／いまでは貴重な宝物」となる。映画は船旅が中心のドラマで、夫婦が海難事故に遭う。『リッチ・アンド・ストレンジ』は何年か前にフィルムセンターの「英国映画の史的展望」という特集で『おかしな成金夫婦』という題で上映されたことがあり、また飯島正はその著「ヌーヴェル・ヴァーグの映画体系」（冬樹社）のなかで『金あり怪事件あり』という訳題で紹介していた作品だ。私が翻訳・監修にかかわった二冊のヒッチコック研究書、「映画術 ヒッチコック／トリュフォー」（前出）と「ヒッチコック——映画と生涯」（ドナルド・スポトー、勝矢桂子他訳、早川書房）でも『金あり怪事件あり』という飯島正訳に従っている。

『リッチ・アンド・ストレンジ』には、かつて川端康成が「僕達の知ってゐる女は皆、アマンと較べると、たちまち女でなくなつてしまふ」「アメリカ映画の薄つぺらなお転婆娘達も、たちまち女でなくなつてしまふ」と熱に浮かされたように絶讃した、ドイツ映画『アスファルト』（ヨーエ・マイ監督の一九二九年の作品である）のヒロイン、ベッティ・アマンにもお目にかかることができる——それも、豪華客船のなかで、たっぷりと。『アスファルト』から三年後の残照にすぎぬとしても、その妖艶な女の魅力はくすぐったいくらい生々しく感じられる。ベッティ・アマンの腕にも蛇の形をした金のリングが肉に食い込むように飾られているのだが、もちろん、蛇はあのアダムとイヴを誘惑した蛇なのである！

『リッチ・アンド・ストレンジ』は夫婦の危機を描いた深刻な――リアルで感動的な――ドラマでもあるのだが、ラストで食事と猫のかなりどぎついギャグがあって結局はキスして仲直りというハッピーエンド。一九四一年の『スミス夫妻』に直接的につらなるロマンチック・コメディーでもある。

ロマンチック・コメディーといえば、『シャンパーニュ』は一九三四年のフランク・キャプラ監督『或る夜の出来事』に先立つ大富豪のフラッパー的なわがまま娘のクレイジーなスクリューボール的冒険譚だし、ボクシングの試合場《リング》と婚約・結婚の指輪《リング》を二重にひっかけた題名の『リング』も、すでにアメリカ映画的な、ハリウッド的な、恋と野望、栄光と挑戦、成功と挫折をテーマにボクシングとロマンスをダブらせたロマンチック・コメディーあるいはほろ苦いハッピーエンドのメロドラマなのである。男が女に結婚を申し込み、「Yes《イエス》というのは短い言葉だよ」と言うと、「もっと短い言葉があるわ」と女が「No《ノー》」の返事をするといった辛辣で洒落たやりとりのある『農夫の妻』も田園を舞台にしたロマンチック・コメディーなのだと言えよう。ヒッチコックはすでに「アメリカ映画」をつくっていたのである！

「スリラーの神様」「サスペンスの巨匠」の名にふさわしい恐怖と戦慄に笑いとユーモアが絶妙に配合されたいわゆるヒッチコック・タッチがスクリーンに開花する以前のヒッチコック作品、ドナルド・スポトー（「ヒッチコック──映画と生涯」、前出）によれば「映画監督としての野心を実現できるのははるか先のことであり、自分の映画の本領をつかむのにもまだ時間があった」時代のヒッチコックが、サイレントからトーキーにかけて、いろいろな映画的実験、映画的技法の冒険を試みつつ、といっても、試行錯誤という以上に、たとえばシャンペンが泡立つと気分が高揚し、気分が落ち込むにつれてシャンペンの泡も消えていくといったシンボリックな視覚的効果や、群衆の向こうに見える女の顔がその美しさに心ひかれる男の近くで見たいという気持ちとともにそのまま二重写しでみるみる近づいてくるといった心理的クローズアップは、幼稚でナイーブにみえながらテクニックとして非の打ちどころなく完成しているのだが、のちにフランソワ・トリュフォーによって「アメリカ映画的様式化」と表現されることになる円熟に向かって、サスペンスもギャグもエロチシズムもすべてがしだいに「ヒッチコック的なもの」つまりは「映画的なもの」に純化され、洗練され、収斂していくプロセスが垣間見える若々しく混沌とした、それだけにまた多彩で豊かなアイデアにみちた時代のヒッチコック作品なのである。

2 最初の「真のヒッチコック映画」──『下宿人』

『下宿人』は一九二六年のサイレント映画である。アルフレッド・ヒッチコックの監督第三作で、最初の「真のヒッチコック映画」として知られる。私たちにとっては幻の名作だ。文句なしの傑作と言っていいサスペンスあふれるこのサイレントの見事なスリラー映画が日本未公開作品だったというのは不思議なくらいだが、思えば当時ヒッチコックはまだ二十六歳の名もなきイギリスの新人監督だったのであり、実際、イギリスでもこの作品で初めてヒッチコックという「新しい才能」が注目されたのであった。因みに、日本に初めて紹介されたヒッチコックの作品は、一九三四年のトーキー映画『暗殺者の家』で、一九三五年のことであった。

サイレント末期からトーキー初期にかけてのヒッチコック作品は、コメディーもありメロドラマもありシリアスなドラマもありという模索の時代、といっても自らさまざまなジャンルに挑戦したというよりは、会社命令で何でも撮らされた時代なのだが、そうした制約のなかで、ヒッチコックはスリラーという決定的なジャンルに出会うべくして出会ったと言えよう。

無実の罪を着せられて逃げる「間違えられた」男、手錠、金髪の美女、疑惑の影《ヒッチコック・シャドー》、白い恐怖、セックスと殺人、さらにはヒッチコック本人の登場も含めて、ヒッチコック映画のすべてが――「サスペンスの巨匠」のすべてが――すでにそこにはあるのだ。

金髪の女が恐怖の悲鳴をあげる冒頭のクローズアップから、映画はたたみかけるようなリズムでスリリングに展開し、次から次へと息を呑むおもしろさだ。全篇、これ、映画的興奮にみちみちた映画なのだ。ヒッチコック・タッチとは、サスペンスの秘術であると同時に、映画の魅惑のテクニックの奥義でもある。

「映画術 ヒッチコック／トリュフォー」でもヒッチコックとトリュフォーのあいだで熱っぽく語

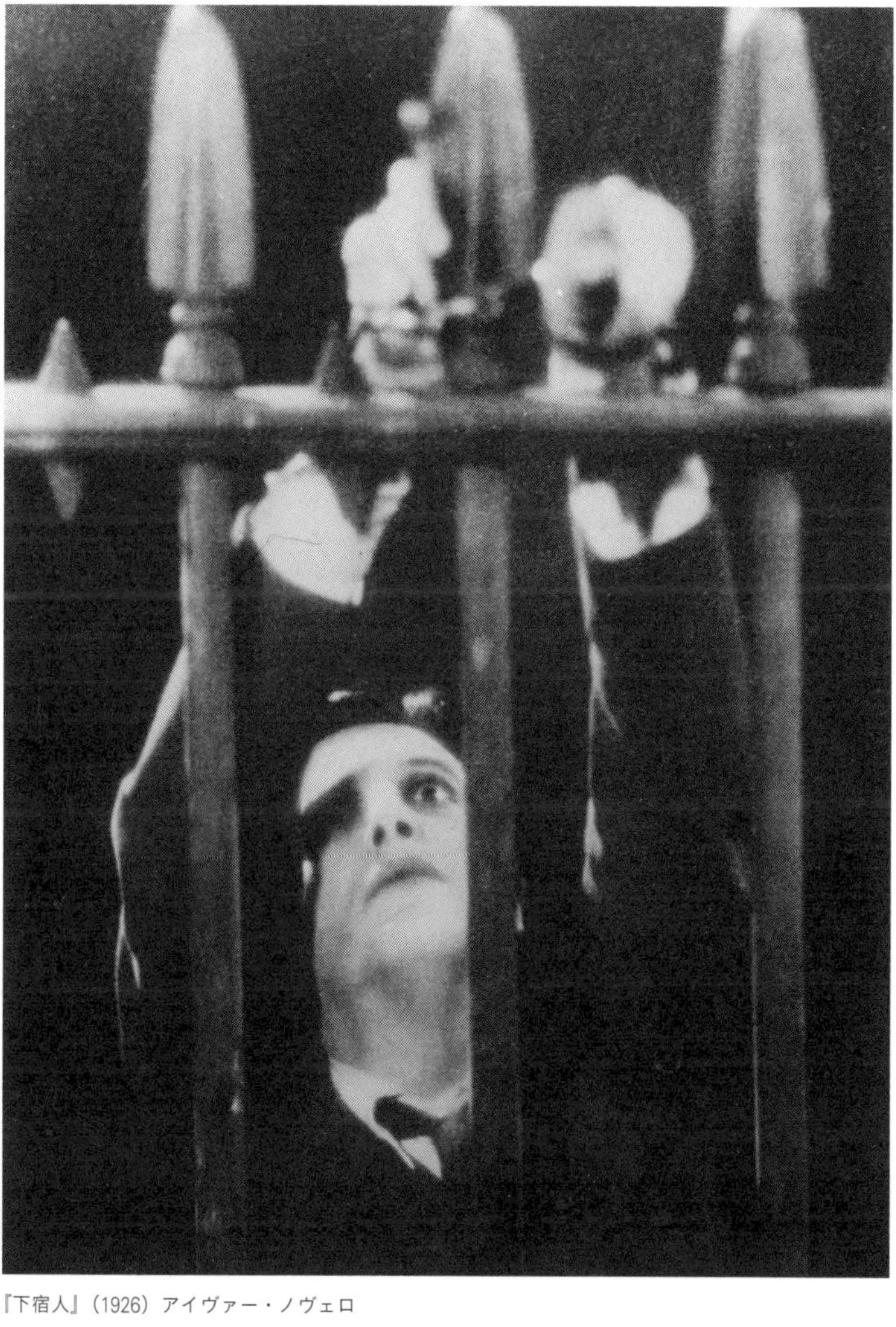

『下宿人』（1926）アイヴァー・ノヴェロ

られているように、謎の下宿人が二階の部屋を歩きまわると、下の部屋の天井が軋み、天井から吊られたシャンデリア式のガス電灯がゆれ、不安げに見上げる下宿の主人夫婦の疑惑と恐怖を反映するかのように、突如、天井そのものが透明のガラスになり、神経質に歩きまわる下宿人の靴が画面いっぱいにうつり、その足音が迫ってくるという鮮烈な視覚的効果。主人公が鉄柵と手錠にがんじがらめになって群衆にリンチを受けるという磔のキリストを想起させる「宗教的図像学」はもちろんのこと、下宿人が金髪のヒロインの前で火かき棒をひそかに手に取る何でもないシーンのスリルとか、ヒロインの婚約者である刑事がヒロインに「犯人をつかまえたら、きみに指輪を贈るよ」と言って手錠をかけるシーンのどぎついくらいの迫力は、すでに至芸と言っていいヒッチコックならではのさりげなくエモーショナルなタッチだ。そして、ヒロインが入浴するシーンのエロチシズムとサスペンス。浴槽から立ちのぼる湯気が下着を脱ぐヒロインの裸をおおう。と、外から下宿人の手がドアのノブをそっとまわすカットが入る。ヒロインは気づかずに浴槽に身を沈め、キャメラはヒロインの眼になって、心地よさそうに、と同時に官能的に、セクシュアルに、湯につかった彼女の姿をうつしだすのだが、ここはのちの『サイコ』（一九六〇）のジャネット・リーのシャワーのシーンにつらなる興味深いシーンだ。金髪の美女はジューンという名前だけで知られた女優だが、この映画ではまだ純粋にヒッチコック的に洗練された美女とは言えないかもしれない。しかし、この女優も『快楽の園』（一九二五）のヒロインのヴァージニア・ヴァリと同じように本来のブルネットの髪をブロンドに染め変えさせられたという逸話だけからも、ヒッチコックのブロンドへの偏愛がうかがえよう。そして、下宿人を演じるイヴォー（アイヴァー）・ノヴェロにはすでに、『私は告白する』（一九五二）のモンゴメリー・クリフトや『間違えられた男』（一九五七）のヘンリー・フォンダのイメージに直結する受難の主人公の感動的な面影がある。ラスト・シーンの窓の向こうには、今夜もまた、「上演中　金髪の乙女たち」という劇場のネオンが明滅しているのだ……。

霧の夜のロンドンを舞台に（『霧のロンドン物語』というのがこの映画の副題である）性的変質者切り裂きジャックの連続殺人事件をヒントにしたこのサイレント映画が、それから四十五年後に七十一歳のヒッチコックがハリウッドから久しぶりにイギリスに帰って撮った『フレンジー』（一九七二）と同じ物語であることにおどろく。

3　トーキー事始――『恐喝《ゆすり》』『殺人！』『第十七番』

ヒッチコックのトーキー第一作は一九二九年のスリラー映画で、イギリス映画のトーキー第一作であり、これは「ナイフ、ナイフ、ナイフ……」という声が恐怖におびえるヒロインに迫る有名なシーンをふくめて「トーキーの新しい可能性を徹底的に追求した」傑作として知られ、『恐喝』あるいは『ヒッチコックのゆすり』の題でビデオになっていたはずなのだが、残念ながらすでに廃盤になってしまっているとのことなので（といっても、レンタル店にはまだあるはずだが）、今回はビデオで発売されて間もないヒッチコックのトーキー初期のスリラー映画二本をとくに取り上げることに

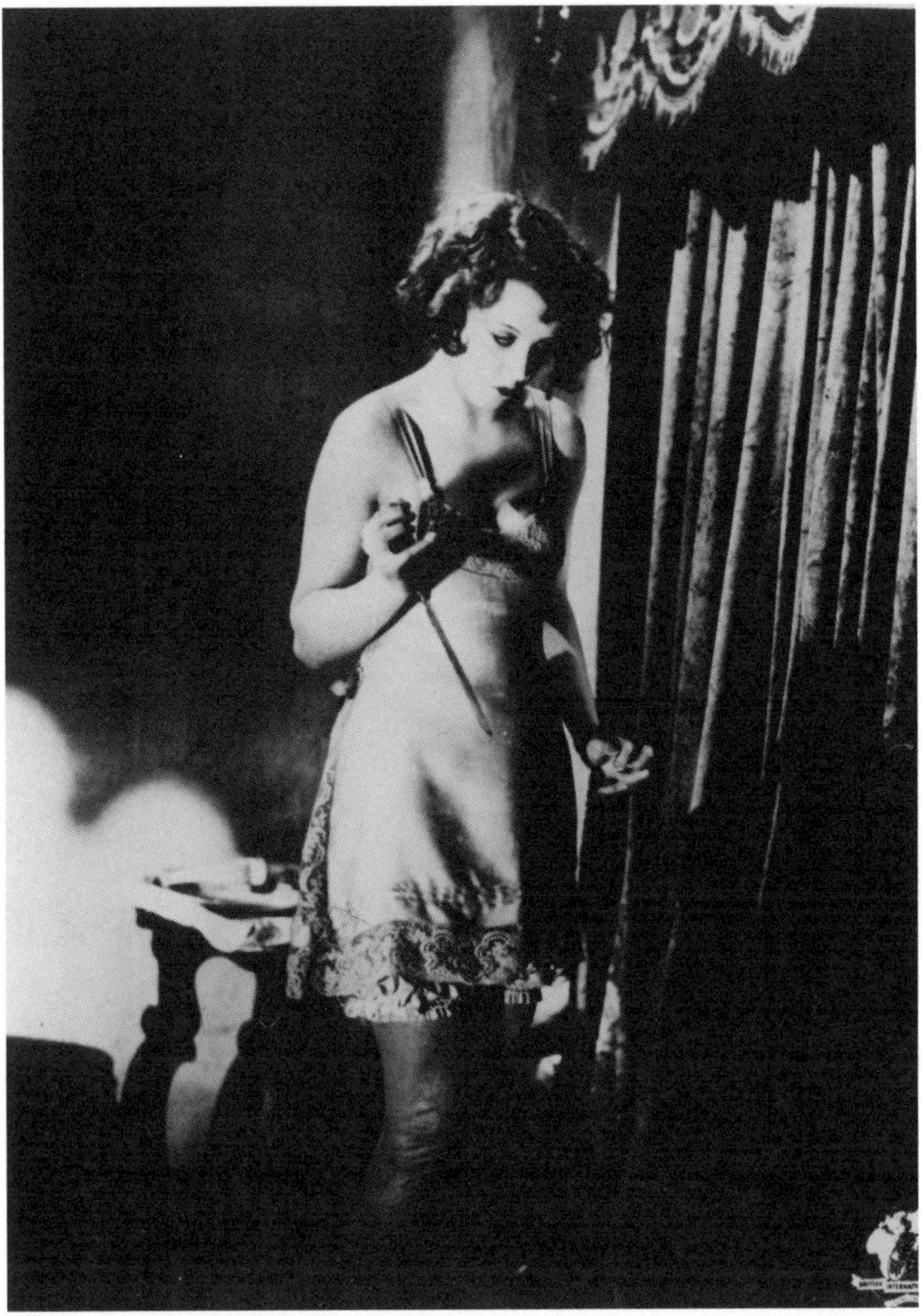

『恐喝（ゆすり）』（1929）アニー・オンドラ

しよう。いずれも劇場未公開の貴重な作品であるというだけでなく、豊かな映画的創意にみちたすばらしい作品だ。画質も申し分のない鮮明さである。

『殺人！』は一九三〇年作品。エリック・ロメールとクロード・シャブロルが一九五七年に出版した――世界最初のヒッチコック研究書の一冊として名高い――「ヒッチコック」（註――二〇一五年、木村建哉、小河原あや訳、インスクリプトより出版）において、『リッチ・アンド・ストレンジ』（一九三二）、『三十九夜』（一九三五）とならんでイギリス時代のヒッチコックの三大傑作と評価している作品だ。

『第十七番』は一九三二年作品。ヒッチコック本人は、会社命令で撮った「お仕着せ」映画で「最低」の一言でかたづけているのだが、前半は幽霊屋敷のような暗い空家の一夜の出来事、後半はすでにヒッチコックならではの緊迫したドラマチックなタッチで盛り上げるノンストップで疾走する列車のなかのドラマで、バスと機関車のミニチュアを使った迫力ある追っかけシーンがおまけにつく。

深夜すぎ、時計の針が一時半をさしている。突如、闇をつんざく女の悲鳴。軒下から数羽のツバメ（かと思われる小鳥）が飛び立ち、壁ぎわを黒猫が一匹逃げていく。アパートの窓という窓にあかりがつき、住人たちが顔をだすのをキャメラがゆるやかな横移動でとらえていくという『殺人！』のトップシーンは、それから二十四年後の『裏窓』（一九五四）をすでに想起させよう。いったい何が起こったのか、早く外に出てたしかめたくて、あわてて着がえをしようとするけれども、無器用にブルーマーの左足のほうに右足も入れてしまってまごつく婦人とか、そんな『裏窓』的な情景がいくつか点描される。

死体のかたわらに兇器を持って立っていた若い女（ノア・ベアリング）が逮捕され、殺人罪で死刑を宣告されて投獄されるが、陪審員のひとりであった舞台俳優兼劇作家のハーバート・マーシャルは、のちの『パラダイン夫人の恋』（一九四七）の弁護士グレゴリー・ペックのように、被告の美しさに心打たれて、その無罪を信じ、被告の弁護ならぬ事件の捜査を自ら買って出るという話である。謎ときの映画だから、とかれた謎を――これから見る人のために、礼儀として――ここで明かすわけにはいかないのだが、ヒッチコック・ファンにだけはこっそりと、ヒロインが『私は告白する』（一九五二）のモンゴメリー・クリフトのような立場にあり、また、愛する女の無実を信じてそれを証明しようと奔走する男の立場からすると、これは『パラダイン夫人の恋』を、あるいは『ダイヤルMを廻せ！』（一九五四）をはるかに予告する作品でもあると言っておこう。さらに、ホモセクシャルのテーマは『ロープ』（一九四八）や『見知らぬ乗客』（一九五一）につらなり、女装の変質者は『サイコ』（一九六〇）のアンソニー・パーキンスにつらなる倒錯趣味（？）だと言ったら、もうほとんど話をバラしたのも同然なのだが、しかし、それでこの映画のおもしろさが半減するなどというわけではないのだ。ハーバート・マーシャルが鏡に向かって、ひげを剃りながら事件を推理する有名なモノローグのワンシーン・ワンカット。ラジオのスイッチをひねると、ワグナーの「トリスタンとイゾルデ」の序曲が流れてくる。「当時はダビングなんてやりかたはなかったから、すべて同時録音撮影だった」とヒッチコックが述懐する技術面については「映画術 ヒッチコック／トリュフォー」（晶文社）を読んでもらうことにして、この長いモノローグのワンシーン・ワンカットがいま見ても感動的なのは、モノローグとともに女に対するハーバート・マーシャルの想いがこみあげてくることである。飯島正の言葉を借りれば――「ヌーヴェル・ヴァーグの映画体系」（冬樹社）のクロード・シャブロルの映画論の項で分析しているように――「サー・ジョン（ハーバート・マーシャル）は浴室で古いポルトをなめながら、鏡のなかの自分をみつめている。そして〈トリスタンとイゾルデ〉の序曲を聞いている。観客はそこに彼がわかい女囚のことをおもいつめているのを〈聞く〉」のであり、「視覚的・聴覚的なあらゆる要素の結合が、まるで愛撫のように、人物の心のなかにゆっくりと盛りあがってくる愛情を、観客に感じさせないではおかない」のである。クロード・シャブロルが「ヒッチコック的瞬間」とよんだエモーショナルな映画的瞬間だ。

サーカスをラストのクライマックスにした設定は、『見知らぬ乗客』のラストの遊園地のメリー・ゴー・ラウンドにおける死闘を想起させるとともに、『めまい』（一九五八）のモチーフの前ぶれとも言うべきものを垣間見せてくれよう。ヒッチコックの映画では、しばしば殺人が劇場で――たとえば、『三十九夜』（一九三五）ではミュージックホールで、『逃走迷路』（一九四二）では映画館で、『暗殺者の家』（一九三四）や『知りすぎていた男』（一九五六）ではコンサートホールで――起こるし、クライマックスを大英博物館（『恐喝』）や自由の女神像（『逃走迷路』）やラシュモア山（『北北西に進路を取れ』、一九五九）のてっぺんにもってくるヒッチコックならではのスペクタクル的なドラマづくりをそこに見るたのしさもある。犯罪ドラマではないが、サイレント時代のヒッチコックのオリジナル・シナリオによる『リング』（一九二七）では縁日のテント小屋を舞台にドラマがはじまったことも想起される。

『殺人！』のハーバート・マーシャルは、舞台芸術にかかわる人間として、「人生のテクニックを舞台に生かす」ように「舞台のテクニックを現実の人生の問題にも適用して」犯罪事件を解明しようと試みる。「ハムレット」第三幕第二場の「舞台のテクニック」を真犯人告発のトリックとして使うシーンは、この映画のまたひとつの見どころでもある。真犯人が脚本のページをめくる。何も書かれていない白紙がアップでとらえられる。息づまるような一瞬が流れ、突如、その全体の情景が俯瞰でとらえられるという、これまた緊迫感あふれる「ヒッチコック的瞬間」だ。

ハーバート・マーシャルがベッドで子供たちにからみつかれるシーンのおかしさ。そして、若き日のヒッチコック本人が画面をよぎる瞬間、等々。

『第十七番』はアルフレッド・ヒッチコック監督のトーキー第六作。これも日本未公開作品で、今回、初めてビデオで見た。古い映画なのに画面は鮮明で、それだけでも見ごたえがあり、快感がある。

強風に木の葉が散り、黒い夜道を落葉とともに帽子が吹き飛ばされて転がっていく。ひとりの男が小走りに追いかけてきて帽子をひろう。一軒の空家の前である。そこが第十七番つまり十七番地であることがやがてわかるのだが、空家なのに、窓にあかりがゆらぐので、訝りつつ男が戸口に近づくと、ドアが内側から自然にひらいて、男は誰もいない真っ暗な室内に吸い込まれるように入っていく、という出だしである。

冒頭から、音楽もちょっと『白い恐怖』(一九四五)を想起させるような不気味な旋律で、空家(というより廃屋という感じなのだが)のなかに入ると、ライターとロウソクの火だけで影が大きく怪しくうごめき、まるで怪奇映画のはじまりのようなムードである。男がそっと階段を上がっていく。

『第十七番』（1932）

二階から、ロウソクの炎がゆらいで、すでにこの空家にいたらしいもう一人の男が下りてくる。暗闇で一発の銃声がひびく。列車が通過していく轟音とともにあかりが明滅する。どうやら空家のすぐ裏を鉄道のレールが走っているらしい。明滅するあかりのなかに倒れている死体が浮かび上がる。それを見ておどろき、恐怖にゆがんだ顔が、ドイツ表現主義映画のように、あるいはむしろ、そのパロディーのように、ゆがんだ、デフォルメされた映像で、とらえられる。映画をつくるたのしさ、映画的表現を追求し、映画的テクニックを駆使するたのしさが、画面からひしひしと伝わってくるような感じだ。ここは黒猫を一匹走らせようとか、ここは死体の腕がだらんと垂れ下がっているアップを見せようとかいった作り手の映画的な発想や情熱が伝わってくるようで、こちらも映画づくりに参加しているような気分にすらなる。見る者を人物に同化させ、さまざまなシチュエーションに巻き込み、映画そのもののなかにとりこんでしまうヒッチコック映画のなかでも、これはちょっと異質の魅力のある作品だ。私たちは人物に同化するのではなく、むしろ映画の作り手であるヒッチコックに同化してしまうのである。若き日のヒッチコックといっしょになって映画をつくっているような気にさせられてしまうのである。風に飛ばされた帽子をひろって入ってきた男をはじめ、浮浪者や、父親を殺されて恐怖におびえる若い娘や、三人の宝石泥棒や、耳も口も不自由な——じつはふりをしているだけの——女といった謎めいた人物が、次々に、盗まれた首飾りをさがし求めて、夜の廃屋に集合するのだが、『救命艇』（一九四三）や『ロープ』や『ダイヤルMを廻せ！』を予告する一種の室内劇を、たとえばすべての出来事が階段と踊り場という限定された場所で起こるような構成にするといったささやかな実験精神とか、『下宿人』（一九二六）以来のヒッチコック的な強迫観念ともいうべき手錠、そして手錠で結びつけられた男と女のエロチシズム、手錠で縛られたまま磔にされたように宙吊りになる人間のイメージをどうにかして表現したいという映画的な衝動とか、そういった作り手のこころ――遊びごころと言ってもいい――がおもしろいくらいに見えるようだ。映画の後半に暴走機関車とバスの追っかけシーンになり、はるかに『引き裂かれたカーテン』（一九六六）までつらなるたのしさがある。

4 ヒッチコック的な、あまりにヒッチコック的な

――『暗殺者の家』『三十九夜』『間諜最後の日』『サボタージュ』『第3逃亡者』

ここでは、戦前のヒッチコック映画でビデオ化された劇場未公開作品だけにこだわるつもりだったのだが、『三十九夜』（一九三五）のように戦前公開されただけで幻の名作のように知られていたのが、ついに、やっと一九七七年になって劇場で再公開され、ビデオ発売された作品もあるので、その他の戦前のイギリス時代のヒッチコック作品にも少しずつふれておくことにしよう。とはいうものの、じつは、一九三四年以後のヒッチコック映画については、もう何も言うことがない。いわゆるヒッチコック・タッチ――映画ファンなら誰もが知っているあのユーモアとサスペンスが絶妙に混じり合ったヒッチコック・タッチ――が、すでに見事に洗練された完璧な形で見られるからな

のである。

おもしろい。おもしろすぎて言葉もない。見れば見るほど病み付きになってしまうこと間違いなしという映画群である。

『暗殺者の家』は一九三四年の作品で、周知のように、それから二十二年後の一九五六年にハリウッドでリメークされる『知りすぎていた男』のオリジナルである。シンバルの音が合図になるコンサート・ホールの暗殺シーンのサスペンス——譜面の大写しとともにオーケストラの演奏が進み、二階の客席のカーテンから銃口が標的の要人にねらいをつける……。

『間諜最後の日』は一九三六年の作品で、『暗殺者の家』とこの作品のあいだに一九三五年につくられた『三十九夜』があるのだが、このあたりまでくるとヒッチコックも絶好調で、お得意のスパイ・スリラーのあの手、この手を思いのままにあやつっている感じだ。『暗殺者の家』のビデオの画質は相当ひどく、『間諜最後の日』のビデオもあまりいいものではないのだが、私は今回のビデオでこの二本をつづけて見て、何よりも、ピーター・ローレという小さな怪優の二本立てとしてたのしんだ。ドイツ時代は幼女殺しの変質者を演じた一九三一年のフリッツ・ラング監督の名作『M』で知られ、ハリウッド時代は独特の猫撫で声でトボけたおかしさをふりまきながらも暗く不吉な、ときには陰惨で兇悪な感じの名脇役を演じた数々の名作、『マルタの鷹』(ジョン・ヒューストン監督、一九四一)『カサブランカ』(マイケル・カーティス監督、一九四二)『毒薬と老嬢』(フランク・キャプラ監督、一九四四)『欲望の砂漠』(ウィリアム・ディターレ監督、一九四九)等々で知られるピーター・ローレが、ナチス・ドイツから逃れてハリウッドに落ち着くまでのあいだに出演したイギリ

上／『暗殺者の家』（1934）左からフランク・ヴォスパー、レスリー・バンクス、ノーヴァ・ピルビーム（少女）、ピーター・ローレ　下／『間諜最後の日』（1936）左からピーター・ローレ、ジョン・ギールグッド、マデリン・キャロル

ス時代の二本のヒッチコック映画が『暗殺者の家』と『間諜最後の日』なのである。『M』を見て、ヒッチコックは、どうしてもピーター・ローレを使いたいと思い、『暗殺者の家』の暗殺団の首領を演じさせたと語っている。顔の表情が急に変わり（その秘訣は耳を動かすように頭皮を動かすことができたからだという）、童顔なのに、すごむとすごくこわい。『狂恋』（カール・フロイント監督、一九三五）の怪奇的外科医や『ローレンの反撃』（テイ・ガーネット監督、一九四三）のナチス・ドイツ将校など本当にこわかった。

その体形からしてヒッチコックとの相似性が明らかなピーター・ローレはヒッチコックの分身といった感じなのである。

『暗殺者の家』がピーター・ローレの陰のイメージだとすれば、『間諜最後の日』はその陽のイメージで、「血に飢えた暗殺者」の役ではあるのだが、女の尻を追いかける彼の姿を見た一人が「女殺しか？」ときくと、もう一人が「女だけじゃない」と答えるような明るい、それだけに狂ったイメージの殺人者であり、コメディーリリーフとしてのたのしさもたっぷりという怪演である。サマセット・モームの短篇小説集「アシェンデン」からの映画化で、悪役が色男というのも見どころ、そしてもちろんクール・ブロンドの美女、マデリン・キャロルが登場する。

『三十九夜』は、殺人事件の犯人に間違えられた男が、『下宿人』（一九二六）の主人公のように、あるいは題名もずばり『間違えられた男』（一九五七）の主人公のように、無実の罪を着せられたまま無抵抗の被害者になるのではなく、警察やスパイ組織に追われて逃げまわりながら、無実を証明するために自ら真犯人を探して果敢に行動し、危険に身をさらすこともいとわないヒッチコック的ヒーローの典型的な物語だ。ハリウッド時代の傑作の一本『北北西に進路を取れ』（一九五九）の原典とも言える。主人公が「追われる」身でありながら同時に「追う」存在でもあるという二重の役割を演じるところにヒッチコック映画のおもしろさがあることは言うまでもないだろう。そんなことは絵空事でしかないとしても、「たかが映画じゃないか」というわけである。

こうして、逃亡がそのまま追跡にもなるというヒッチコック的冒険映画がはじまる。その旅路の途中で主人公（ロバート・ドーナット）はクール・ブロンドの美女（マデリン・キャロル）と出会う。スリラーのプロットに恋愛のプロットがからみ合って、サスペンスも二重になるという仕組みだ。ヒロインではないけれども、魅力的な美女がもう二人登場する。

血湧き肉躍る物語をあまりバラさないように、殺されるブロンドの美女（ルッチー・マンハイム）はプロのスパイ、聖書で結ばれる農夫の妻（ペギー・アシュクロフト）はブルネットの美女であるとだけ言っておこう。怪談落語「のっぺらぼう」のようにぞっとする小指のない男との出会いのシーンでは、ブルネットの美女に着せてもらった農夫の外套の内ポケットに入っていた聖書が主人公の命を救うことになるのだ。

恐怖と戦慄にみちたスパイ・スリラーだが、公の席で「間違えられた男」になるというギャグもあるかと思えば、ほとんどロマンチック・コメディーと言ってもいい洒落た、ぜいたくな展開なのである。

犯人と間違えられた主人公のロバート・ドーナットがマデリン・キャロルとおたがいに他人同士で喧嘩をしながらも手錠でつながれたまま逃亡することになる。田舎の小さな宿屋に泊るシーンで

『三十九夜』(1935) マデリン・キャロルとロバート・ドーナット

は、女がストッキングをぬぐとき、否応なしに男の手もいっしょにくっついてきて足を撫でるので、その手にすばやく女がサンドイッチを持たせ、ストッキングを抜き取ったとたんにサンドイッチを奪い返すといった、じつにユーモラスでエロチックな、ヒッチコックならではのあざやかな手を披露してみせる。

同じ部屋で、同じベッドで、手錠で結ばれて、一夜をすごさなければならなくなった男女が、最後には本当に結ばれるという、これぞヒッチコック的ロマンスとよびたい荒唐無稽さだ。

男は洗練された紳士で、頭脳明晰で、そして行動的。女は知的で、大胆で、官能的な美女である。あまりにも素敵で感じのいい二人なので、最後には二人が結ばれることを誰もが期待し、祝福せずにはいられないような魅惑のカップルなのである。

世界中のすべての出来事を記憶しているミスター・メモリーという芸人がこの映画のもう一人の隠れた主人公であり、真に「知りすぎていた男」なのだが、このミスター・メモリーが登場するロンドンの場末の寄席で銃声とともに一騒動起こる冒頭のシーンから、息もつかせぬおもしろさだ。死体を発見したメイドの恐怖の叫びがそのまま汽笛にかぶさって疾走中の列車のシーンに移行していくテンポも快調そのもの。映画を見ることそのものがスリル満点というたのしさなのである。

一九三五年の『三十九夜』から一九三六年の『間諜最後の日』にかけて、「最もイギリス的な映画ジャンル」であったスリラー映画の名手として、アルフレッド・ヒッチコックの名声は世界的に確立したのであった。すでにハリウッドからの誘いの手はかかっていたが、ヒッチコックはすぐその手にはのらず、さらに腕にみがきをかけるべく、飯島正ふうにいえば「芸術的な下手な野心は持たぬかの如く」、純粋に映画的なおもしろさを追求した作品を撮りつづけていくのである。しかし、ハリウッドへの道はもうそんなに遠くはない。

『サボタージュ』は『間諜最後の日』に次いでつくられた一九三六年の作品だが、日本の劇場では未公開の異色スパイ映画。『第3逃亡者』は翌一九三七年の作品で、日本ではそれから四十年後の一九七七年に初めて公開された。

『サボタージュ』で、破壊工作員のオスカー・ホモルカが水族館の水槽にロンドンの都心部の広場、ピカデリー・サーカスの建物が爆破されて崩壊する光景を見る幻想のイメージなど、一瞬だがすさまじく強烈だ。この作品が映画館を主要な舞台にしているところも興味深く、破壊工作の犠牲になった少年の死のあと、シルヴィア・シドニー（彼女は少年の姉であり館主の妻でもある）が映画館で上映中のウォルト・ディズニーの漫画映画『コック・ロビンを誰が殺した』（「シリー・シンフォニー」シリーズ、一九三五）を見るシーンのアイロニーと感動は、ヒッチコック映画の数々の忘れがたいシーンのなかでも最もさりげなく、しかも最も心に残るものの一つだろう。映画館のスクリーンの裏側が家族の住居になっているとともに破壊工作《サボタージュ》のスパイたちの巣窟にもなっていて、台所とか食卓といった家庭の日常生活を背景にした特異なスパイ映画であるとともに、まさにスクリーンの向こう側に、もう一つのドラマがあるという仕掛けになっている。映画館の暗闇を通過しなければスクリーンの向こう側に出られないという構造がおもしろいくらい単純に描かれ、主要な人物はみな、暗闇をへて出たり入ったりするのである。「鳥は一時四十五分に鳴く」という暗号文とともに小鳥屋からカナリヤの入った鳥籠が届く。食卓で殺人の話をするというブラック・ユーモアは『恐喝』（一九二九）から『フレンジー』（一九七一）に至るまでヒッチコックお得意の手だが、この映画では食卓で実際に殺人がおこなわれる――それもすばらしく感動的に。そして、『恐喝』や『疑惑の影』（一九四三）のように、ヒロインや主人公の犯罪をかばうというヒッチコック的な暗黒面《ダーク・サイド》が垣間見られる作品でもある。

『第3逃亡者』の殺される犠牲者は映画女優、殺人犯に間違えられた男はシナリオライターである。濡れ衣を着せられた無実の男が逃亡の果てに真犯人を見つけ、途中で出会った美女と結ばれるというストーリーは『三十九夜』に次いで、この『第3逃亡者』が原型になり、『逃走迷路』（一九四二）をへて、『北北西に進路を取れ』につながることになる。ラシュモア山の頂上からエヴァ・マリー・セイントが転落する一瞬、ケーリー・グラントの手がのびてくるという「宙吊り《クリフ・ハンギング》」のサスペンスの原型も――『第十七番』（一九三二）にちょっとその前触れが見出されるとはいえ――『第3逃亡者』で廃坑の地盤が陥没してヒロインの運転する車が呑まれるシーンに明確に見出されよう。『三十九夜』→『第3逃亡者』→『海外特派員』（一九四〇）→『逃走迷路』→『北北西に進路を取れ』というヒッチコックの典型的な追いつ追われつの冒険スリラー映画のつながりをたどってみると、ヒッチコックが一つの主題、一つの形式、一つのギャグ、一つのサスペンスを、より研ぎすまし、完成させるために、いかにあくことなく執拗に、くりかえし、首尾一貫して追求しつづけたかわかるだろう。それは同じことのくりかえしではなく、ある種の妄執、固定観念のようなものだったのだろう。たとえば殺しのテクニックをとってみても、明確に一つの首尾一貫性がある。サイレント時代の『下宿人』から、おそらく絞殺にヒッチコックは最も魅せられていたにちがいない。

『フレンジー』では実際にネクタイによる絞殺のシーンを見せるにまで至った。『サボタージュ』でも、少年が運ぶフィルム缶に『絞殺魔』という映画の題名が記されているのが印象的であり、『第3逃亡者』の冒頭においても、被害者はレインコートのベルトで絞殺されるのである。

『第3逃亡者』の圧巻はホテルのロビーの大俯瞰――四十メートルの高さ――から人々がダンスを踊る広間をとらえ、演奏するバンドのステージに寄っていき、黒塗りのドラマーの顔を超アップでとらえるまでの名高い――エリック・ロメールとクロード・シャブロルは「映画史上最もすばらしい移動撮影」と絶讃している――クレーン・ショット。これを見ると、『汚名』（一九四六）の有名な、二階からキャメラがゆるやかに降りていってイングリッド・バーグマンの手ににぎられた鍵の超アップにまで至るクレーン・ショットなど、ヒッチコックのいわば手の内であったことがわかるだろう。

『第3逃亡者』には、おなじみのヒッチコック登場シーンがある。裁判所（だったと思う）の出口に立っている無器用な取材記者の役で、玩具みたいな小型の写真機を持っている。

『サボタージュ』も『第3逃亡者』も完璧と言いたいくらいの出来で見ごたえのあるヒッチコック映画なのだが、にもかかわらず、『第3逃亡者』のほうはとくに全体になんとなく冷たい印象があるのは、これもエリック・ロメールとクロード・シャブロルが指摘するように（「ヒッチコック」、前出）、ヒッチコックがヒロイン（『暗殺者の家』で誘拐される小さな女の子を演じたノーヴァ・ピルビームはまだ十八歳になったばかりだった）にあまり夢中になっていないからなのかもしれない。その分だけヒッチコック的な狂気のようなものが欠けているからなのかもしれない。『若くて無邪気（Young and

Innocent)』という原題そのままに「若さと無邪気さをめぐる、やさしさあふれるコミカルなメロドラマ」なのだとドナルド・スポトー（「ヒッチコック――映画と生涯」、前出）は解説していることも付記しておこう。

5 ハリウッドに向かって――『バルカン超特急』

『バルカン超特急』（一九三八）は『三十九夜』（一九三五）とともにヒッチコックのイギリス時代の頂点とも言える傑作、快作だ。私はたまたま、一九六〇年代に足かけ三年ほどパリに滞在し、ル・シャンポリオンという学生区《カルチエ・ラタン》の小さな名画座で見た（発見したと言いたいくらいである！）のだが、フランス語の字幕付きであることも忘れて見入った最初の興奮を忘れることはないだろう。そして、その興奮は、その後、何度見ても（日本では一九七七年になって初公開され、日本語字幕付きでも何度も見て）、いや、見れば見るほど、その映画的興奮は変わらないどころか、いやますばかりだ。

疾走中の列車のなかで忽然として一人の老婦人が消えるという、この走る密室犯罪ものとも言うべきミステリーの映画的なおもしろさを、どう言葉で説明したらいいのだろう。それは文句なしのおもしろさだ。文句のつけようがないのだ。おもしろくないという人がいるかもしれないが、そういう人は映画とはたぶん無縁の輩にちがいないとみなしてすまされるような、絶対的な、映画ならではのおもしろさなのである。文句なしのおもしろさということは、つまりは一目瞭然の映画なのである。そこには映画の創始者の栄光——というのは金井美恵子さんの表現だ——が輝いているのだ。それは批評が介在する余地のない幸福な映画なのである。ところが、これがたとえば、ヌーヴェル・ヴァーグの映画になると、文句なしにおもしろいというわけにはいかなくなる。否応なしに、映画とは何かという批評的注釈が必要になってくるからである。批評の介在する分だけ不幸な映画にならざるを得ない。

「映画術 ヒッチコック／トリュフォー」のヒッチコックとトリュフォーの対話は、映画を創造した者とすでに創造された映画について批評的に思考せざるを得ない者との対照をきわだたせていることは言うまでもない。フランソワ・トリュフォーに代表されるヌーヴェル・ヴァーグの世代こそ「映画とは何か」を問わずには映画をつくり得なかった不幸な映画作家たちであったからである。トリュフォーの批評的な問いに対するヒッチコックの答えはプロの職人の技術論、芸人の芸談といった感じだ。ヒッチコックは批評的解釈などにまったく興味を示さない。ジョン・フォードになるともっと過激だ。「ザ・テレビジョン」というテレビ番組でジョン・フォードがAFI（アメリカン・フィルム・インスティテュート）功労賞を受賞したときの模様を放映したときに、批評家出身の監督、ピーター・ボグダノヴィッチが「この映画のテーマは？」と質問すると、フォードは何も言わず、太い葉巻をくわえ直してから、キャメラに向かって、ただひとこと、「カット！」とどなるのだ。これこそフォード・タッチであり、創始者の栄光なのである。

つい最近刊行されたサミュエル・フラーのインタビュー集「映画は戦場だ！」（吉村和明・北村陽

『バルカン超特急』（1938）左からマイケル・レッドグレーヴ、マーガレット・ロックウッド、デイム・メイ・ホイッティ

子訳、筑摩書房）のおもしろさは、明らかにヒッチコック的な芸談、技術論とは異質のもので、読者は、しばしば、サミュエル・フラーの批評家以上に批評家的な鋭く明晰な分析や解釈にうならされることになる。映画とは何かという明晰な思考をめぐらし、饒舌にテーマを語る映画作家、サミュエル・フラーが撮っていたのは単なる「B級娯楽アクション映画」などではなかったのである！

映画史には、「映画の父」D・W・グリフィスに次いでジョン・フォードやハワード・ホークスやヒッチコックやフリッツ・ラングやエルンスト・ルビッチのアメリカ映画があり、それ以後のアメリカ映画、オーソン・ウェルズ以後の映画と言ってもいいかもしれないが、ロバート・ロッセンやニコラス・レイやサミュエル・フラーのアメリカ映画（サミュエル・フラー監督の新作、『ストリート・オブ・ノー・リターン』は一九八九年のフランス映画だが、一九四〇―五〇年代のハリウッドのフィルム・ノワールの名残りのようなこのノスタルジックな映画もふくめて）があるということになるだろう。前者を幸福なハリウッド、後者を不幸なハリウッドとよぶとしたら、『バルカン超特急』はまさに幸福なハリウッドに向かって、黄金時代のハリウッドに向かって、まっしぐらに疾走しつつある幸福な映画なのである。この映画がイギリス時代のヒッチコックの最も評価された、そして最もヒットした作品であり、ヒッチコックのアメリカ行きを決定的にしたこともうなずかれようというものだ。

ふと、こんなぜいたくな三本立てが見られる名画座があったら、どんなにすばらしいだろうと考える。

『バルカン超特急』は一九三八年のアルフレッド・ヒッチコック監督作品。
『ミュンヘンへの夜行列車』は一九四〇年のキャロル・リード監督作品。

『絶壁の彼方に』は一九五〇年のシドニー・ギリアット監督作品。『ミュンヘンへの夜行列車』は国立近代美術館フィルムセンターの「英国映画の史的展望」で上映されただけで日本の劇場では未公開、テレビでは日本語吹替え版だが何度か放映された。イギリス映画、それもスパイ・スリラー映画の三本立て――東京の名画座中の名画座、大井武蔵野館もまっさおという三本立てのプログラムになるだろう。

三本の映画をつなぐ共通項はシドニー・ギリアットとフランク・ローンダーという、イギリスの冒険活劇、サスペンス・ドラマ、犯罪スリラーの映画的系譜のなかでその存在と役割を無視することのできないシナリオライターのコンビである。このコンビはプロダクションも共同で興し、『絶壁の彼方に』も、脚本・監督はシドニー・ギリアットだが、このコンビの製作になる作品なのである。

『バルカン超特急』には、ノートン・ウェインとバジル・ラドフォードが扮するクリケット狂の二人組がコメディーリリーフ的に出てくる。この二人組がそのまま――まったく同じキャラクターで――『ミュンヘンへの夜行列車』にも登場し、単なる楽屋落ち的ギャグ以上に、映画的なプロットを豊かにふくらます役割を果たしているのだが、同じようなつながりが『バルカン超特急』と『絶壁の彼方に』にも見出されよう。『バルカン超特急』は人々が意味不明の言語を話すバンドリカというバルカン半島の架空の国からはじまるのだが、『絶壁の彼方に』の舞台になる恐怖の独裁国、ヴォスニアは明らかにその映画的な発展なのである。「ヴォスニアという国を見つけようとしても地図にはなく、ヴォスニア語の辞書を買おうとしても書店にはない。にもかかわらず、たしかに、

『バルカン超特急』(1938) ノートン・ウェイン (左) とバジル・ラドフォード

筑摩書房　新刊案内

●2016. 12

●ご注文・お問合せ
筑摩書房サービスセンター
さいたま市北区櫛引町 2-604
☎048(651)0053　〒331-8507

この広告の表示価格はすべて定価(本体価格＋税)です。　http://www.chikumashobo.co.jp/

下田直子の手芸術

——手芸がどんどん楽しくなる
54のお話とつくり方のコツ

「苦手を克服するために」「たこ糸は優秀です」「アクセサリーとしてのバッグ」「アラン模様と交差編み」等、手芸がもっと楽しくなる、とっておきの奥の手！

87889-2　Ａ５判（12月下旬刊）予価１９００円＋税

雪舟えま

凍土《とうど》二《に》人《にん》行《こう》黒《くろ》スープ付《つ》き

ひとりでも生きられる
ふたりならもっと生きられる

とあるとても寒い星。〈家読み〉のシガは逃亡クローンのナガノと出会う。二人の旅路に待つものは——。注目の歌人・小説家が贈るハートウォーミング・ストーリー。

80465-5　四六判（12月下旬刊）予価１５００円＋税

イラストレーション：カシワイ

クレア・ウィークス　**白根美保子** 訳　**森津純子** 監修

完全版　不安のメカニズム

——ストレス・不安・恐怖を克服し
人生を取り戻すためのセルフヘルプガイド

不安の正体を知ればその症状は改善できる。不安に苦しむ人々と長く向き合ってきた女医が優しく力強く語りかける、50年以上も読み継がれるロングセラー。

84310-4　四六判（12月上旬刊）　**1800円＋税**

価格は定価(本体価格＋税)です。6桁の数字はJANコードです。頭に978-4-480をつけてご利用下さい。

大浦康介（京都大学人文科学研究所教授）

対面的

――〈見つめ合い〉の人間学

対面の場に働く不可思議な引力と斥力。それは動物的な本能か、人間的な制約なのか。そこでは一体何が起こっているのか。いまあえて対面の意味を問う野心的論考。

84312-8　四六判（12月下旬刊）予価2900円＋税

天沢退二郎／入沢康夫 監修　栗原敦／杉浦静 編

宮沢賢治コレクション〈全10巻〉

1 銀河鉄道の夜

――童話Ⅰ・少年小説ほか

宮沢賢治生誕120年記念企画。童話を中心とした散文101篇・詩500篇以上を収録する作品集。1巻は代表的な童話・少年小説7篇に表題作異稿・論考を収録。70621-8　四六判（12月23日刊）2500円＋税

価格は定価（本体価格＋税）です。6桁の数字はJANコードです。頭に978-4-480をつけてご利用下さい。

ちくまプリマー新書

●7日発売

268
介護のススメ！
▼希望と創造の老人ケア入門

介護・認知症ケア研究家 三好春樹

介護は時間も場所も、言葉も越えるタイムマシン！ 老人たちの問題行動の中にこそ、豊かな介護を創るカギがある。さあ、高齢者ケアのワンダーランドへ旅立とう。

68974-0 820円＋税

269
感染症医が教える性の話

神戸大学教授 岩田健太郎

感染症予防の観点から性を学ぶ重要性を語りつつ、多様な性の在りかたやそれを阻む社会、あるいは恋愛についても考え、他者と向き合う営みとして性を捉えなおす。

68970-2 820円＋税

好評の既刊

みんなの道徳解体新書
パオロ・マッツァリーノ 道徳のしくみを勉強しよう！
68969-6 780円＋税

裁判所ってどんなところ？——司法の仕組みがわかる本
森炎 元裁判官が平易に解説。中学・高校の公民理解にも
68973-3 820円＋税

筑摩選書

12月の新刊 ●15日発売

0139
宣教師ザビエルと被差別民

民俗学・社会学者 沖浦和光

ザビエルの日本およびアジア各地での布教活動の跡をたどりながら、キリシタン渡来が被差別民にもたらしたものが何だったのかを解明する。（川上隆志）

01647-8 1500円＋税

好評の既刊

ローティ——連帯と自己超克の思想
冨田恭彦 プラグマティズムの最重要な哲学者の思想を読み解く
01644-7 1700円＋税

〈業〉とは何か——行為と道徳の仏教思想史
平岡聡 不条理な現実と救済の論理の対決
01645-4 1600円＋税

ドキュメント 北方領土問題の内幕——クレムリン・東京・ワシントン
若宮啓文 米ソの暗闘を含め、日ソ交渉の全貌を描く
01640-9 1800円＋税

独仏「原発」二つの選択
篠田航一／宮川裕章 現実と苦悩をルポルタージュ
01641-6 1600円＋税

価格は定価（本体価格＋税）です。6桁の数字はJANコードです。頭に978-4-480をつけてご利用下さい。

ちくま文庫

12月の新刊 ●9日発売

贅沢貧乏のお洒落帖

森茉莉　早川茉莉 編

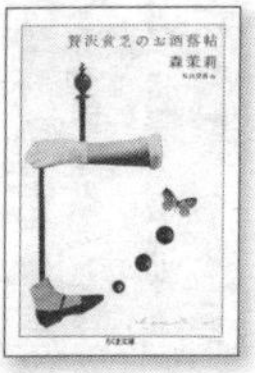

記憶の糸で織られた上等なクラシック

鷗外見立ての晴れ着、巴里の香水……江戸の粋と巴里のエレガンスに彩られた森茉莉のお洒落。全集未収録作品を含む宝石箱アンソロジー。（黒柳徹子）

43404-3
780円+税

仁義なきキリスト教史

架神恭介

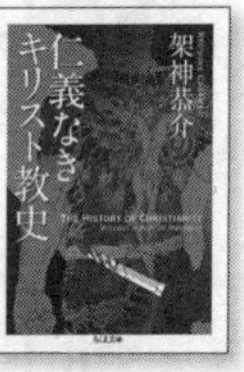

「あいつら、言うてみりゃ、人の罪でメシ食うとるんで」

イエスの活動、パウロの伝道から、叙任権闘争、十字軍、宗教改革まで——。キリスト教二千年の歴史が果てなきやくざ抗争史として蘇る！（石川明人）

43403-6
880円+税

という、はなし

吉田篤弘 文　フジモトマサル 絵

読書をめぐる24の小さな絵物語集。夜行列車で、灯台で、風呂で、車で、ベッドで、本を開く。開いた人と開いた本のひとつひとつに物語がある。

43409-8
800円+税

難民高校生

仁藤夢乃

●絶望社会を生き抜く「私たち」のリアル

DV被害、リストカット、自殺未遂を繰り返す仲間たちとともに、渋谷で毎日を過ごしていた著者が居場所を取り戻すまで。大幅に追記。（小島慶子）

43421-0
780円+税

月刊佐藤純子

佐藤ジュンコ

注目のイラストレーター（元書店員）のマンガエッセイが大増量してまさかの文庫化！　仙台の街や友人との日常を描く独特のゆるふわ感はクセになる！

43406-7
950円+税

価格は定価（本体価格＋税）です。6桁の数字はJANコードです。頭に978-4-480をつけてご利用下さい。
内容紹介の末尾のカッコ内は解説者です。

承認をめぐる病
斎藤環
人に認められたい気持ちに過度にこだわると、さまざまな病理が露呈する。現代のカルチャーや事件から精神科医が「承認依存」を分析する。（土井隆義）
43395-4 840円+税

羅生門・蜜柑ほか
芥川龍之介 ●教科書で読む名作
表題作のほか、鼻／地獄変／藪の中など収録。高校国語教科書に準じた傍注や図版付き。併せて読みたい名評論や「羅生門」の元となった説話も収めた。
43411-1 680円+税

山月記・名人伝ほか
中島敦 ●教科書で読む名作
表題作のほか、狐憑／幸福／名人伝など収録。高校国語教科書に準じた傍注や図版つき。併せて読みたい名評論や「山月記」の元となった説話も収めた。
43412-8 680円+税

好評の既刊
＊印は11月の新刊

悦ちゃん
獅子文六 父親の再婚話をめぐり、おませな女の子悦ちゃんが奔走！
43309-1 880円+税

自由学校
獅子文六 戦後の新しい感性を痛烈な風刺で描く代表作、ついに復刊！
43354-1 880円+税

日本地図のたのしみ
今尾恵介 机上旅行を楽しむための地図「鑑賞」法をわかりやすく紹介
43361-9 780円+税

おかしな男 渥美清
小林信彦 〈寅さん〉になる前の若き日の姿を愛情こめて綴った人物伝
43374-9 950円+税

増補 サバイバル！ ●人はズルなしで生きられるのか
服部文祥 生きることを命がけで問う山岳ノンフィクション
43369-5 800円+税

将棋 観戦記コレクション
後藤元気 編 半世紀以上にわたる名勝負と名文の出会いを厳選
43372-5 1600円+税

キッドのもと
浅草キッド 生い立ちから家族論まで、笑いと涙の自伝エッセイ
43370-1 760円+税

青空娘
源氏鶏太 昭和の人気作家が贈る、日本版シンデレラストーリー
43323-7 740円+税

最高殊勲夫人
源氏鶏太 読み始めたら止まらない！ 昭和のラブコメに御用心！
43385-5 800円+税

紅茶と薔薇の日々
森茉莉 早川茉莉 編 甘くて辛くて懐かしい絶味アンソロジー
43380-0 740円+税

論語
齋藤孝 訳 大古典の現代語訳。原文と書き下ろし分も併録
43386-2 950円+税

ぽんこつ
阿川弘之 自動車解体業の青年とお嬢様の痛快ラブストーリー
43389-3 900円+税

＊**増補 へんな毒 すごい毒**
田中真知 動植物から人工毒まで。毒の世界を網羅する
43394-7 840円+税

＊**人間なき復興** ●原発避難と国民の「不理解」をめぐって
山下祐介／市村高志／佐藤彰彦 当事者の凄惨な体験を描く
43400-5 1200円+税

価格は定価（本体価格＋税）です。6桁の数字はJANコードです。頭に978-4-480をつけてご利用下さい。

12月の新刊 ●7日発売

ちくま新書

1222
イノベーションはなぜ途絶えたか
▼科学立国日本の危機
京都大学大学院教授 山口栄一
かつては革新的な商品を生み続けていた日本の科学産業はなぜダメになったのか。シャープの例や日本政府のベンチャー育成制度の失敗を検証。復活への方策を探る。
06932-0 800円+税

1223
日本と中国経済
▼相互交流と衝突の一〇〇年
神戸大学教授 梶谷懐
「反日騒動」や「爆買い」は今に始まったことではない。近現代史を振り返ると日中の経済関係はアンビバレントに進んできた。この一〇〇年の政治経済を概観する。
06929-0 900円+税

1224
皇族と天皇
著述家 浅見雅男
日本の歴史の中でも特異な存在だった明治以降の皇族。彼らはいかなる事件を引き起こし、天皇を悩ませてきたか。近現代の皇族と天皇の歩みを解明する通史決定版。
06938-2 1300円+税

1225
AV出演を強要された彼女たち
ソーシャルワーカー 宮本節子
AV出演を強要された！ そんな事件が今注目されている。本書は女性たちの支援活動をしてきた著者による初の報告書。ビジネスの裏に隠された暴力の実態に迫る。
06934-4 800円+税

1226
「母と子」という病
精神科医 高橋和巳
人間に最も大きな心理的影響を及ぼす存在は「母」であり、誰もが逃れられない。母を三つのタイプに分け、それぞれの子との愛着関係と、そこに潜む病を分析する。
06930-6 820円+税

1227
ヒトと文明
▼狩猟採集民から現代を見る
東京大学名誉教授 尾本恵市
人類はいかに進化を遂げ、文明を築き上げてきたか。遺伝人類学の大家が、人類の歩みや日本人の起源を多角的に検証。狩猟採集民の視点から現代の問題を照射する。
06933-7 900円+税

価格は定価（本体価格＋税）です。6桁の数字はJANコードです。頭に978-4-480をつけてご利用下さい。

1228
「ココロ」の経済学
▼行動経済学から読み解く人間のふしぎ

依田高典 京都大学大学院教授

なぜ賢いはずの人間が失敗をするのか？ 自明視されてきた人間の合理性を疑い、経済学、心理学、脳科学の最新知見から、矛盾に満ちた人間のココロを解明する。

06931-3 800円＋税

好評の既刊　＊印は11月の新刊

- **集合住宅**——二〇世紀のユートピア　松葉一清　格差が拡大する今こそ顧みるべき、公共住宅の可能性　06908-5　820円＋税
- **社会学講義**　橋爪大三郎／佐藤郁哉／吉見俊哉／大澤真幸／若林幹夫／野田潤　06898-9　860円＋税
- **銀の世界史**　祝田秀全　入試に使える世界史、ストーリーテラーは「銀」　06912-2　820円＋税
- **古墳の古代史**——東アジアのなかの日本　森下章司　やがて拡大に向かった地域差とは。日本の独自性を問う！　06910-8　860円＋税
- **長生きしても報われない社会**——在宅医療・介護の真実　山岡淳一郎　金の切れ目が命の切れ目！ 医療に未来はあるか？　06915-3　820円＋税
- **ホスピスからの贈り物**——イタリア発、アートとケアの物語　横川善正　最期こそアートを！ イタリア式の人生の味わい方　06917-7　1000円＋税
- **日本震災史**——復旧から復興への歩み　北原糸子　古代から現代までの、震災と救済の歴史を一望する　06916-0　980円＋税
- **ヒラリーの野望**——その半生から政策まで　三輪裕範　初の女性大統領誕生へ！ その数奇な人生と政策を紹介　06921-4　820円＋税
- **高大接続改革**——変わる入試と教育システム　山内太地／本間正人　実践！ アクティブラーニング　06918-4　780円＋税
- **農本主義のすすめ**　宇根豊　資本主義を疑い、自然と人間の関係を問いなおす　06922-1　880円＋税
- **ひらかれる建築**——「民主化」の作法　松村秀一　新築は不要だ！ コミュニティに寄りそう住居のあり方を問う　06919-1　780円＋税
- **カトリック入門**——日本文化からのアプローチ　稲垣良典　中世哲学の碩学が日本的霊性とカトリックの関係を解明　06914-6　1000円＋税
- ＊**モテる構造**——男と女の社会学　山田昌弘　感情に深く根ざした3つの「性別規範」。その正体を暴く！　06923-8　760円＋税
- ＊**図説 科学史入門**　橋本毅彦　美しい図像を元に古代から現代までを概観する　06920-7　1000円＋税
- ＊**柳田国男**——知と社会構想の全貌　川田稔　「柳田学」の形成過程をたどり、思想の核心に迫る　06928-3　1300円＋税
- ＊**江戸の都市力**——地形と経済で読みとく　鈴木浩三　地形、インフラ、制度……大都市・江戸の秘密に迫る！　06924-5　860円＋税
- ＊**日本の安全保障**　加藤朗　平和主義はいかに可能か？ 防衛政策の変遷をたどる　06925-2　800円＋税
- ＊**日本文法体系**　藤井貞和　学校文法を書き換える、まったく新しい理論体系の試み　06926-9　980円＋税

価格は定価(本体価格＋税)です。6桁の数字はJANコードです。頭に978-4-480をつけてご利用下さい。

12月の新刊 ●9日発売

ちくま学芸文庫

アマルティア・セン講義
経済学と倫理学
アマルティア・セン
徳永澄憲／松本保美／青山治城 訳

経済学は人を幸福にできるか？ 多大な学問的・社会的貢献で知られる当代随一の経済学者、セン。その根本をなす思想を平明に説いた記念碑的講義。

09744-6
1000円＋税

監督 小津安二郎〔増補決定版〕
蓮實重彥

小津映画の魅力は何に因るのか。人々を小津的なものの神話から解放し、現在に小津を甦らせた画期的著作。一九八三年版に三章を増補した決定版。

09766-8
1400円＋税

増補 モスクが語るイスラム史
■建築と政治権力
羽田正

モスクの変容――そこには宗教、政治、経済、美術、人々の生活をはじめ、イスラム世界の全歴史が刻み込まれている。その軌跡を色鮮やかに描き出す。

09738-5
1200円＋税

内的時間意識の現象学
エトムント・フッサール 谷徹 訳

時間は意識のなかでどのように構成されるのか。哲学・思想・科学に大きな影響を及ぼしている名著の新訳。詳密な訳注を付し、初学者の理解を助ける。

09768-2
1700円＋税

ポパーとウィトゲンシュタインとのあいだで交わされた世上名高い10分間の大激論の謎
デヴィッド・エドモンズ／ジョン・エーディナウ 二木麻里 訳

このすれ違いは避けられない運命だった？ 二人の思想の歩み、そして大激論の真相に、ウィーン学団の人間模様やヨーロッパの歴史的背景から迫る。

09759-0
1600円＋税

シャボテン幻想
龍膽寺雄

多肉植物への偏愛が横溢した愛好家垂涎のバイブル。異端の作家が説く「荒涼の美学」は、日常に疲れた現代人をいまだ惹きつけてやまない。（田中美穂）

09765-1
1000円＋税

価格は定価（本体価格＋税）です。6桁の数字はJANコードです。頭に978-4-480をつけてご利用下さい。
内容紹介の末尾のカッコ内は解説者です。

ヴォスニアは存在するのだ。過去または現在において、存続していようと滅亡していようと、ヴォスニアに似た国があったとしても、それは偶然の一致とは言いきれないだろう」という冒頭の逆手のことわり書きからして、心ときめくのだが、このヴォスニア語はジョージナ・シールド女史という言語学者が東ヨーロッパの各国語をもとにしてこの映画のために創作したものだという。五千語以上も映画のなかで使われているとのことなのだが、そのヴォスニア語の最初の片鱗が『バルカン超特急』の冒頭のバンドリカの言語にすでに見出されるのだ。

絶壁にとりかこまれた独裁国の秘密をたまたま知りすぎた男、ダグラス・フェアバンクス・ジュニアが、言葉のまったく通じない人々のあいだを命からがら逃げまわり、自動車から電車へ（踏切りの事故を利用した切り換えのサスペンスのあざやかさ）、公衆電話から地下の理髪店へ（他人の上着を着こんで間違えられた男になりすますという展開のおもしろさ）、劇場から楽屋へ、そして、ヒッチコック的な美女からは程遠いもののそれなりに魅力的な若い女（グリニス・ジョーンズは一九四八年のケン・アナキン監督『恋の人魚』の忘れがたいヒロインであるから、もちろん悪口は言えない）と道連れになり、ついに国境を越えて脱走するまでの息つく暇もない興奮と波瀾万丈の冒険活劇が、『絶壁の彼方に』である。

ヒッチコックはフランク・ローンダーとシドニー・ギリアットのコンビの脚本に早くから目をつけていたという。『バルカン超特急』は監督がヒッチコックに決まる前に別の監督で撮られる予定だったが、それを承知でヒッチコックは快く監督をひきうけたということである。おもしろい映画になるという自信があったのだろう。

『バルカン超特急』のヒロイン、マーガレット・ロックウッドはブロンドではないけれども（ヒッチコック流にブロンドに染め変えることができなかったのはヒッチコックが監督に決定する前に映画会社ゴーモン・ブリティッシュと契約していた女優だったという事情もあるらしい）、しかしいかにもヒッチコック的な美女だ。『裏窓』（一九五四）や『泥棒成金』（一九五五）のクール・ブロンド、グレース・ケリー的な、タフで冒険好きでセクシーな美女なのである。相手役の青年（民族音楽を研究している）、マイケル・レッドグレーヴも、『泥棒成金』や『北北西に進路を取れ』（一九五九）のケーリー・グラントみたいな、女の寝室にずかずかと入りこんでも嫌みのない、ヒッチコック的な大胆で気さくな、図々しいのに――いやしくないので――気が置けない、感じのいい男優だ。『三十九夜』のロバート・ドーナットとマデリン・キャロルのように最初はすったもんだの喧嘩ばかりしているふたりだが、いざ危機的状況におちいるや、助け合い、恋し合うというロマンチックなカップルで、ほほえましく愛すべきヒーローとヒロインなのである。

バルカン半島のリゾート地から休暇を終えてロンドンに帰る特急列車で若いイギリス女性のマーガレット・ロックウッドがミス・フロイという温和で感じのいい老婦人（デイム・メイ・ホイッティ）と知り合うところから、謎とサスペンスにみちた事件が次々起こり、どんどん加速度をつけてスリリングに、スピーディに展開していくのだが、列車が走りだす前から多彩な登場人物のあれこれが――天候不順で列車の出発が遅れに遅れてしまうことがあって――なんともたのしくおかしく描かれて、いったいどんな展開になるのか、もう目が離せない。これまた息もつかせぬおもしろさなのである。のちにスパイの暗号とわかるのだが、のどかなメロディーを歌う男が絞殺されるという小さな伏線もある。そのメロディーを列車のなかでマーガレット・ロックウッドとマイケル・レッドグレーヴは生命の危険にさらされたイギリス情報部のスパイ（それがミス・フロイなのだ）から口伝てで教えてもらい、列車がロンドンに着いたら、すぐイギリス情報部に伝えてほしいとたのまれるのだが（とくに音楽青年のマイケル・レッドグレーヴは一度聞いたメロディーは絶対に忘れないという自信があったのに）、ふたりは恋仲になってしまい、せっかく情報部までたどり着いたのに、ずっと忘れずに口ずさんでいたメロディーがいざというときにすっかりどこかへとんでしまい、口に出てくるのは「結婚行進曲」のメロディーばかりという爆笑ギャグもある。

列車のなかで、老婦人がマーガレット・ロックウッドに自分の名前はフロイというのよと車窓にFROY《フロイ》と指で書くのだが、列車がトンネルに入って急激な温度差と煙のせいで消えてしまうというサスペンスは最近も（といっても二〇〇五年の作品だが）ジョディ・フォスター主演の『フライトプラン』（ロベルト・シュヴェンケ監督）という空飛ぶ密室ものともよぶべき航空ミステリー映画でもたくみに模倣、引用されていたことは記憶に新しい。

マーガレット・ロックウッドが列車のなかでミス・フロイをさがしまわるけれども、誰もそんな老婦人など見なかったという。しかし、誰もが怪しい。何もかもマーガレット・ロックウッドの幻覚にすぎないのだと誰もが思わせようと企んでいるようだ。ドクターを名のる頭脳的な悪党（ポール・ルーカス）も現われる。国際的な陰謀団を相手に、マーガレット・ロックウッドは真相をつきとめるべく命がけの冒険に挑まなければならない。

列車のなかにはサーカスの一座も乗り込んでいて、動物や小道具などを積んだ貨物車輛

（一九四二年の『逃走迷路』にもつながる）のなかでマジシャンと一戦をまじえて……いや、もうよそう。

すべては見てのおたのしみだ。

第4章

戦時下のヒッチコック映画

1 対談／蓮實重彦

ヒッチコックと「落ちる」こと──『海外特派員』

一九八五年九月に創刊された蓮實重彦責任編集の「季刊リュミエール」（筑摩書房）からはじまった映画対談の延長として、一九八八年、ビデオによる「リュミエール・シネマテーク」（企画エンサイクロメディア、発売クラウンレコード）の監修の仕事があり、各作品の解説対談を試みた。

『海外特派員』（一九四〇）はアルフレッド・ヒッチコックのアメリカ映画第二作で、一九三九年八月二十日からイギリスがドイツに宣戦布告した九月三日までの二週間の出来事が描かれるという時局ものとしてもなまなましく、ラストはロンドン市街がドイツのはげしい爆撃をうけ、停電になったラジオ局のなかでなおマイクロフォンに向かって主人公のジョエル・マックリーが声を大にしてよびかけるシーンで終わる──「明かりがともっているのはアメリカだけです。アメリカのみなさん、明かりをたやさないように大事にしてください。世界に残っているのはアメリカのみなさんの明かりだけなのです！」。

アメリカの国歌がバックに流れ、力強いコーラスへと高まる。

アメリカに生きる決心をしたヒッチコックの心からのメッセージでもあったのだろう。とはいえ、戦意昂揚映画というよりは、映画的な、あまりに映画的な、それもイギリス時代の「ヒッチコック映画」のサスペンス・テクニックの集大成とも言うべき、波瀾万丈のおもしろさである。

テレビで日本語吹替えの短縮版が放映されただけで、劇場での初公開は一九七六年になってからだったが、一九八八年にビデオ化された。

蓮實　『海外特派員』はヒッチコックがアメリカに行って撮った二作目ですね。おもしろいのは、一作目の『レベッカ』（一九四〇）がデヴィッド・O・セルズニック製作で、二作目がウォルター・ウェンジャー製作だから、インディペンデントで始めたんですね、ヒッチコックは。

山田　セルズニックと契約していたので、セルズニックから貸し出された形ではあるらしいんですけど、ヒッチコックをウォルター・ウェンジャーが借りたというのはおもしろいですね。

蓮實　ヒッチコックはいつでしたっけ、アメリカの永住権を取るのは。もっとずっと後でしょう。これ見てておもしろいと思ったのは、スタッフに外国人や外国系の人がかなり多いことです。まるで外人部隊が撮ったハリウッド映画みたいですね。

山田　キャメラはドイツ映画出身のルドルフ・マテとか。デンマークのカール・ドライヤー監督の『吸血鬼』（一九三二）がルドルフ・マテのキャメラですね。

蓮實　ウィリアム・キャメロン・メンジーズだって、これまでアレクサンダー・コルダのところで仕事をしていた人でしょう。美術監督だけでなく、イギリスでSF映画なんかも撮ってる。

山田　『来るべき世界』（一九三六）なんかを撮ってる。ただ、ハリウッドに招かれたのは美術監督としてなんですね。美術を単にセット・デザインではなく、装置の規模も予算も撮影の方法などもすべて含めて統括する製作進行全体としてプロダクション・デザインと呼ぶようになったのは、たしかセルズニックに雇われて『風と共に去りぬ』(一九三九)の仕事をしたときのウィリアム・キャメロン・メンジーズからなんでしょう。

蓮實　そうらしい。美術とか装置のアイデアというものが、結局、作品のスケールを決めちゃうわけでしょう。その後ルドルフ・マテも監督として独立するわけですから、『海外特派員』のスタッフの中に監督となる人が二人いるわけですよ。ヒッチコックってそういう雰囲気があったのかもしれませんね。それから、俳優も外国人が多いでしょう。

山田　主役のジョエル・マックリーとヒロインのラレイン・デイ以外はほとんどイギリス人でしょう。ヒッチコックは、本当は主役にゲーリー・クーパーを使いたかったんですよね。だけど、ゲーリー・クーパーは、スリラーは二流のジャンルだということで出演をことわった。でも後悔するんですね、映画を見て、その素晴らしさに感嘆して。この後フリッツ・ラングの『外套と短剣』(一九四六)にはクーパーの方から積極的に出たのも、そういうことからだったらしいですね。

でも、最初は、ゲーリー・クーパーはこのころ大スターだから、使いにくかったんでしょうね。お金の問題もあったんじゃないですか。パラマウントのロマンチック・ヒーローで、ギャラも高かったろうし、ウォルター・ウェンジャーの独立プロではそんなに金を出せなかったでしょうし。外国人を脇に使ったのは、そういうこともあるんじゃないですか。

蓮實　なるほど、そうかもしれない。たぶん、安いですよ、これは。

山田　ジョエル・マックリーはサミュエル・ゴールドウィンのところで第二のゲーリー・クーパー

として売り出された後ですね。でも、やっぱり「第二」ということだったんでしょうね（笑）、二番目のスターで。とてもいい感じのスターですが。

蓮實　そうですね。ちょっと甘さが足りないけれども、立ち姿がさえていますね。

山田　それから、ラレイン・デイはまったく二流の女優でしょう。ブロンドでもないし、全然ヒッチコック的な美女じゃないですもんね。脇はハーバート・マーシャル、ジョージ・サンダース、ロバート・ベンチリー、エドマンド・グウェンなんかでがっちり固めてますね。

蓮實　ハリー・ダヴェンポートもいたり、ヴァン・メア役のアルバート・バッサーマンだってドイツ演劇界の重鎮だった人でしょう。

山田　そうですね。ハーバート・マーシャルなんか、脇というより、ほとんど主役みたいに印象的ですね。ラレイン・デイが女としてここひとつ魅力がないので、三角関係の一角を父親にしたんじゃないかなとも思うんですよ。それに、ゲーリー・クーパーならともかく、相手がジョエル・マックリーくらいでは、どう見てもハーバート・マーシャルの方が男として魅力的だし。『北北西に進路を取れ』（一九五九）では、そういう三角関係がみごとに成功してますよね。魅力的な悪役がジェームズ・メイスンで、ブロンドの美女がエヴァ・マリー・セイントで、事件に巻き込まれる主人公がケーリー・グラントという完璧なヒッチコック的三角関係。

蓮實　ハーバート・マーシャルは不思議な色気がありますからね。『北北西に進路を取れ』の場合もそうだけれど、悪役のジェームズ・メイスンが色っぽい、だからたんなる悪役じゃないんです。

山田　ハーバート・マーシャルも、娘じゃなくて、ほかの女性を争いあっても不思議じゃないというくらい、魅力的ですよね。

蓮實　そうそう。

山田　ハーバート・マーシャルは、エルンスト・ルビッチの『天使』(一九三七)でも最初は実はメルヴィン・ダグラスでなく、ゲーリー・クーパーとマレーネ・ディートリッヒを争う役だったらしいんですが……。

蓮實　だから、『海外特派員』ではゲーリー・クーパーが降りたんですよ。負けると思ったんだ(笑)。それに違いない(笑)。

山田　『海外特派員』にゲーリー・クーパーが出てたら、当然そのときは、ラレイン・デイの役も違う女優だったろうし、娘役でもなかったに違いない。

蓮實　納得ですね。ハーバート・マーシャルみたいに色気があって、ソフトで、紗をかけて向うから語ってくるような、あの声もいいですしね。

山田　もともとラジオの方から来た人なんでしょう。

蓮實　一九六〇年代までときどきFEN(極東放送)でハーバート・マーシャルはやってましたよ、朗読かなんか。彼はイギリス人でしょう。

山田　イギリスの偉大な演劇人でもありますよね。ヒッチコックのイギリス時代の『殺人!』(一九三〇)の主役もやってますし。

蓮實　ハーバート・マーシャルはもともとコミュニストでしょう。一九三四年とか三五年にモスクワにいて、ジョゼフ・ロージーが行って会ったりしてる。だから、大物ですよね。本当はこちらの方が平和運動の指導者みたいな人なんですよ（笑）。

山田　第一次世界大戦の勇士でもあったんでしょう。右膝を撃たれて戦場で右足を切断し、義足でリハビリ、訓練を重ねて、あの、ゆっくりと優雅に紳士然として歩く方法を自ら学んで会得したということですから、努力の人でもあり人格者でもあったんでしょうね。姿形にもあらわれてますよね。そんな俳優を悪役に使うところがヒッチコック的ですね。悪役よければ映画よしというのがヒッチコックのセオリーなんですね。

『逃走迷路』（一九四二）でも、いかにもナチ的なオットー・クルーガーじゃなくて、本当は善良なアメリカ人の代表といったハリー・ケリーを使いたかったわけですね。そういうイメージの人を悪役に使う。

蓮實　そう。見かけが人格者で。

山田　ハーバート・マーシャルはそれをわかっていたわけですね。大物なんですね。役を演ずる楽しみを知っていたというか。

蓮實　ハーバート・マーシャルはまさにイギリス人ですね。イングリッシュ・ジェントルマン。

山田　英国紳士の風格がありますね。ルビッチの『極楽特急』（一九三二）のハーバート・マーシャルなんか素敵な泥棒紳士でね。宝石だけじゃなくて女心も盗んじゃうという魅力あるジェントルマンでしょう（笑）。

蓮實　やはり同じイギリス人だから、ジョージ・サンダースがハーバート・マーシャルの前で遠慮しているみたいでしょう、『海外特派員』では。いつものワルをやってない。

『海外特派員』（1940）撮影中のヒッチコック（右）とハーバート・マーシャル　うしろ姿はジョエル・マックリー　©AHP／UA／D.R.

山田　そうなんですよ。『海外特派員』のジョージ・サンダースはなんか中途半端な感じしないですか。

蓮實　しますよ。

山田　どっかで寝返ったり裏切ったりみたいな、いつものワルのような大物ぶりを見せるところがない。

蓮實　『レベッカ』のときの方がずっといや味な感じを楽しそうにやっている。

山田　いきいきといや味な感じを出してますよね（笑）。

蓮實　最後にヴァン・メアを見つけた所に彼が踏み込んで、すぐ捕まっちゃうでしょう。すると、いきなりむしゃむしゃ何か食べ始める（笑）。

山田　あれがジョージ・サンダースですよね（笑）。

蓮實　『レベッカ』はイギリス映画といっておかしくない。それもあると思うんですね。『海外特派員』ではジョエル・マックリーがアメリカ人で、ジョージ・サンダースがイギリス人でしょ。やはりイングリッシュ・ジェントルマンでなければならないわけですから。『海外特派員』で初めてアメリカ的な主題を扱ったんじゃないですか。最初にジョエル・マックリーが新聞社で何もしないでボケッと出てくるあたりは、アメリカのコメディーの感じですね。

山田　そうなんですね。主人公が新聞紙で切り絵遊びなんかしながら、長い脚を机の上に伸ばしたりしてる。あのへんはたしかにゲーリー・クーパーの感じですよ。

蓮實　あれがゲーリー・クーパーで、長い脚を机の上に乗せたりしたら最高なんだけど（笑）。帽子を忘れていったりするところも、クーパーなら生きたギャグですよね。

山田 国際平和運動の記者会見の席で、ジョエル・マックリーがラレイン・デイにラブレターを書いたり、ボーっと見つめたりしているなんてところも、あれがゲーリー・クーパーだったら、ユーモアたっぷりの、それでいてロマンチックな、のどかな名場面になっただろうと思うんですね。ロマンチック・コメディーの典型的な出会いのシーンですもんね。

蓮實 ヒッチコック的なカップルの中でいちばんヒッチコック自身が不満の多いカップルだったという気がしますね。だけど、細工はおもしろい。オランダとロンドンと大西洋上とで、三つも見せ場があるんですから。しかし、主役がちょっと弱いんで逆に見せ場を工夫したということはあるかもしれません。新人を抜擢というのはウォルター・ウェンジャーのいつものやり方ですし。

山田 ジョエル・マックリーが悪いというわけではないんですが（笑）、それにしても、ゲーリー・クーパーが出てたら、『海外特派員』はもっとおもしろくなっていたに違いないですね。だから、たぶんそんなしこりがあって、ヒッチコックはアイデアをあきらめないんですね。何らかの形でまたやり直すんですね。

蓮實 ゲーリー・クーパーが出てたら、その後ずっとヒッチコックに使われたでしょうね。

山田 『北北西に進路を取れ』も一時はゲーリー・クーパーでやろうと考えていたんでしょう。クーパーが病気で、急に年をとってしまったので、ケーリー・グラントに代わったらしいですから。

蓮實 惜しいなあ、ゲーリー・クーパー（笑）。

山田 たしかに、ゲーリー・クーパーだと非常にいいという感じがあちこちに残ってますね、『海外特派員』には。

蓮實　しかし、ヒッチコック的なトリックとして有名なところがいっぱいある。まず風車が有名でしょう。「逆に回ってる」と気がつくと、ほんとに一つだけ逆向きに回ってるんですけど、あれはどのくらいつくったのかしら。かなり遠くのほうまで回ってるでしょう。ただし、遠くのものは小さい風車だと思いますけどね。

山田　ミニチュアも使ってますね、たぶん。スクリーン・プロセスも使ってるんじゃないですか。

蓮實　きのう、「映画術 ヒッチコック／トリュフォー」を読んでたんだけども、ヒッチコック自身は『海外特派員』があまり好きじゃないみたいですね。

山田　それでも、フランソワ・トリュフォーが盛んに訊くからやっとテクニックをしゃべり始めるけど。

蓮實　テクニックのことだけなんですね。アメリカでは自分の好きなキャストで充分撮れなかった時代なんだけれど、これはおもしろいですね。

山田　これ以前にアメリカでこんなにおもしろいスパイ映画はなかったんじゃないですか。スパイ映画はそれまでイギリスの特許だったし、ヒッチコック作品をウォルター・ウェンジャーは見ていたんですね、きっと。

蓮實　そうだと思いますよ。大物が実はいちばん悪者だったというスタイルは、それまでのアメリカ社会ではできないものですよね。

山田　これもヨーロッパの話ですね。ヨーロッパを舞台にしてヨーロッパ人の話なんですね。それをアメリカ人の海外特派員の目で見たという形にはしているわけですね。でも、最後は堂々と参戦を叫ぶんですね。すごいですね。

蓮實　あれはプロデューサーのウォルター・ウェンジャーがやらせたんじゃないかっていう気がするなあ（笑）。あの最後の演説のとってつけたような感じね。

山田　人類の平和のために戦おうみたいなね。ほとんど唐突ですもんね。アメリカが参戦する以前に映画は参戦していたんですね。ウォルター・ウェンジャーですね。

蓮實　ちゃんとウェンジャー映画にもなっている。

山田　それでラストの演説がけっこう感動的なんですよね、唐突なんだけど。熱がこもってるんですよね。あそこもゲーリー・クーパーだったらよかったですね。

蓮實　そう、そう。あの手の演説を始めた最初はチャップリンの『独裁者』（一九四〇）だと思うんですね。『独裁者』だって最後はけっこういいでしょう。

山田　泣かせますね。ああ、あれも唐突でしたね。それまでのコメディー調が突然変わってね。あのパターンが伝わってるわけですね。

蓮實　四〇年代のハリウッドの映画の形をチャップリンがつくったんだという気がしますよ。

山田　チャップリンの『独裁者』から始まるハリウッドの反ヒトラー映画、反ナチ映画の系譜がありますね。

蓮實　『海外特派員』ではアメリカ向けに放送していると後ろがどんどん壊れていって最後、暗くなっちゃうでしょう。ウィリアム・キャメロン・メンジーズのセットのアイデアがいろいろあると思いますよ。

山田　空襲になってロンドンの電気が全部消えても、ジョエル・マックリーが世界に向かって呼びかけるんですよ。

蓮實　無線で。たしかにゲーリー・クーパーならもっと感動的になりますね、あそこも。いろんな意味で、いわゆるヒッチコック的なヒーロー、ヒッチコック的なヒロインというのは、ちょっと稀薄でしょう。むしろ『海外特派員』は技法とか細部で勝負した映画でね、まさに最後の飛行機の墜落は、その後誰もまねしないでしょう。

山田　できないでしょうね、絶対に。

蓮實　絶対まねできない。ああいうことがあるからウィリアム・キャメロン・メンジーズが呼ばれたんだろうと思うけど、フランス版のビデオを見てたら、映画の冒頭の新聞社の屋上の地球がグルグル回るところがないので、ばかだなと思ったんだけどね。あのグルグル回ってるところがミソですよね。風車のグルグル回ってるところと同じですもんね。

山田　あれが回ってタイトルが終わってからキャメラを引くという、あれが映画的興奮ですよね。今回のビデオでも最初の版ではあれがなかったんですね。それで、もう一つのマスターを取り寄せてもらってね。

蓮實　そうそう。あれは実際は小さなセットだと思いますよ。ミニチュアでしょう。そこはトリュフォーも訊いてなかったですね。

山田　やっぱりフランス版でカットされてたということなんですかね。あの引いて窓に寄っていくのは『サイコ』（一九六〇）と同じですもんね。

蓮實　同じですよ。戸外だけれど、人が全然見えない角度で撮っている（笑）。

主人公がイギリスに行くからということはあるけれど、帽子のギャグやテーマが最初から出てるでしょう。子供が帽子を隠してしまったり。風車に気づくときも、主人公の帽子が風で飛んで……。

山田　帽子をすごくうまく使ってますね。

蓮實　帽子が飛んだんで取りに行ってみたら、風向きが違うとわかるわけね。そういうところは実に見事ですね。

山田　あの風車の回り方が逆というあたりはいかにもヒッチコック的ですね。

蓮實　グルグル回るというヒッチコック的なテーマの中でギャグを見つけたわけでしょう。すごいですよね。でも、風に逆らって回ると風車が壊れるんじゃないかって、細かいことは心配したくなるけどね（笑）、逆に回ってるというのはすごいですね。

山田　それがスパイの暗号というか、信号になる。

蓮實　そのような信号をたくさん見つけてるでしょ、ヒッチコックは。

ヴァン・メアがオランダの政治家になってるでしょう。もちろんオランダだから風車とか、帽子が飛ぶとか、風だとか、そういうのがあると思うんだけれど、オランダという設定がうまいんですね。しかも、絵に描いたように風車が出てきちゃう（笑）。

山田　しかし、風車のある風景のなかで忽然と一台の車ごと消えてしまうというのがドキドキさせるし、風車がいいですね、やっぱり。

蓮實　風車もうまく組み合わせてますよね。三つくらい風車が見えますね。そのへんがウィリアム・キャメロン・メンジーズの腕の見せどころなんでしょうね。

ウィリアム・キャメロン・メンジーズは、実際に図面を引くとかじゃなくて、撮影の方法についてもアイデアを出すんでしょう。セット・デザインの人は別にいるんですね。

山田　クレジット・タイトルにはウィリアム・キャメロン・メンジーズが一枚タイトルで「スペシャル・プロダクション・エフェクツ」となっていますね。

蓮實　セット・デザインを指導したのはキャメロン・メンジーズでしょ、間違いなく。この映画の有名なところは、技術にかかわるところ、純粋にテクニックにかかわるとこなんですね。

山田　いちばん有名なのは飛行機が海に突っこむところですね。

蓮實　「映画術　ヒッチコック／トリュフォー」では、あのときに、ウィリアム・キャメロン・メンジーズの名前を出さずに説明しているでしょう、ヒッチコックが。あれはどうなのかな。うまく気が合わなかったんでしょうか。

山田　『サイコ』のシャワーのシーンのところでも、絵コンテを描いたというソール・バスの名前を出さずに説明してますしね。ヒッチコックが撮影用にまた描き直したりしてるのかな。それにしても、『海外特派員』のあの飛行機が海に突っこむシーンはすごいですね。コックピットのなかからワンカットで撮ったテクニックをヒッチコックが楽しそうに明かしてますよね、「映画術　ヒッチコック／トリュフォー」の中で。スクリーン・プロセス用のスクリーンを紙でつくらせて、そのスクリーンのすぐ裏に大きな水槽を置き、飛行機が墜落していくにつれてスクリーン・プロセスで海面がぐんぐん迫ってくるようにし、海中に突っこむという瞬間に、押しボタンで水槽の水が紙のスクリーンを破ってどっとコックピットの中になだれこむようにしたって。

蓮實 そこまでやってくれれば、こちらも降参しますよね。もう一つ有名なシーンは傘のところでしょう。雨が降って。

山田 素晴らしいシーンですよね。

蓮實 あそこらへんの雨に濡れた傘の艶なんていうのは、ルドルフ・マテのキャメラの功績だと思いますね。

山田 長い石段があって、雨がドシャ降りで……。何かが起こるという予感でドキドキしますね。で、雨傘の群れをうつす俯瞰のショットがいいですね。

蓮實 殺人犯がそれをかきわけるようにして逃げるから、濡れた雨傘が動物みたいに揺れて……。もう一つ、雨のシーンで暗殺があって追跡が始まる。そのとき、市電が道をふさぐんですが、アメリカ映画で市電が活用された作品があまりないでしょう、それまで。僕はどうも記憶にないんですね。

山田 『欲望という名の電車』(一九五一)ってのはありますけど(笑)。

蓮實 ああ、そうね、でも戦後でしょ。それ以前にあったという感じはないでしょう。ずっと考えてたんですけど、ハリウッド映画で……。

山田 ハロルド・ロイドの喜劇に市電の屋根のポールにつかまって大あばれするシーンが出てきたような気もするけど、気がするだけかもしれない。サイレント時代ですから、一九二〇年代ですけ

『海外特派員』（1940）　©AHP／UA／D.R.

ど。それにしても、ヒッチコックは好きですね、市電と自動車と交錯するみたいなのが。

蓮實　車体と車体の間の細いところに入りこんじゃったりして。

山田　アメリカ映画の道と違うみたいな印象がありますね。

蓮實　違うんだと思うな。

山田　『引き裂かれたカーテン』（一九六六）のときもそうでしたね。舞台は西ベルリンですが。

蓮實　西ベルリンの市電をうまく使ってる。ハリウッドの神話学では、たぶん、三〇年代四〇年代を通じて市電が有効に使われたことは、ないんじゃないかなという気がする。やっぱり自動車のほうでしょう、ハリウッドは。あるいは列車か。

もちろんヨーロッパの都市だから、市電があると思うけれど、『引き裂かれたカーテン』とほとんど同じ話で『ザ・スパイ』（一九六六）というのがあったでしょう、ジャン＝リュック・ゴダールが出てくるやつ。

山田　ラウール・J・レヴィ監督の。

蓮實　あれも市電なんですね。だから、ヨーロッパ的な感性じゃないかな。どうもハリウッド映画でこんなに市電が効果的に出たという感じはしない。『サンライズ』（一九二七）の場合は市電というより郊外電車の感じが強いけれど、監督のムルナウはドイツ人ですしね。

山田　イェジー・スコリモフスキがベルギーで撮った『出発』（一九六七）にも市電が出てきましたね、ジャン＝ピエール・レオー主演で。アメリカではたとえばサンフランシスコは坂が多いので、『ブリット』（一九六八）みたいにカーチェイスはあるけれども……。ヒッチコックもサンフランシスコで撮った『めまい』(一九五八)では、車はさかんに使うけれども、市電が通っているのが見えるくらいで、ヨーロッパ的な市電の使い方はしてませんしね。

蓮實 クロード・シャブロルでヒッチコック的だなと思ったのは、『十日間の不思議』(一九七一)の導入部が市電でしょ。ベルギーだから市電なんでしょうが、あの市電はうまく使ってるな、町の中を。ヒッチコック的というか、ヒッチコックのヨーロッパ的な、イギリス的な感性じゃないかな。ヒッチコックのアメリカ映画がどことなくイギリス的なのは、フリッツ・ラングのアメリカ映画を見ていると、どことはなしにドイツ映画的なところが残っている、というのと似てますね。

山田 『海外特派員』『逃走迷路』のあたりはまだイギリス映画という感じが強いですもんね。しかし、そのイギリス映画的なセンスや脚本がチャールズ・ベネットとジョーン・ハリソンというイギリス時代からのライターだということもあると思うんですが、ずっとスタイルを変えなかったし、そのスタイルを洗練させていった人なんですね。

蓮實 ヒッチコックは、それをサスペンスの小道具に使うでしょう。ときにはギャグとして。自動車の追跡があって、みんなで追いかけ始めると、村の小さな四辻のところで変な男が道を横切ろうとして、ついに横切れないところがあったりして。

山田 次から次へと車が来るもんだから、とうとう道を横切るのをあきらめちゃう。

蓮實 あの手のギャグはアメリカ映画にはないと思いますよ。アメリカ人も見てて、ヨーロッパ人だからこんなのんびりしたことが認められるんだと納得しちゃったんじゃないかと思うんだけど(笑)。

山田　ブレーク・エドワーズがたしか『ピンクの豹』（一九六三）で使ってましたね。ギャグといえば、『海外特派員』で、記者たちのなかにどこの国の人かわからない、誰も通訳できないという、おもしろいおっさんがいて（笑）。みんなで困ってたらい回しするというのがあったでしょう。

蓮實　そこにラレイン・デイが現れる。あそこらへんでもう一つ、押しかけ女房的な女がグーッと寄ってきたら完璧なんですがね。

山田　ヒッチコック的な女優じゃないんですよ。ヒッチコック的な押しかけ型女房はグレース・ケリーじゃないとできませんね、あれは。押しかけという感じがしてはいけないわけでしょう。気がついたらもう押しかけられているという感じでなければね（笑）。

蓮實　『海外特派員』だと、ジョエル・マックリーが窓の外を伝って女の部屋に入っちゃうでしょう。しかし、エロチックでもロマンチックでもない。

山田　そうなんですよ。ケーリー・グラントみたいにロマンチックにならないんですよ。『北北西に進路を取れ』みたいに。あるいはイギリス時代だと『三十九夜』（一九三五）のロバート・ドーナットとか、それからヴァネッサ・レッドグレーヴのお父さん、『バルカン超特急』（一九三八）のマイケル・レッドグレーヴとか。イギリス的な役者じゃないとできないんですね。ヒッチコックは言っていますね。「寝室にずかずか入りこんでも女が許しちゃうような魅力的な男」って。ヒッチコックのヒーローの定義ですね。ユーモラスでセクシーでロマンチックでないといけない。『北北西に進路を取れ』のケーリー・グラントなんか、あまりに魅力的なので、女の寝室に忍び込んだのが発覚して逃げ出そうとすると、ベッドの中から女が「ストップ」って止めようとしちゃう（笑）。ゲーリー・クーパーだったらもちろんそういう役ができたでしょうけど。

蓮實　それこそ女が「ストップ」と言いたくなっちゃう魅力があるんでしょうからね。でも、結局、ジョエル・マックリーだって、窓から忍びこんだところで女を自分の味方につけちゃうわけですから、やり方は合ってますよ（笑）。

山田　ああいうときに出てくるホテルのボーイもヒッチコックの典型的な人物ですね。急に味方になっちゃう。勘違いして、「おれにまかせておけ」って（笑）。

蓮實　あれほど込み入った筋で、こいつがほんとは悪いやつなのか、いいやつなのかわからないという状況は、アメリカにはあまりなかったんじゃないかと思う。非常にイギリス的ですよ。

山田　何も関係ないやつが味方だったり（笑）。『三十九夜』でもそうでしたね。ロバート・ドーナットとマデリン・キャロルをかけおちしてきた恋人同士と思い込んじゃう宿屋のおかみさんとか。

蓮實　事件に関係なく味方になっちゃう（笑）。

山田　勘違いして勝手に思い込んでね。そんな思い違いをさせるような魅力的なヒーロー、ヒロインのカップルじゃなきゃいけないんですよね。これはヒッチコックの鉄則で、絶対に共感を呼ぶ主人公たちでないといけない。

蓮實　うまいなあと思うのは、最初に、あいつがヴァン・メアに違いないと思ってジョエル・マックリーがいっしょに自動車に乗り込んだときね。あの場面は好きだなあ。本質には触れない会話をするわけでしょう。

山田　何でもないほんの数カットで、話を運んじゃうんですね。

蓮實　数カットで、しかもセットでやってるわけでしょう。

山田　それから誘拐されたヴァン・メアがかなりサディスティックな拷問を受けるでしょう、老人なのに。

蓮實　光をカーッと当てたり、音を出したり。

山田　かなりすごいですよ。「もう死なせてくれ」みたいなこと言うでしょう、ヴァン・メアが。ナチの拷問のイメージですよね。

蓮實　そこへジョージ・サンダースがコロッと入ってきちゃうから、おかしい。

山田　入ってきたのはいいんだけど、後ろから受付の女にピストルを突きつけられている（笑）。

蓮實　あれだって、ジョージ・サンダースがどっち側か、われわれはわからないでしょう。あそこで初めてわかる。あそこでおもしろいと思ったのは、拷問そのものが舞台の芝居みたいにして、みんなでこっちで見てるでしょう。壁側からみんなで見てる。ヒッチコックでみんなが一つを見てるというのは、恐いですね。だから、目線の使い方や、カットを割っていったときの人の出し方がうまいんですね。

山田　ああいう空間をつくるための光と影の使い方も強烈だし。

蓮實　そう。

山田　あの二階の部屋もそうですけど、風車小屋をスパイの巣窟というか集会所にしたり、ああいうまさは伝統的にスパイ小説にあるのかもしれませんけれども、映画で見るとドキドキしますね、

『海外特派員』（1940）　ジョエル・マックリー　©AHP／UA／D.R.

いつも。『北北西に進路を取れ』のラシュモア山頂の別荘とか。

蓮實　近代建築みたいなやつですね。

山田　『北北西に進路を取れ』では『海外特派員』の風車小屋にあたるのが、国会議員の別荘ですね。ふだんは住んでいないわけだから、留守番の庭師なんか買収すれば入りこめる。

蓮實　知らない間に本人の家みたいにして使われてもおかしくない。あの家も二階が渡り廊下みたいになってて、下で起こってることと二階で起こってることと、高さで見せるでしょう、最後のほう。あれと同じ感じがありますね。風車小屋のシーンは。階段があって。

山田　うまいですね。それで、風車の回転ギアにレインコートがからまったりね、ちょっとしたサスペンスもあって。

蓮實　決定的なサスペンスじゃないんだけどね。

山田　ちょっとそらすんですよね。トリュフォーふうに言うと、時間を引き延ばすわけですね、サスペンスを生み出すために。

蓮實　だから歯車がグルグル回ってることは、意味ないわけではなくて、あそこではカッチリ……。単なる名所旧跡じゃないんですよ。オランダだから風車とかいうだけじゃなくて、必ず高いところに立ってると、落ちるか、落ちないかの話になる。ニューヨークだったら自由の女神は避けようと思うでしょう、普通は。ところがそれを堂々とそこでやっちゃうんだから。ロンドンのあれは何塔でしたっけ。『海外特派員』で落っこちるやつ。ロンドンの見学……何とか寺院にくっついてる塔ですね。あそこは観光名所だから、いかにして人がいなくなるかを待つというサスペンスがあるでしょ。だれもいないときでないと殺せないから。

山田　ウェストミンスター寺院の高い塔のてっぺん、展望台のあるところですよね。それで何度もチャンスがあって、殺し屋がジョエル・マックリーを突き落とそうとする。

蓮實　あそこは一つ主観ショットがあって、キャメラに向かってこんな顔してから、そのまま落ちちゃう。

山田　その次はすごいロングになって、落ちてる影が遠景で見えるわけですね。

蓮實　本当に落っこちるの好きですねえ（笑）。

山田　ヒッチコックは高所恐怖症だったから、逆に高いところに魅了されてサスペンスの手口を考えたわけでしょう。恐怖の手口なんですよ（笑）。

蓮實　しかも、落ちるやつが一人ひとり違った顔したやつですからね。今度はあいつを落とそうというわけでしょう（笑）。ヒッチコックが楽しんでやってます。『めまい』は典型的ですね。ほんとに高所恐怖症だけの話だから。それをフロイト理論だけで解釈すると恥ずかしいことになる。当たり前ですけれどね。ヒッチコックは、そんなことよりも、高いところに登って、そこからどういうふうにめまいを技術的につくり出すかということでしょう。

山田　技術的に、映画的にどう表現するかしかヒッチコックは興味ないわけでしょ。だから、フロイディズムなんかと関係ないんですよ。そもそも映画とフロイディズムは何の関係もないでしょう（笑）。

蓮實　関係ない、関係ない。やっつけようと思えばあるかもしれないけど、われわれには関係ない

（笑）。

山田　そうですよ。絶対に関係ない（笑）。どうやって撮るかということだけを面白がった人なんですね。ヒッチコックは。

蓮實　だから、ゴダールなんかが「ヒッチコックの倫理性」と言うのもわかりますね。一生それだけやってた人ですもの。

フロイディズムが面白くないのは、この人落っこちるの好きですよ、とそこまでなんです。ヒッチコックは落っこちるのが好きならば、ワンシーン・ワンカットで、空飛んでる飛行機が海まで突っ込むところをどうやって撮るかというふうに考えるわけでしょう。ところが、落っこちてないんですよ、別に。この場合は、例えば、落っこちる飛行機を撮って、それから中の人を見せて、それで水がバシャーンと広がったという話じゃないですからね。何も落ちないで、みんな地べたに座ってるだけでいかに落とすかという話でしょう（笑）。

山田　落ちもしないのにその恐怖心を見せてね。面白かったでしょうね。

蓮實　それでうまくいったわけでしょう、この場合。ほんとに水が入っちゃうんですからね（笑）。あれ、本番一回のOKでいくしかないですね。だって、セットを壊しちゃうんだから（笑）。スクリーンの向こうに水槽を置いて……なんて、こんな楽しいことないでしょうね。

山田　役者はもう死ぬんじゃないかと思ったんじゃないですか（笑）。

蓮實　ほんとに飛行機に乗ってると思ったんじゃない、みんな（笑）。ほんとに死んじゃいそうな顔をしたエキストラもずいぶんいたでしょう（笑）。

『海外特派員』（1940）　©AHP／UA／D.R.

山田　水があふれてきてゴボゴボと潜っちゃってね。

蓮實　どれだけ水が入ってくるのかわからないわけでしょう。いくら計算したって。

山田　それで味をしめたのかな、ヒッチコックはこの後『救命艇』（一九四三）を撮るんですね。たぶん水の上のドラマがおもしろいからもう一度やってみようと（笑）。

蓮實　そうだと思いますよ（笑）。『救命艇』でヒッチコックが例の特別出演を古新聞の広告でうまくやってみせたでしょう。『海外特派員』では珍しくツー・カットもありましたね。

山田　ロンドンの町の中を歩いて、主人公のジョエル・マックリーとすれ違う。

蓮實　ロンドンなんかに行って撮ってるはずもないのに（笑）。あのすれ違い方ね、フランソワ・トリュフォーの『アデルの恋の物語』（一九七五）に似てるでしょ。

山田　あ、そっくりですね。

蓮實　あのトリュフォーの出方は明らかにヒッチコック的ですね。

　ヒッチコックには奥さんも娘もいるでしょう。正常な家庭が営めたんでしょうかね、こういう夫と父親で（笑）。やたら太った人ですね。僕、会ったことあるんですよ、ヒッチコックに、偶然、高校のころ。目白に五重塔や日本の庭園があるレストランがありましたね……椿山荘。そこへ行ったら、ヒッチコックが食事をして出てくるところだった。ああ、ヒッチコック、ヒッチコックと……。ヒッチコックと椿山荘って変なとり合わせでしょう（笑）。

　もし日本で彼が何か撮ったら五重塔ですね。五重塔から誰が落とされるかを想像してみるだけで楽しくなります。

『海外特派員』（1940）ヒッチコック登場（右のうしろ姿はジョエル・マックリー） ©AHP／UA／D.R.

2 ヒッチコックのロマンチック・コメディー――『スミス夫妻』

ヒッチコックについては、私と同じように（とあえて同好のよしみで言わせてもらえば）ヒッチコック・ファンであるイラストレーターの和田誠（映画監督にもなったことは周知のとおりだ）と対談の形で「ヒッチコックに進路を取れ」（草思社）という研究書（というほどではないにしても、おたがいに思いの丈を述べ合った一冊）も出版しているものの、そこで語りきれなかったことも、もちろん、まだまだたくさんあるので、いくつか独自に書いたものを以下に集めてみた。

スリルとサスペンスの名匠としてアルフレッド・ヒッチコック監督がアメリカで撮った三十本の長篇映画のなかで、たった一本だけ、殺人あるいは死とか犯罪といった、いわゆるヒッチコック的なテーマとまったく関係のない映画がある。『スミス夫妻』というロマンチック・コメディーである。「俳優は家畜だ」という辛辣な名言を吐いたヒッチコックがイギリス時代にインタビューでアメリカ女優のキャロル・ロンバードがすばらしいと言ったというので、ハリウッドにやってきたヒッチコックにキャロル・ロンバードのほうから注文した作品だという。セルズニック作品でなく、RKO作品である。

一九三〇年代から四〇年代にかけてハリウッドで大流行した「ソフィスティケーテッド〝スクリューボール〟コメディー」の一本で、上流社会の男と女（少くともスミス夫妻はまったく金に困っておらず、豊かないい生活をしている）を主役にした典型的な結婚・離婚喜劇。一九四一年の作品だから、戦時下の逃避映画《エスケープ・ムーヴィー》でもあったのだろう。たぶんヒッチコックらしからぬ映画ということもあって、日本の劇場ではずっと未公開で、テレビで放映されたあと、一九八〇年代になって「RKO映画特集」で初めて公開された。

舞台は、ニューヨークのマンハッタン。夫婦のあいだにいざこざがあり、三角関係をへて、ふたたび元の鞘に納まるというたわいないお話で、この種の結婚・離婚喜劇のごくありきたりのパターンだが（それに、ヒッチコック自身は「この映画に出てくるような夫婦《カップル》はわたしにはまったくわからなかった」から、「［ロマンチックな結婚・離婚喜劇が得意な］ノーマン・クラスナのシナリオどおりに撮った」とうそぶいているのだが、たぶんアメリカ的な、あまりにアメリカ的な流行の「アメリカ喜劇」に挑戦するという心づもりでもあったにちがいない）、やはり、ヒッチコックならではのサスペンスとユーモアが小味ながらよくきいたおもしろい、ときには抱腹絶倒の、捨てがたい映画だ。

スミス夫妻は結婚三年目、相思相愛の夫婦だが、あまりにも愛し合っているがゆえに喧嘩ばかりしているという、この「喧嘩夫婦」もロマンチック・コメディーのおきまりのカップル。

その夫婦に、ある日不意打ちのように、危機が訪れる。法律上の不手際で、じつは夫婦は正式に結婚していなかったことが暴露される。妻は夫に、それならすぐ結婚し直してほしいと言うのだが、夫はうかつにも、「愛し合ってるんだから、そんな形式にこだわらなくてもいいじゃないか」とあいまいにしてしまったことから、女と男のゆきちがいがはじまるという、これも、よくあるパターンだ。ヒッチコックは、これを、まるで彼のサスペンス映画のように、たとえば『北北西に進路を取れ』（一九五九）でケーリー・グラントが偶然スパイ一味のさがしている人物と間違えられて数々の冒険に巻きこまれ、『見知らぬ乗客』（一九五一）でファーリー・グレンジャーがたまたま列車のなかで奇妙な男に出会って交換殺人の話をもちかけられて事件に巻きこまれるのと同じように、ある日、突然、若いスミス氏が見知らぬ男（弁護士だったか戸籍係だったか）の訪問をうけ、結婚は無効だと告げられ、そのことで夫人ともめて、とんでもない状況に巻きこまれてしまうといったぐあいに、軽妙なサスペンス・タッチで描いていく。夫人はスミス氏を、「もうあたしたちは夫婦じゃないんですからね！」と言って、寝室から、夫婦の住居から、追いだしてしまう。国連のロビーで殺人者にされてしまう『北北西に進路を取れ』のケーリー・グラントさながら、スミス氏は、突然無実の犯罪者（！）にされてしまい、どうにかして容疑を晴らすために四苦八苦することになる。家を追いだされ、しかも、このチャンスをねらって夫人には新しい求婚者が現われて連日連夜のデートを見せつけられて、スミス氏はあせる。というのも、スミス氏はそれまではかなり亭主関白的なリードをとってきたのに（とくにベッドのなかで寝たまま、女房にひげを剃らせるというのが、彼の十八番であった）、一夜にして形勢は逆転し、亭主関白の座から突き落とされてしまったのである！

　かくして犯罪者さながらの汚名を着せられたスミス氏は、みずからのアイデンティティーを、すなわち夫としての存在証明を、取り戻すべく、孤軍奮闘しなければならなくなる。ヒッチコックならではの映画の語り口、いわゆるヒッチコック・タッチのひとつに「〈かくれんぼ〉式サスペンスの面白さ」があると分析したのは双葉十三郎だが（「映画の学校」、晶文社）、夫人のあとを尾《つ》けてその行く先々に見えつ隠れつするスミス氏の涙ぐましい滑稽な追跡ぶりたるや、まさに「〈かくれんぼ〉式サスペンスの面白さ」だ。

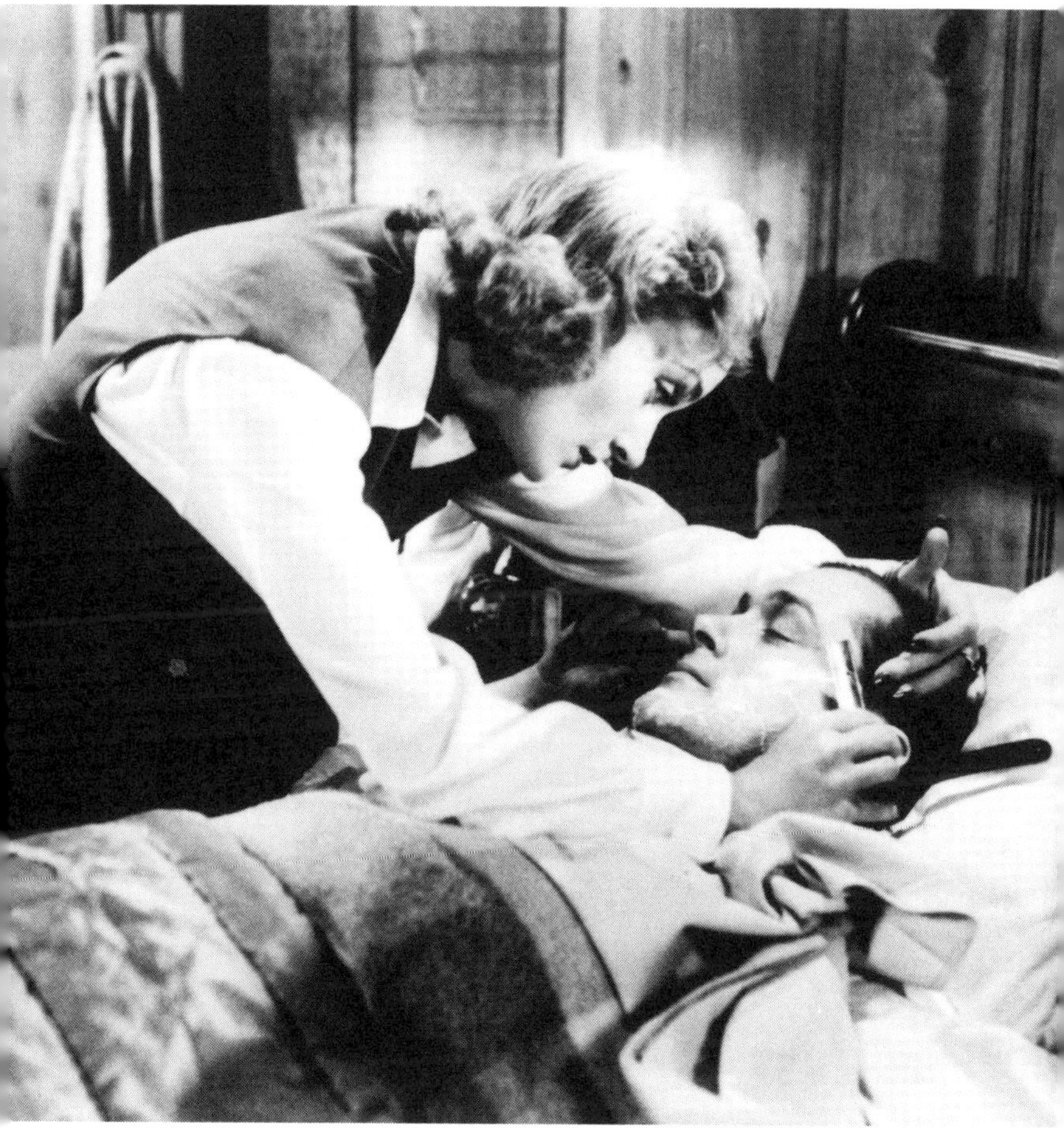

『スミス夫妻』（1941）キャロル・ロンバードとロバート・モンゴメリー　©AHP／D.R.

夫人が新しい婚約者とダンスもできるレストランに出かけると、彼も同じレストランに行き、中央のダンシングフロアをへだてて、夫人と婚約者のテーブルのちょうど向かい側に自分もテーブルをとって、ふたりを監視する。大盛況のなか、ダンス音楽で人の話が聞こえないのをいいことに、スミス氏は夫人にだけ見えるように（そしてもちろん夫人の嫉妬をかきたてるために！）、ひそかに隣のテーブルの美女にいかにも親しげにささやく素振りをパントマイムで演じてみせる。じつはこの美女は他の男の連れなのだが、その男がトイレに行ったか何かで席をはずしたすきをねらってのパントマイム戦術である。夫人のほうから見ると、いかにもスミス氏が美女と仲よく話しているように見えるのだ。ところが、そのうちに美女が、隣の男が妙になれなれしく頬を寄せてきて、しかも口だけパクパク動かしているのに気づき、そこへ連れの男が戻ってきたのをさいわい、「あなた、このひと、へんなのよ」と訴えたものだから、スミス氏はその連れの男の拳骨を一発食らって鼻血を流して大騒ぎになる……。

夫人は、スミス氏のしつこい尾行に腹を立てるが、ふとふりむいてみて彼の姿が見えないとなると、失望を隠せない。その一瞬の表情を物陰からスミス氏は見逃さない。

そんなふうに、虚々実々の宙吊りのスリルがこの「結婚ゲーム」には充満しているのだ。『北北西に進路を取れ』では崖からぶらさがったエヴァ・マリー・セイントをケーリー・グラントがひきあげるというハッピーエンドであったが、『スミス夫妻』ではスキーを足につけたままひっくりかえった夫人がまるで宙吊りになった格好で起き上がれないのを見て、スミス氏がおもむろに手をさしのべるという幕切れ。

スミス氏を演じたのは、ロバート・モンゴメリー（ヒッチコックとしてはケーリー・グラントを使いたかったが、まだハリウッドにやってきたばかりで思いのままに起用できなかったという）。夫人を演じたのは、当時クラーク・ゲーブル夫人で、「スクリューボール・コメディーの女王」とよばれ、短気で早口で、子供のように身軽でいたずらっぽくて、ヒッチコックによれば「冷水のお風呂に突っこまれたりしたら、それでも気取って威厳を失わずに出てくるイギリス女優とはちがって、すぐカッとなって濡れネズミのままどなりちらすような、自然な爆発力を持った女優」で、実際、男の尻を蹴上げたり頬に平手打ちを食らわしたりするといった大暴れをするのが得意な、まさに常識はずれの《スクリユーボール》、魅力的なおでこのブロンド美人、キャロル・ロンバードであった。

3 スリラーであってメッセージではない――『救命艇』

『救命艇』（一九四三）はヒッチコックがどこに出てくるかということですっかり有名になった映画だ。日本語吹替え版がテレビで放映されただけの劇場未公開作品でもあり、ファンにとっては待望のビデオ化である。

周知のように、ヒッチコックは自分の映画にほんのちょっと――原則としてワンカットだけ――登場するのがおなじみになっている。最初はサイレント時代の『下宿人』（一九二六）で「エキストラの人数が少かったので、一人でも多くの人間が出て画面を埋めなくてはならなかった」という、やむを得ず必要に応じての出演だったが、「その後は縁起をかつぐようになり、それからあとはまったくのお遊びのつもり」とヒッチコックは語っているが（『映画術 ヒッチコック／トリュフォー』）、ファンに対するめくばせでもあり、ときにはギャグにもなるという「ヒッチコック登場」である。

第二次世界大戦中、一隻の客船がドイツの潜水艦Uボートに撃沈され、九人の生存者が小さな救命艇に乗りこむ。知的でエレガントな婦人記者（タルラ・バンクヘッド）、左翼思想を持つやくざっぽい船員（ジョン・ホディアク）、無電技師（ヒューム・クローニン）、若い従軍看護婦（メアリー・アンダーソン）、重傷を負った水兵（ウィリアム・ベンディックス）、極右の大実業家（ヘンリー・ハル）、信仰厚い黒人スチュアード（カナダ・リー）、死んだ赤ん坊を抱きしめたイギリス人女性（ヘザー・エンゼル）、それに客船の爆破とともに沈没したUボートの生き残りのドイツ兵（ウォルター・スレザック）の九人である。あとは九人をのせた救命艇が海上を漂うだけ。

そこへヒッチコックがどうやって恒例の特別出演をしてみせるか。答えはヒッチコック・ファンなら誰もが知っているだろうから、ヒッチコック自身がその登場のしかたについて語っていることを引用するだけにとどめよう。

あれはわたしのいちばん好きな役だよ！　正直なところ、あれを考えだすためにひどく苦労したよ。ふつう、わたしはただ歩いて画面を横切るだけなんだが、水の上を歩いていくわけにはいかんからね！　で、最初は、水面に浮かぶ死体の役を考えたんだが、ほんとに溺れてしま

『救命艇』（1943）ヒッチコック登場（新聞のやせ薬の広告に）。新聞を読んでいるのはウィリアム・ベンディックス　©20世紀フォックス／AHP／D.R.

うかもしれないので、やめたんだよ。

十人目の生存者になることはもちろん論外だった。すべてすぐれたプロの俳優が演じていたからね。それで、やっと、あのすばらしいギャグを思いついた。そのころ、わたしはきびしい食餌療法をつづけて、五十キロの減量に成功した。体重が百五十キロから百キロになった。この減量の成果を記念に残すためと、映画のなかに登場するために、わたしは自分の減量以前と以後の写真を撮っておいた。そして、この二枚の写真をやせ薬の広告に使ったわけだ。レドゥーコというのはもちろんにせのやせ薬の名だが、その後、映画を見た肥満体の人たちからこのレドゥーコをどうやったら手に入れられるか教えてくれという手紙が殺到したもんだよ！」（『映画術 ヒッチコック／トリュフォー』）

といったぐあいで、まず、ヒッチコックの奇抜な出現のしかたがたのしめる。

映画がはじまると、いきなり、傾いた客船の煙突がタイトルバックで、クレジット・タイトルが終わったときには船が火を噴いて海中に没していく。キャメラがゆるやかに海上をなめるように移動していくにつれて、水面に浮かぶさまざまな残骸（死体もある）がとらえられる。波がかぶさるところで、もしかしたらすばやくオーヴァーラップを使っているのかもしれないが、ワンカット撮影のような持続した緊張感があり、救命艇が流れてくる遠景をとらえるところまで、簡潔にいっきょに状況を映像だけで説明してしまう導入部だ。

キャメラがいったん救命艇に乗りこんでからはずっと、キャメラも救命艇のなかに同居しての撮影で、途中、魚を釣るところで唐突に海中の魚のインサート・ショットが二、三あるものの、ドラマの進行と演出の視点ということでは、ヒッチコック自身も言うように「一瞬たりともキャメラを救命艇の外に出して、救命艇を外側から撮ったりすることをしなかった」。せまい救命艇のなかで、キャメラはナチの水兵の秘密を観客だけにそっと知らせるために、ときどき他の人物たちが気づかないように片隅に寄ったり前のほうに小さくうずくまったりする。巧妙というよりは狡猾なキャメラだ。まったく目を離せないのである。

タルラ・バンクヘッドのブレスレットやウィリアム・ベンディックスの靴などの小道具の使いかたも絶妙で、まったくあきさせない。

そして、最初のタイトルのあとには「音楽をいっさい使わなかった」という実験的な作品である。「そういった技術的な条件を自分に課してやってみた」というところにヒッチコックの映画魂のようなものがあり、戦時中に「戦争に貢献する映画」を撮るという企画にもかかわらず、作品が単なる戦意昂揚映画にはならなかったということでもあるだろう。

じつは、戦意昂揚映画どころか、戦争中にこんな映画をつくっていいのかという非難を浴びたという代物なのである。ウィリアム・マンチェスター著「栄光と夢　アメリカ現代史②」（鈴木主税訳、草思社）によれば、「ドロシー・トンプソン［という女性評論家］は『救命艇』を非難したが、それはヒッチコックがナチ［ウォルター・スレザックが演じた］を同船していた他の乗客よりも有能な人間に仕立てあげていると思ったからだった」ということだし、「それに同意」した「ニューヨーク・タイムズ」の批評家ボズレー・クラウザーも「奇妙なくらい非民主的な映画であり、われわれの開けた社会でも許容するに足る根拠がない」と断じた。「ヒッチコックは、自分がつくったのはスリラーであってメッセージではないと抗議したが、その抗弁はあっさりと無視された」というのだ。

悪役よければすべてよし、悪役が強ければ強いほどドラマチックなシチュエーションも強まる、というヒッチコックの映画的名言がある。たしかに、『救命艇』のウォルター・スレザック（海賊映画では悪い総督の役が得意だった）が演じるドイツ人、というよりもずばりナチはタフで頭がきれる「スーパーマン」（と映画のなかでタルラ・バンクヘッドの婦人記者はよぶ）であり、救命艇の「連合軍」をしのぐ能力と体力の持ち主として描かれる。全員がへたばっているのに音吐朗朗と陽気に歌を歌ってひとりオールを漕ぐところなど、ナチス・ドイツの力強さを讃美しているかのごとく見えないこともない。「多くの批評家が作品の出来栄えだけでなく愛国的であるかどうかにも目を光らせていた」時代だったからというばかりでなく、『救命艇』が作家ジョン・スタインベックのオリジナル・シナリオによる作品だったことも時代の状況を刺激したのかもしれない。「ニューヨーカー」のウォルコット・ギッブスのような「職業意識を重んずる客観的な批評家」ですら、ジョン・スタインベックの一九四二年の小説「月は沈みぬ」は「ドイツ人にたいする奇妙なやさしさ」をあらわしていると書いた時代だった。「だが、観客はもっと寛容だった。彼らはちがった理由で映画館に集まったのである。多くの者が自分の家や家族から遠く離れており、映画は以前のいつにもまして、つかのまの避難所と安らぎを提供してくれたのである」。

時代の状況にあざとく「目を光らせて」ばかりいる批評家たちに対して、この映画は「スリラー

『救命艇』（1943）タルラ・バンクヘッド　©20世紀フォックス／AHP／D.R.

であってメッセージではない」などと言ったところで、素直に純粋に見てくれるわけがなかったのだ。

『バルカン超特急』（一九三八）や『北北西に進路を取れ』（一九五九）といったヒッチコック映画では、走る列車のなかでドラマが起こる。『救命艇』はいわばその——ヒッチコック的な走る列車の——バリエーションのようなものである。レールの上を走る列車のように海上を流れる救命艇がスリルとサスペンスを生む舞台になるのである。「ヒッチコックの『バルカン超特急』のようにすべてが走る列車のなかで展開する映画とか、ヴェルナー・ヘルツォークの『アギーレ　神の怒り』（一九七二）のようにドラマが流れる筏の上で起こる映画には、特別の快感がある」とフランソワ・トリュフォーは分析する——「そこでは物語の流れとともに映画そのものの流動感が倍加されているからなのです」（「トリュフォーによるトリュフォー」、リブロポート）。

同じことが『救命艇』にも言えるだろう。海上を流れるとはいっても一直線に河を流れる筏とはもちろん異なるものの、波間に浮かび、ゆらぐ救命艇そのものの動きに「一瞬たりとも静止しない映像の快感」があることはたしかだ。空と海はスクリーンプロセスとわかって見ていても、前面の人物たちの配置とじつにバランスよく背景に見えつ隠れつして、救命艇がつねにゆれている感じがよく出ているのである。海が凪いで星がいっぱい出ている夜空を背景にヒューム・クローニンとメアリー・アンダーソンが愛を語り合うシーンもすばらしい。しかも、そのシーンで救命艇がめざす方向とまったく逆に進んでいることが発見されるというサスペンスも用意されているのである。

映画そのもののおもしろさが戦争協力へのメッセージを拒絶してしまっているかのようだ。もち

『救命艇』（1943）オールを漕ぐウォルター・スレザック、その手前にヘンリー・ハル、カナダ・リー（黒人）、左手前に横たわるメアリー・アンダーソンとヒューム・クローニン　©20世紀フォックス／AHP／D.R.

ろん、いまの私たちは、もっと寛容に自由に映画そのものを純粋に見ることができるだろう。そして、映画は時代とともに生まれ、時代を越えて傑作になることを確認できるだろう。

4 ヒッチコックの幻の戦争プロパガンダ映画
――『闇の逃避行』『マダガスカルの冒険』

サミュエル・フラー監督のインタビュー集『映画は戦場だ!』(吉村和明・北村陽子訳、筑摩書房)のなかに回想されているヒッチコックとの出会いのシーンからはじめよう。サミュエル・フラーが一九八〇年に撮った自伝的なすばらしい『最前線物語』の余白に描かれてもよかったであろう印象的なエピソードだ。

一九四三年末から四四年初めにかけて、サミュエル・フラー伍長は休暇をもらって前線からロンドンを訪れた。サミュエル・フラーが監督第一作『地獄への挑戦』を撮るのは戦後の一九四九年のことだから、もちろんまだ映画監督になるずっと前のことである。

ジャーナリストの盟友、ハンク・ウェールズがタクシーで駅まで迎えにきて、ロンドンを案内してくれた。「ちょっと降りたいんだが」とフラーはウェールズに言った。「ある人のところへ挨拶に行かなくちゃいけないんだ。ブリットボートのギブス夫人に頼まれてね……食料品店をやっている人なんだが、旦那はバラを作っている。いとこに会ってくれと言われたんだ。映画監督のアルフレッド・ヒッチコックさ。クラリッジ・ホテルにいる」。

フラーはヒッチコックを呼んでもらい、「いとこの話が聞けるというので、わくわくしていた」。ホテルのバーのカウンターのそばの「アン王女風の椅子」にすわって一杯飲んだ。「これがやけに小さな椅子でね。彼の体はすごく重いので、座ると全部ひっくり返してしまった」。そこで、奥のもっと大きなソファにすわって話をした。

「わたしはイギリスのためにドキュメンタリー映画を撮っているんです」とヒッチコックは言った。それから、昼食に誘ってくれたが、フラーは「友だちが外で待ってる」からと言ってことわった。「タクシーのメーターを見ながら、あせりまくっているでしょう」。

なぜいっしょにこなかったのかとヒッチコックにきかれて、フラーは友だちが「誰にも会いたくない」と言うので、と説明した。ヒッチコックは自分に会いたくない人間がロンドンにいるというのが「少々気に障るようだった」。それは誰なのか、ヒッチコックは知りたがった。「ハンク・ウェールズという人です」。

「ハンク・ウェールズ……ハンク・ウェールズ……」とヒッチコックはくりかえし、ハンクがヘンリーの愛称なので、それが第一次世界大戦中に従軍記者として活躍したヘンリー・ウェールズであることに思いあたった。「ああ、彼のことなら何でも知ってますよ。一九一五年に〈戦車《タンク》〉という言葉を作ったのは彼ですね」。

ハンク（つまりヘンリー）・ウェールズは「伝説上の人物で、本にも書かれている。ヒチコックがこの人物について映画をまるまる一本撮っている」とサミュエル・フラーは述べている。一九四〇年に撮ったジョエル・マックリー主演の『海外特派員』である。

その出会いのときにヒッチコックが「イギリスのために」撮っていると語った「ドキュメンタリー映画」がビデオで見られることになったのである。じつはドキュメンタリー映画ではなく、劇映画なのだが、サミュエル・フラー伍長がロンドンを訪れたとき、ヒッチコックはクラリッジ・ホテルに泊まって、英国情報省の映画部長、シドニー・バーンスタインとシナリオライターのアンガス・マックフェイルとともに「フランスのレジスタンスを描く」二本の短篇映画についての打ち合わせをしていたころだから、もしかしたら、まだドキュメンタリー映画になるとも劇映画になるとも決まっていなかったのかもしれない。

戦争のためにみんな苦労しているのに、わたしだけが何もしないわけにはいかないと思ったんだよ。というのも、わたしは兵役につくには年をとりすぎていたし、ふとりすぎていた。戦争にも行かず、戦争のために何もしないでいたら、きっとわたしはそのことでやましい気持ちを抱きつづけることになるだろうと思った。で、何かわたしなりに、ささやかながら、戦争に貢献する映画を撮ろうと考えたわけだ。戦争の雰囲気のなかにどっぷりとひたってみなければならないとも思った。

とヒッチコックはその意図を語っているが（「映画術　ヒッチコック／トリュフォー」）、またも意図に反して「戦争に貢献する映画」にはならなかった。本当のところはイギリス時代の「元雇い主」のプロデューサー、マイケル・バルコンによって、ヒッチコックは「祖国の戦争努力を助ける為に帰国しようとせず、ハリウッドにとどまりたがる逃亡者」と詰《なじ》られて気が気でなかったのだとドナルド・スポトーは書いている（「ヒッチコック――映画と生涯」、前出）。

アルフレッド・ヒッチコックの幻の短篇レジスタンス映画の連作である。

レジスタンス映画とはいうものの、レジスタンスの士気を殺《そ》ぐ作品としてオクラ入り、フィルムはほとんど失われ、英国映画協会（ブリティッシュ・フィルム・インスティテュート）にプリントが一本ずつ保管されているだけだといわれていた。

『闇の逃避行』（Bon Voyage）は二十五分の作品。

『マダガスカルの冒険』（Aventure Malgache）は三十一分の作品。

ともに第二次世界大戦中の一九四四年、ヒッチコックが英国情報省の依頼で撮ったフランス人のレジスタンスを主題にしたプロパガンダ映画で、「アルフレッド・ヒッチコック　幻の劇場用短編映画」として二本合わせてビデオ化された。ビデオ時代ならではのうれしいおどろきだ。

一九四〇年六月、ナチス・ドイツ軍にフランスが降伏、ペタン元帥が新内閣をつくり、ドイツに和を乞う。それに対して、ドゴール将軍がロンドンにおいて自由フランス軍を組織して連合軍に参加する一方、フランス国内および植民地のレジスタンス勢力を結集して「戦うフランス」の象徴となっていた時代の実話をもとにして、ヒッチコックの言葉を借りれば（これも意図したところでは）「ドイツ軍が退去しはじめた時期に、抵抗運動の力や意味をフランス国民にわからせることが目的だった」。『闇の逃避行』では、ロンドンの自由フランス軍のオフィスにドゴール将軍の顔写真が飾られているのが見える。『マダガスカルの冒険』では、ラジオからペタン元帥が休戦をよびかける声が聞こえてくる。

しかし、そうした時代の反映にしかすぎないドキュメンタルな文脈を超えて、いま、ビデオで見て純粋に映画的におもしろいのはやはりヒッチコック・タッチが画面に冴えるところだ。『闇の逃避行』は、「ロンドンへの伝書鳩」の役になった英国空軍の一青年が「相棒」のポーランド人将校とともにナチス・ドイツ軍の目をのがれてフランス各地のレジスタンスの拠点をめぐる話が一人称の回想形式で語られたあと、まったく別の角度から、いわば三人称で、と同時に「相棒」のポーランド人将校の視点から、語られ、英国空軍の青年が知らなかった（そして見なかった）シーンが描かれて、ことの真相が明かされるというプロットである。ドイツ軍の捕虜だった英国空軍の青年が脱出できたのは、じつは仕組まれた罠だったことが判明する。「馬は飛んだ」という暗号がゲシュタポの合言葉として使われる。

『マダガスカルの冒険』はモリエール劇場の楽屋からはじまる。映画の冒頭に、「戦うフランス」の姿を演劇活動によって伝えるためにロンドンに「亡命」していたフランス人の俳優たちが結成したモリエール・プレイヤーズという劇団の全面的な協力を得て撮られたフランス語版であることが告げられる。

回想に次ぐ回想によって、レジスタンスのひとつのエピソードが語られ、そのなかで暗躍する人物たちの性格や役割が分析され、回想が終わったときには楽屋の俳優たちのメーキャップも終わり、役づくりもできあがるという構成である。

『闇の逃避行』も『マダガスカルの冒険』も、のちのTVシリーズ「ヒッチコック劇場」および「ヒッチコック・サスペンス」の二話といった感じのテンポよく緊密なドラマだが、低予算の早撮りが感じられる二作である。撮影は一九四四年の一月二十日にはじまり、二月二十五日に終了したという。

どちらの作品でも、回想形式をたくみに使った話術とともに、女が電話をかけるシーンにひとつのクライマックスを設定したサスペンスづくりも見事なヒッチコック・タッチを堪能できる。『闇の逃避行』で女が電話をかけようとすると男の手がフレーム・インして受話器の口をふさぐところから銃声とともに女がくずれるように倒れてフレーム・アウトしていくシーンは、『トパーズ』(一九六九)でカリン・ドールがジョン・ヴァーノンに愛の「処刑」を受けて倒れていくシーンを、あの印象的な俯瞰ショットとともに、想起させる。『マダガスカルの冒険』で女が自分を捨てて去って行った男を密告するシーンは、女の絶望的な表情をとらえたクローズアップからキャメラがゆるやかに後退すると、電話が前面にとらえられ、女の視線をひきつける。女の腕がキャメラの動きにひきずられるように電話にのびていくというすばらしいワンカット撮影である。

ドナルド・スポトーの評伝「ヒッチコック――映画と生涯」(前出)によれば、『闇の逃避行』は「フランスのレジスタンスの士気の動揺を描く二十五分のメロドラマで、英雄視されていた男が殺人を犯すという物語だったから、はたしてフランス国内で公開されるのかどうか、当然ながらヒッチコックは心配した」が、「不安は的中」し、次の『マダガスカルの冒険』も「フランスへ送られたが、失望した配給業者たちはすぐさま倉庫にしまいこみ、「それらの作品に字幕をつけてイギリス国内で公開しようという者はなく（結局のところ表面的にはフランス人を讃めたたえているのだ）、フィルムはほとんど失われた」のであった。

「呪われた映画」だったのである。

第5章

アルフレッド・ヒッチコックは永遠に

1 ヒッチコック的時間と宙吊り空間――『ロープ』から『裏窓』へ

『ロープ』(一九四八)は、タイトルをふくむ冒頭の遠景をのぞいて、物語の発端から終局まで全篇一《ワン》カットで撮影された長篇劇映画である。

実際には、キャメラのマガジンにおさまるフィルムの長さ(時間にして十分)の限度をフルに利用して、十分間連続する撮影、「Ten Minutes Take(十分間撮影)」を試み、一巻ごとに、フィルムをチェンジするときには、かならず人のかげに入ったりして画面がまっくらになったところで、うまくつなぎ、そこからまた出ていくように苦心してキャメラの動きを計算し、十巻で十個の連続したアクションに撮り上げ、映写時間と映画の物語の時間とがぴったり同じになるようにしたわけだが、同じ効果をねらったロバート・ワイズ監督の『罠』(一九四九)やフレッド・ジンネマン監督の『真昼の決闘』(一九五二)やアニェス・ヴァルダ監督の『5時から7時までのクレオ』(一九六一)がモンタージュによる心理的時間である(つまり、ある時間は強調され、ひきのばされるが、ある時間は収縮されたり省略されたりする)のに反して、『ロープ』の時間はすべて均質であり、モンタージュを拒否したノン・ストップ撮影によって現実の時間が流れていくのである。サスペンスを生みだすための時間的操作があらかじめ不可能なのだ。そこにヒッチコックの一種の挑戦があったのだろう。

ヒッチコック自身は、『ロープ』のこの前人未到の実験、空前絶後の冒険を「無意味で、ばかげた試みだった」とのちに反省している。それは「ストーリーを真に視覚的に語る秘訣はカット割りとモンタージュにこそあるというわたし自身の方法論《セオリー》を否定することにほかならなかったから」(「映画術 ヒッチコック／トリュフォー」、以下ヒッチコックの言葉はすべて同書からの引用）というのがヒッチコックの自己批判なのだが、フランソワ・トリュフォーからサミー・デイヴィス・ジュニアに至るまで、世界中のヒッチコッキアンが『ロープ』の映画的な豊かさを擁護せずにはいられない。ヒッチコック映画の本質であるサスペンスの原理が最もむきだしになっているヒッチコック映画だからである。

サスペンスとは何か――それは「時間と空間を操る方法」だとヒッチコックは言うのだが、それはヒッチコックの映画そのものの定義でもある。伏線が伏線を生み、時間と空間が錯綜して、サスペンス＝ドラマを創造していくというのが、ヒッチコックの映画術にほかならない。そのためにはカット割りやモンタージュが必要欠くべからざることを百も承知のうえで、ヒッチコックは、『ロープ』ではあえてそうした映画的法則にさからって「綱渡りみたいな芸当をやろうとした」のである。

ワン・ショットの画面はモンタージュの要素では決してない。ワン・ショットの画面は――モンタージュの細胞である。ワン・ショットの画面とモンタージュとの関係は、統一的系列における弁証法的飛躍のかなたにある。（中略）ワン・ショットの画面内における葛藤――それは潜在的モンタージュであって、緊張が増大すると、その長方形の細胞を打ち砕き、その葛藤をモンタージュ断片相互のモンタージュ的衝動に噴出させる。

とセルゲイ・M・エイゼンシュテインは述べているが（『エイゼンシュテイン全集6』、山田和夫監修、キネマ旬報社）、そうした「潜在的モンタージュ」としての「ワン・ショットの画面」だけで、すなわち、モンタージュを内包し、圧縮したワンカット撮影で、ヒッチコックは一本の映画をつくろうとしたのである。「言ってみれば、これはあらかじめ編集された映画を撮るような方法で撮影された」というヒッチコック自身の言葉がその方法の意図を如実に語っていよう。「キャメラの動きも俳優たちの動きも、完全にいつものわたしのカット割りの原理にもとづいて決められた」のであり、「構図にしろ、サイズにしろ、映像の配分はある一定のエピソードのなかでの映像《イメージ》そのもののエモーションの強さに応じて決められた」のであった。

『ロープ』を完全なかたちで見られないことが多いのだが（たとえば映画館で巻がわりのときにフィルムを巻きこんだりして映写することがしばしばあり、そのために当然カットが割れてしまうことになるし、ビデオディスクで見ると表〔A面〕と裏〔B面〕の面割りのために完全に一か所はカットが割れている）、それでも――もちろん愕然とはするものの――映画全体が台無しになってしまうことはけっしてない。『ロープ』という映画は単にワンカット撮影の技法だけでもっている映画ではないからだろう。

「レオポルド／ローブ事件」として知られる犯罪実話にもとづいて書かれたパトリック・ハミルトンの舞台劇を映画化するにあたって、ヒッチコックは、何よりもまず、「舞台劇の本質はドラマの凝縮にある」のだから、「意識的に舞台そのまま」にやってみようとする。

舞台劇を映画化するときに、多くの映画監督が舞台とは違ったものをつくろうとして、単一の空間に限定された舞台の枠を開放し、ドラマを映画的に発展させようとする。そのために、舞台劇では人物が室内に入ってくるというだけのところが、一見映画的に処理されると、外にタクシーが着いて、そのなかから人物がおりて来て、料金を払って、それから入口まで石段を昇って、ドアをノックして、やっと部屋に入ってくる、といったぐあいに、いちいちカットを割って説明的になり、間延びしてしまうおそれがある。

とヒッチコックは言うのだ。「エモーションを生みだし、それを最後まで持続させる」ためには、空間を限定し、そこからキャメラをなるべく外に出さないようにすること、そうすることによって映画的空間をよりコントロールすることができる、というのがヒッチコックのセオリーなのである。

このセオリーによる舞台劇の映画化は、『ロープ』以前にも『ジュノーと孔雀』（一九三〇）があり、のちには『ダイヤルMを廻せ！』（一九五四）があるが、漂流する一隻の救命艇のなかだけのドラマを撮った『救命艇』（一九四三）もそうした方法論の実践にほかならないし、とくに『バルカン超特急』（一九三八）からはじまる列車はヒッチコックのサスペンスを生みだす格好の空間になった。

ヒッチコックの列車は、単に固定した空間ではなく、時間とともに走る列車である。走る列車とともに、ヒッチコックは、彼の映画の人物たちとともに私たち観客を特有の空間と時間に宙吊りにする。宙吊りこそヒッチコックのサスペンスだ。高所恐怖症のサスペンスだけが宙吊りではないのである。足がかりを失って宙吊りにされるというのは、未知の空間と時間に押しやられて方向を失うことなのだ。

『ロープ』は、ニューヨークのマンハッタンの高層ビルのアパートで、ある夏の夕方七時半から夜九時十五分までの出来事を描くのだが、その時間の流れを途切れなく画面に出すことによって、ヒッチコックは私たちを、ちょうど疾走中の列車に乗せるように、ヒッチコックならではの空間と時間に宙吊りにする。


パトリック・ハミルトンの舞台劇は、物語の実際の時間と同じようにドラマが進行する。つまり、幕が上がってから下りるまで時間的に連続した話であるわけだ。これをまったく同じように映画に撮ることが技術的に可能だろうかという問いをわたしはあえて自分に課してみた。答はただひとつ、映画の演出も切れ目なく連続的でなければならないということ、つまり、午後七時三十分にはじまり九時十五分に終わるドラマを一瞬たりとも中断させずに撮影する方法を見つけなければならないということだった。


とヒッチコックは言うのだが、それは、とりもなおさず、このノン・ストップ撮影によって、走る列車の速度を生みだそうとしたことにほかなるまい。

私たちは、この切れ目のない映像の流れから一瞬たりとも目を離すことができない。『ロープ』の時間は疾走しつづけ、けっして止まることがない。

しかし、ヒッチコック映画の「時間」がこのように単一で、等速で進行したことはなかった。たとえば、『バルカン超特急』では、突如、時間が停止してしまうことがある。そして、時間の停止とともに、空間がいっきょにバランスを失うのだ。それは、疾走中の列車から人間がひとり、忽然と消え失せてしまうというショックとしてあらわれる。

だが、『ロープ』の死体がパーティーのおこなわれているアパートから消え失せてしまうことはない。しかも、この死体は『ロープ』というサスペンス映画の唯一の伏線なのだ。

同性愛のふたりの青年（ジョン・ドールとファーリー・グレンジャー）が大学時代の同級生を絞殺し、その死体を大きな道具箱のなかに詰める。パーティーのあいだじゅう、その死体が隠された道具箱は部屋のまんなかにテーブル代わりに置いてあり、みんなの目にさらされている。キャメラは絶えずその箱を視野におさめ、ここに死体が入っているのだということを観客に思いださせるために、ことあるごとに寄っていくのである。時間も空間も単一であるために、『バルカン超特急』のように、死体がすり替えられる余裕はない。あるいはまた、『めまい』（一九五八）のように、映画の半ばで伏線が暴露されて、新しい伏線とサスペンスが生まれる余裕もないのである。

『ロープ』におけるヒッチコック的サスペンスは、むしろ、犯罪と分身というテーマに集約されてくる。ジョン・ドールとファーリー・グレンジャーは彼らの犯罪の成果をかつての彼らの恩師であるジェームズ・スチュアートに誇りたくてパーティーを催すのだが、それというのも、彼らは恩師から学んだ「殺人哲学」を実践したことに得意になっているからなのだ。『ロープ』にはヒッチコック的なブロンドの美女が出ていないばかりか、『見知らぬ乗客』（一九五一）につらなる陰湿とも言えるホモセクシャルな犯罪ドラマが展開されるので、その結末も暗く陰惨だ。くだらない人間は

『ロープ』（1948）左からファーリー・グレンジャー、ジェームズ・スチュアート（手前）、ジョン・ドール　©TAP／AHP／D.R.

殺されてしかるべきだという思い上がった「哲学」と「美学」の論理的結論として完全犯罪を試みる若者ふたり（ジョン・ドールとファーリー・グレンジャー）の罪を告発する教師のジェームズ・スチュアートは、むしろ彼らの分身《ダブル》なのであり、同じ思考、同じ犯罪哲学の持ち主であるがゆえに、相手の犯罪を——まるで鏡に映った自分を見るように——見抜いてしまうのであり、実際、ジェームズ・スチュアートとジョン・ドールとファーリー・グレンジャーはまるで三兄弟のように似ているし、少くともだんだん似てくるのだ！　ただ、スチュアートだけが、軽く片足をひきずって歩くので、すでに罪の意識を負った人間であることが視覚的にわかるようになっているだけである。ジェームズ・スチュアートは教え子たちに彼自身の犯罪と分身を見出すことになる。ジェームズ・スチュアートとジョン・ドールとファーリー・グレンジャーがだんだん異様に似てくるあたりも、不気味だ。間違えられた男が自分の無実を証明するためには真犯人を見つけださなければならないように、ジェームズ・スチュアートはふたりの教え子を警察につきださなければならない。

リチャード・シッケルの言葉を借りれば（TVドキュメンタリー「ヒッチコック・アンソロジー」）、『逃走迷路』（一九四二）の自由の女神のてっぺんで宙吊りになる犯人（ノーマン・ロイド）とその袖口をつかんで引き揚げようとする主人公（ロバート・カミングス）に象徴されるように、「善と悪が手をにぎり合う」こともあるというサスペンスの構造である。

そうしたすべてをふくめて、『ロープ』の実験は、やがて、映画全体をひとりの人間の視点からのみとらえ、裏窓からのぞかれた光景が人間の縮図であり世界のイメージにまで昇華された『裏窓』（一九五四）において完璧な結実をみることになるだろう。

ピーター・ボグダノヴィッチは、映画監督として、という以上にヒッチコック研究家として映画批評家として、『裏窓』をヒッチコックの映画術の完成点とみなし、こんなふうに分析する。

『裏窓』には、遺言のようにヒッチコックの個性のすべてが最高の形で凝縮されているのです。キャメラは主観的な視点で、主人公が見たものだけをうつし、彼の反応も見せながら話を進めてゆく。登場人物の視点から描くスタイルは観客の気持ちをしっかりつかんで放さない。(「ヒッチコック・コレクション」DVDボックスの特典インタビューより)

映画の基本といわれるモンタージュは、たとえば、女と男が見つめ合う、その双方のまなざしを正面からキャメラに同時にとらえることができないので、カットを割り、同一の目線(英語ではimaginary line《イマジナリー・ライン》という)で女と男のクローズアップを別々に切り返して撮り、それらをつないで交互に画面で見せることによって「見つめ合う」効果を生みだすために生まれた。同様に、見る側と見られる側の関係を示すには双方の切返しのカットの組み合わせ、つまりモンタージュによるしかないという映画の鉄則への挑戦が『裏窓』の実験だったのだと言えよう。そうした意欲的な実験をさりげなく、しかも、おもしろおかしく見せて、大衆的な娯楽作品にしてしまうところがヒッチコックの真の偉大さなのである。

アパートの一室で、骨折した片脚にギブスをはめられて——そのギブスには「L・B・ジェフリー(というのが主人公の名前だ)の折れた骨ここに眠る」と書いてある!——車椅子の生活を余儀なく

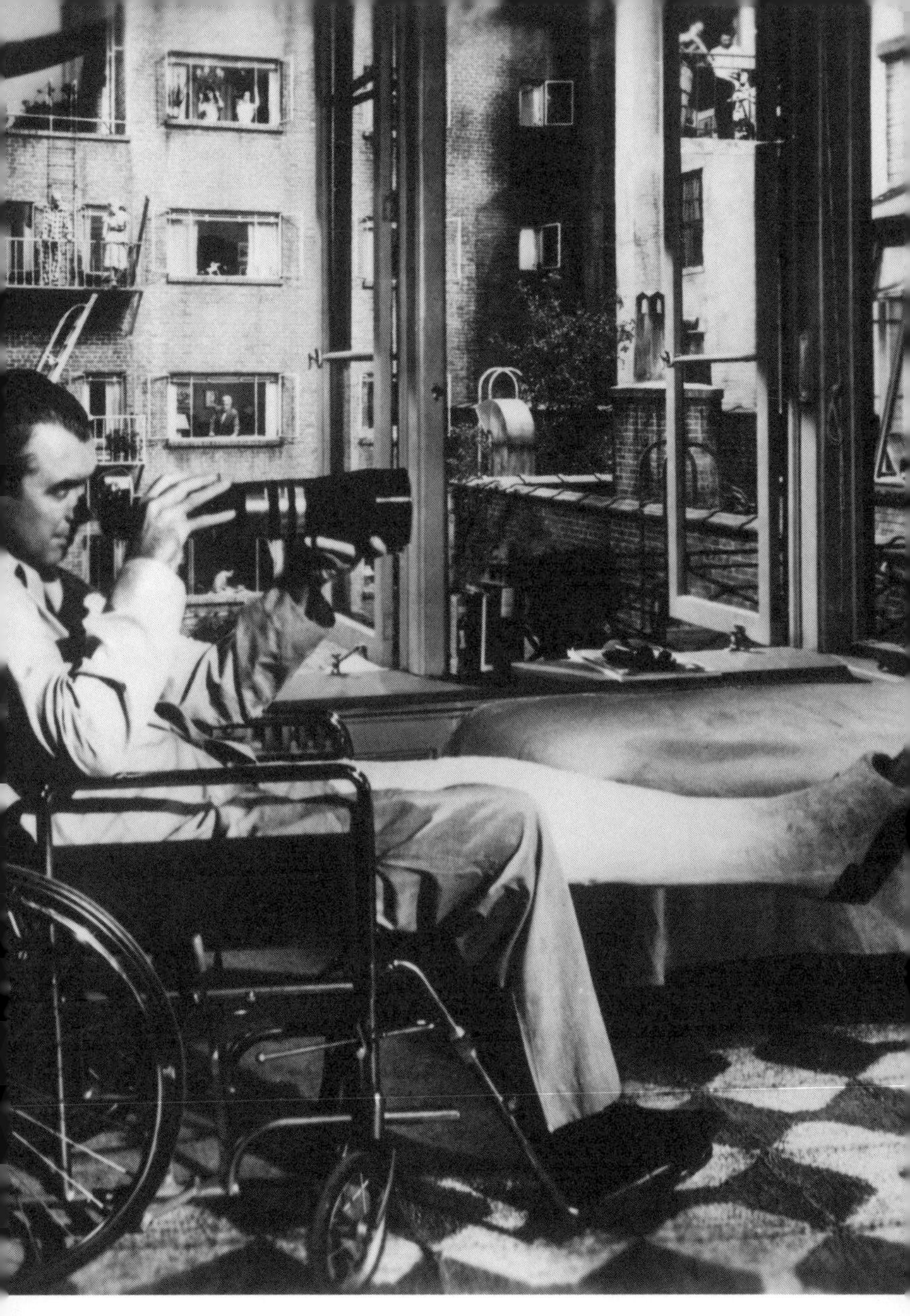

『裏窓』(1954)
ジェームズ・スチュアートとグレース・ケリー
©AHP/パラマウント/D.R.

されている主人公（ジェームズ・スチュアート）の視点からすべてが描かれるので（キャメラは身動きできない主人公と三日間同居しつづける）、観客は主人公に同化してしまい、映画のなかで主人公といっしょにすべてを見て、すべてを体験することになる。観客は映画そのもののなかに入りこみ、映画の主人公と一体になる。

キャメラとともに主人公は何もすることがないので、窓から裏庭の向こう側のアパートをながめている。いろいろな住人たちの生活風景が目に入ってくる。朝起きると、ブラジャーとパンティだけという半裸の姿で歯を磨きながらバレエの稽古をする若いダンサー（主人公はミス・ヌードとよぶ）、食卓にふたり分用意して一人芝居をしながら孤独をまぎらすミス・ロンリー、ピアノに向かって懸命にメロディーを奏でるが売れない作曲家、子犬を子供のようにかわいがって日課のように籠に子犬を入れて三階の部屋から庭に下ろして散歩させる夫婦、ベッドに寝たきりの妻と口論の絶えない夫婦、窓をしめきって昼間もセックスに熱中している新婚夫婦……といった生活風景が一方的に、まるでのぞき見のようなおもしろさで描かれる。ところが、病床の妻を看病していた夫が怪しい行動をとりはじめ、ふと見てしまった殺人事件に主人公がどんなふうにして巻き込まれてしまうかという、そのサスペンスの盛り上げかたのうまさは、じつはすべてを主人公の目をとおしてとらえるという流れのなかで、主人公がついうとうとと居眠りをしているあいだに、殺人事件の犯人の動きを観客だけに見せるという一瞬があり（キャメラは眠ることがない）、そのために、私たちは、この犯人の動きを主人公が知らずに目がさめて、そのことを知ったらどうなるか、と不安にさせられ、居ても立ってもいられなくなる、というところにある。裏庭の向こう側の建物のわきの細い路地を通して道路の様子までが鮮明に見えるので、病床の妻が消えたあと、夫が肉切り包丁やノコギリを新聞紙にくるんでいるのが見え、さらに重そうなトランクを持って外に出て行く犯人の動きまでしっかりと目で追うことができるのだ。ということは、まさに一瞬たりとも目を離せない、刻一刻とサスペンスが高まっていく映画なのである。

2 ヒッチコックの家庭劇――『知りすぎていた男』

『知りすぎていた男』(一九五六)はイギリス時代のヒット作『暗殺者の家』(一九三四)のリメークなので(ともに原題は同じ『The Man Who Knew Too Much』である)、ヒッチコックのイギリス時代の作品とアメリカ時代の作品とではどちらがすぐれているかという論議の恰好の材料になった。ヒッチコック自身は「最初のイギリス版はなにがしかの才能あるアマチュアがつくった映画だったが、リメークのアメリカ版は熟練したプロがつくった映画だ」と自ら述べているのだが、ファンとしては単純に貪欲にどちらも文句なしにすぐれておもしろいと思う。

ヒッチコックの映画はアメリカではすっかり通俗化して、ハリウッドのスターシステムに毒されて映画が冗長になった(『暗殺者の家』は一時間二十四分、『知りすぎていた男』は二時間の長さである)というイギリスの批評家たちの非難に対して、フランスのヌーヴェル・ヴァーグの批評家たちが反撃し、フランソワ・トリュフォーは「ドラマチックなものを控えめにアイロニカルに表現する」ことを美徳とする「イギリス的特質」がヒッチコックの本来の映画的資質（「すばやいアクションと衝撃的な事件が矢継ぎ早に出てきてクライマックスに達するストーリーを一気に語る」というヒッチコックならではの才能）を、むしろ抑圧していたのではないか。「何よりもまずストーリーのドラマチックな迫力に観客をひきずりこんでしまう」というヒッチコックの天性の資質と才能はアメリカでこそ開花しえたのではないか、とヒッチコック映画の「アメリカ映画的様式化」を擁護顕揚したことはすでに述べたとおりだ。

ヒッチコックが好んでスターを使うのも観客の同化をより効果的に完璧に誘うためであり、危険にさらされた主人公がケーリー・グラントやジェームズ・スチュアートのような感じのいいスターであればこそ観客の感情移入も深く親密になるというわけである。

ケーリー・グラントとジェームズ・スチュアートはとくにヒッチコック好みのスターで、ともに四本のヒッチコック映画に主演しているが、「その使いかたはまったく異っていて、ケーリー・グラントを使うときにはよりユーモアが、ジェームズ・スチュアートを使うときにはよりエモーションが、強調されているように思われます」というトリュフォーの見解に答えて、ヒッチコックは「まったくそのとおりだ。一見似たタイプの俳優だが、性格が全然ちがう。『知りすぎていた男』でジェームズ・スチュアートが演じた人物の静かな誠実さはケーリー・グラントではだせないものだ」と語っている（「映画術 ヒッチコック／トリュフォー」）。

ピーター・ボグダノヴィッチの「ハリウッド・インプレッション——映画、その日その日。」（高橋千尋訳、フィルムアート社）では、ジェームズ・スチュアートについてヒッチコックがさらにこんなふうに語っている。

彼が危険に直面すると、観客はその役にもっとぴったりした性格俳優が演じるよりもずっと強く反応する。そんなわけで、ストーリーは大いに助けられる。彼は完ぺきなヒッチコック・ヒーローだ。彼はいわば異常な状況に立たされた普通の人なのだ。それに、教養のないのろまとは違う。教授、医師、家庭の男、どんな役を演じても、そのとおりに信じることができる。

『知りすぎていた男』のジェームズ・スチュアートは医師であり、家庭の男である。ジェームズ・スチュアートの妻を演じるのは、ドリス・デイ。家庭に入ったものの、国際的に有名な歌手というドリス・デイならではの役だ。映画のなかで歌う「ケ・セラ・セラ」は大ヒット曲になった。

ドリス・デイは母親の役で、子供（少年）に「ケ・セラ・セラ」を歌って聴かせる。子供が誘拐され、閉じこめられたとき、この歌が救出のための暗号になるというヒッチコックならではの――もちろん荒唐無稽といえば荒唐無稽な――プロットのおもしろさ。

ヒッチコックの映画には、よく「母親」が出てくる。マザー・コンプレックス的な、あるいは母親思いの息子と独占欲の強い母親、『汚名』（一九四六）のクロード・レインズの母親レオポルディン・コンスタンティンから『鳥』（一九六三）のロッド・テイラーの母親ジェシカ・タンディに至る嫉妬深い母親たち。『見知らぬ乗客』（一九五一）の殺人犯（ロバート・ウォーカー）の気味悪い母親（マリオン・ローン）や『フレンジー』（一九七二）のネクタイ殺人鬼（バリー・フォスター）の母親（リタ・ウェッブ）、それに『サイコ』（一九六〇）の息子（アンソニー・パーキンス）の心と体にとり憑いた「母親」もその系列に加えることができるかもしれない。と同時に、ジェシー・ロイス・ランディスが演じた愉快なヒッチコック映画の母親も忘れるわけにいかない。『泥棒成金』（一九五五）ではグレース・ケリーの母親役で、たばこを目玉焼きに突き立てて消したり、シャンペン・パーティーでバーボン・ウィスキーを注文したりするアメリカのブルジョワ婦人。ざっくばらんで、剽軽で、ひと目でケーリー・グラントの味方になる。『北北西に進路を取れ』（一九五九）ではケーリー・グラントの母親役、息子とは親しい友だちのような関係で、ケーリー・グラントが何かをたのんでくると、ちゃんとチップをもらうという、じつにユーモアたっぷりの愉快な母親だ。『泥棒成金』でも『北北西に進路を取れ』でも、彼女は大胆に頭脳的にあざやかに（というか、ケロリとして）警察の目をごまかしたりしてケーリー・グラントの危機を救う。『知りすぎていた男』のドリス・デイは母親といっても、ずっと若い母親だが、やがてジェシー・ロイス・ランディスふうの愉快な話せるおふくろになるのだろうか。いや、彼女は、ヒッチコック自身の母親と同じエマという名で出てくる『疑惑の影』（一九四三）のパトリシア・コリンジ扮する家庭的な、家族的な母親のイメージに最も近いような気もする。

ヒッチコックは、『知りすぎていた男』のなかで、マラケシュのホテルの入口の新聞売場（だったと思うけれども）にモナコ王妃の写真が表紙の「パリ・マッチ」誌を陳列して、ひそかにグレース・

ケリーにめくばせをしているのだが、それはグレース・ケリーに送る惜別の挨拶のようにも見える。『知りすぎていた男』は、『泥棒成金』を最後にグレース・ケリーに去られた直後のヒッチコック映画であり、ドリス・デイはいわばグレース・ケリーの不在証明《アリバイ》として登場してくるかのようだ――それは、さらばグレース・ケリーの映画だったのだ！　そこでヒッチコックは一時的にせよグレース・ケリー的な「亭主狩り《マンハント》」の名手たる美女たちから遠ざかって、家庭的に落ち着いた家族的な母親に映画を捧げたかにみえる（ドリス・デイは、のちにテレビ・シリーズ「ママは太陽」がつくられることでもわかるように、アメリカの最も理想的な主婦であり、良妻賢母の典型であった）。ヒッチコックが初めて自分の過去の作品（とくに『暗殺者の家』に関してはイギリス時代からハリウッドでの再映画化の話があったにもかかわらずことわりつづけてきたという）のリメークをひきうけたことも、そうした心境の変化とまったく無関係ではあるまい。グレース・ケリーが映画を捨てたことがいかにヒッチコックにとってショックであったかは、その後のヒッチコックの発言でも明かされているし、フランソワ・トリュフォーによれば、ヒッチコックはすべての映画をグレース・ケリーで撮り直したいと考えていたということだ。それはまた、その後、こらえきれないように、ヒッチコックが、『めまい』（一九五八）のキム・ノヴァクから『北北西に進路を取れ』のエヴァ・マリー・セイントをへて『鳥』、『マーニー』（一九六四）のティッピ・ヘドレンに至るまで、失われたグレース・ケリーの身代わりを求めて（それこそ『めまい』のジェームズ・スチュアートのように死んだ女をよみがえらせようとして）狂ったように「愛のメロドラマ」をつくりつづけたことでも、明らかなことだ。

3 ミスもたのしんで、思わず身をのりだしてしまう
――『北北西に進路を取れ』

イギリス時代からすでにヒッチコックはアメリカ映画を撮っていたのだ、とフランソワ・トリュフォーは喝破する。「映画術 ヒッチコック／トリュフォー」のなかで、トリュフォーは、ヒッチコックについて「アメリカ映画をつくるべくして生まれてきた監督であり、そして実際、イギリス時代からつねにアメリカ映画をめざしてつくりつづけてきたというのがわたしの確信に近い考えです」と述べている。ヒッチコックの「天性の資質と才能は、イギリスではなく、アメリカでこそ真に開花しえた」のであり、「ハリウッドで映画を撮るためにこそ生まれてきた」ヒッチコックなのだ、と。それが独断でも贔屓の引き倒しでもなく、自明の理であり確かな証明であると言えるのが、この映画だ。

『北北西に進路を取れ』――ヒッチコック監督の一九五九年作品である。

いまなお、映画館でも上映され、テレビでもよく放映されるし、ビデオ（DVD）発売もされているヒッチコック映画の名作中の名作なのである。

DVDで出たばかりの『北北西に進路を取れ』（ワーナー・ホーム・ビデオ）は画質も鮮明で、カラーも文句なしに美しい――むしろ美しすぎるくらいだ！

アメリカ映画ならではの、ハリウッド映画ならではの美徳である一目瞭然のおもしろさが全篇に

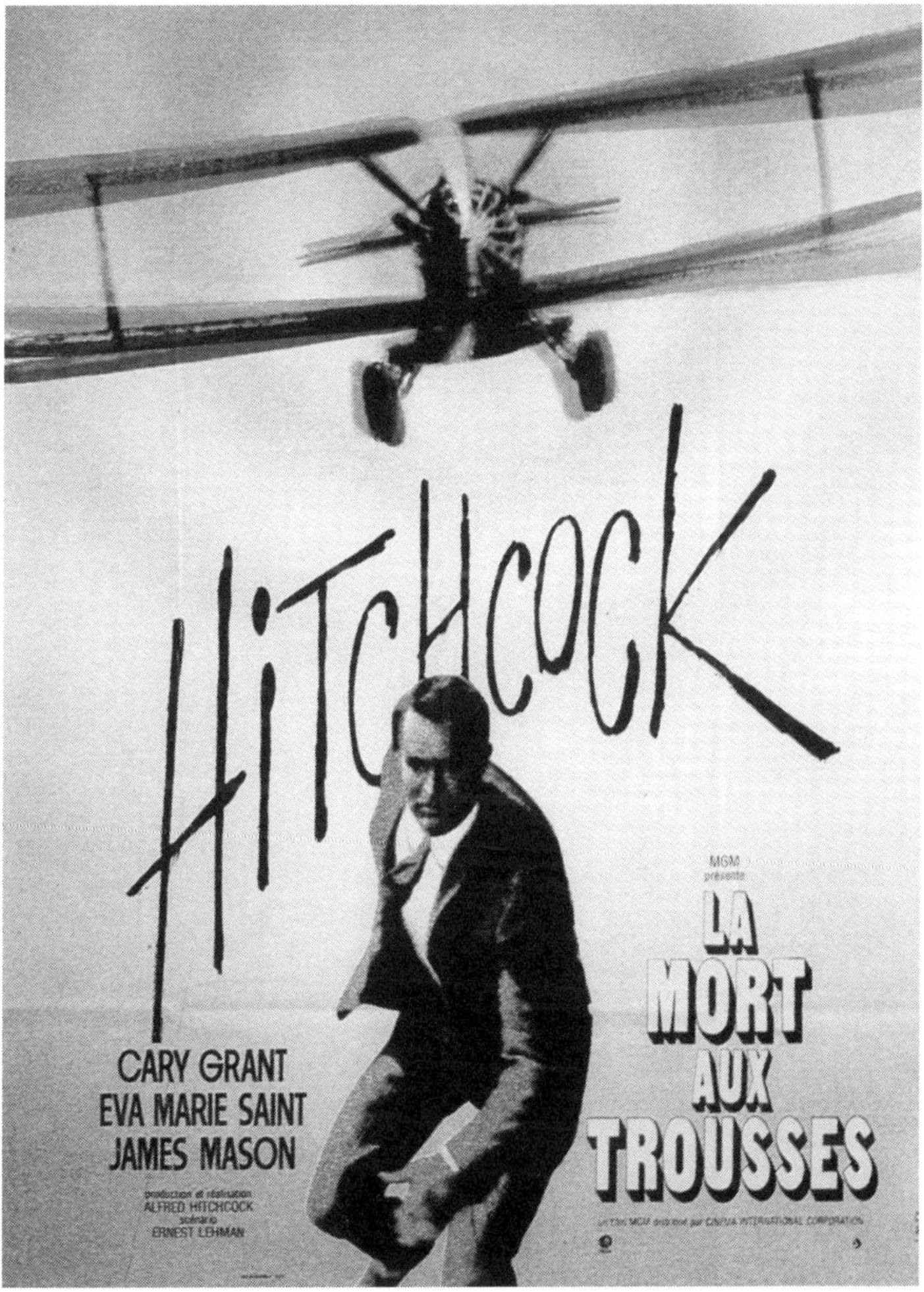

『北北西に進路を取れ』（1959）フランス公開版ポスター　©AHP／D.R.

輝いているのである。息を呑むおもしろさだ。淀川長治さんの解説によれば――

「逃げて逃げて絶対に逃げられない男が逃げられるような映画をつくるよ」とヒッチコックは言いましたが、この作品はまさにそれ。広い広いトウモロコシ畑でケーリー・グラントが飛行機で狙われる絶体絶命のシーン。一番の見どころですね。ハラハラドキドキ、胸さわぎするようなときにヒッチコックは非常に美しい風景の場面を入れるの。美しいことと怖いことを同時に見せる。このあたりがにくいなあ。ラストのラシュモア山を逃げるサスペンス。名所見物を観客にサービスして、しかもすごい恐怖の危機感を盛りあげましたね。というわけで、この作品は心理サスペンスというより、見ておもしろい大衆版ですね。（岡田喜一郎編「淀川長治 映画ベスト1000」、河出書房新社）

ということになる。

おもしろすぎることが罪なのかといわんばかりの単純明快なおもしろさなのである。

双葉十三郎氏も手放しの絶讃である。

……序盤からヒッチコック先生のハイペースに乗せられてしまう。どうやらこの作品、イギリス時代の代表作『三十九夜』（一九三五）が下敷きになっているように思えるのだが、いままでのヒッチ作品中もっとも派手なサスペンスとアクションの盛合せ、と結論を下してもよろしかろう。

　インディアナの広大なトウモロコシ畑で小型機に襲われる場面は、なかでも白眉。「犯人と間違えられたケーリー・グラントと列車で出会った美女エヴァ・マリー・セイントの」御両人がサウス・ダコタのラッシュモア山、四人の大統領の顔が岸壁に掘られた断崖へと追い詰められるクライマックス、ラストの人を食った〈省略〉までヒッチコック技法の華麗なる展覧会。ニコニコハラハラ、楽しまされてしまう。ヒッチ先生の肖像も、この岸壁に飾りたいような気分である。（「西洋シネマ大系　ぼくの採点表」、トパーズプレス）

といった次第で、これまですでに映画館で見ている人も、まだ見ていない人も、とにかくまた見てのおたのしみだ。

　DVDならではの特典映像では、シナリオライターのアーネスト・レーマンが映画を見ながら（ということはほとんどもう一本分の特典映像入りなのだ！）シーンごとに思い出を語る。これがまたおもしろい。


「ここは本物のプラザ・ホテルのロビーで撮った。セットじゃないんだ。ケーリー・グラントがここに泊まっていたので、すごく自然な動きをしている」

「ジェームズ・メイスンの優雅な悪党ぶりがここではよく出ている」

「車を崖から落とそうとするところはマット・プロセスで絵に描いた背景なんだ」

「バーナード・ハーマンのすばらしい音楽のおかげで、ここはうまくもっている」

「バーニー(バーナード・ハーマン)がわたしをヒッチコックに紹介してくれたんだ」

「ケーリー・グラントの母親役ジェシー・ロイス・ランディスは実際はケーリー・グラントより年下だった」

「〝マクガフィン〟とは何か。映画全体を左右する重要なカギとなるものだが、架空のCIA工作員と同じように実体がない。ここではそれがマイクロフィルムだが、中身は何かは分からない。それが何かということは問題じゃない。それが存在することが重要なんだ。存在するだけでいいんだ。それはストーリーを展開させていくための潤滑油のようなものだ」

「ラシュモア山で撮影するのは国家的記念碑をけがすという理由で当局から禁じられたので、MGM撮影所に巨大なセットをつくったんだ」

「トウモロコシ畑はMGMの敷地につくったにわか畑だ」

「ヒッチコックはこの作品を自分の決定版にしたがっていた。たしかにヒッチコックの集大成と言っていいすばらしい映画になったと思う。しかし、あとでイギリス時代のヒッチコックの『三十九夜』を見てね、それが下敷きになっているらしいことに気がついたよ。飛行機なんかも同じように出てくるしね」

「ラスト・シーンのトンネルは脚本には書かれてなかったんだ。わたしの手柄じゃない。残念だ。見事なものだったよ……」

といったぐあいに。

たしかに、誰が見ても、『北北西に進路を取れ』はイギリス時代の『三十九夜』のアメリカ版リメークと言ってもいいくらいで、『三十九夜』を下敷きにしていることは明らかだろう。というよりも、『三十九夜』の原作者、ヒッチコックが愛してやまなかったジョン・バカンの小説「39階段」がすべての原典になっているのだと言うべきかもしれない。

ヒッチコックのイギリス時代の傑作『三十九夜』からアメリカ時代の――二十四年後につくられた――傑作『北北西に進路を取れ』へのつながり、流れ、ほとんどリメークと言ってもいいくらいの延長と完成、拡大と膨張は、トリュフォーが言うところの「イギリス時代からつねにアメリカ映画をめざしてつくりつづけてきた」ヒッチコックの「天性の資質と才能がアメリカでこそ真に開花しえた」ことのまさに証明であり、典型的な例なのである。『三十九夜』もすばらしいが、『北北西に進路を取れ』のほうがさらにすばらしいというようなこと以上に、これもトリュフォーの表現を借りれば、「アメリカ映画的様式化」がより洗練されて完璧なのだということになろう。とにかくヒッチコックは、文句なしに、見てたのしい。

『北北西に進路を取れ』の原題（North by Northwest）は、ロバート・A・ハリス／マイケル・S・ラスキー著「The films of Alfred Hitchcock」によれば、シェイクスピアの「ハムレット」のなかのせりふ、福田恆存訳では、「ハムレットの狂気は北北西のときにかぎるのだ。南になれば、けっこう物のけじめはつく、鷹と鷺との違いくらいはな」（I am but mad northnorthwest, when the wind is southerly, I know a hawk from a handsaw）にもとづくとのことだが、シナリオライターのアーネスト・

レーマンは別の由来を語っている。これも特典映像を見てのおたのしみということにしておこう。トウモロコシ畑で農薬をまく小型機がケーリー・グラントを襲うシーンは事故死にみせかけて殺すところなのに銃撃しているのはおかしい、あれはミスだよ、とアーネスト・レーマンはこっそり教えてくれもするのだが、たしかに銃声のように聞こえるものの、飛行機が迫ってくるときのものすごい風圧で地面の小石がぶつかり合ったりする雑音のようにも聞こえる。小型双葉機から銃で狙撃するところもない。このシーンをそっくり模倣したテレンス・ヤング監督の『007／ロシアより愛をこめて（危機一発）』（一九六三）のほうでは明らかに銃撃のシーンになっていたけれども。『北北西に進路を取れ』のほうでは銃撃のシーンはない。ミスではないと思うのだが……。

ミスといえば、ラシュモア山をのぞむテラスのカフェで、エヴァ・マリー・セイントがケーリー・グラントをピストルで撃つ瞬間、その銃声におどろいて思わず両耳を手でふさぐ少年（カフェの奥のほうにいる）の姿が目に入るが、よく見ると――よく見ると、である！――少年は銃声がする前に耳をふさぐのがわかる。こういうミスは映画によくあることで、たとえばJ・リー＝トンプソン監督の『ナバロンの要塞』（一九六一）で暴風雨のなかを要塞の断崖を命がけでよじのぼる特攻隊の一人の軍服が雨でびしょ濡れになっていなかったとかいったようなミスばかりをトリヴィアルにかき集めた本も出ているくらいだ。ビデオでは自由に映像を停止できるので、その手のあら捜しが容易にできるようになったこともたしかだろう。ビデオ用の安易な現像でカラーのタイミング指定がないがしろにされたベタ焼きのゆえに、劇場用のプリントではキャメラマンの指定によってせっかくつぶした映像がバレてしまい、たとえばジョージ・スティーヴンス監督の西部劇の名作『シェーン』(一九五三)の冒頭、緑なすワイオミングの草原が眼下にひろがる美しい風景のかなたに、ふとハイウェイを走る白い自動車が見えるというので(ビデオではよくこんなふうにバレるところがまたおもしろくたのしいのだが)、これをあたかもハリウッドのプロフェッショナル(撮影はロイヤル・グリッグス)のミスと断じて鬼の首を取ったように得意然と書きまくった映画評論家もいるくらいである。といったようなことは別にして、『北北西に進路を取れ』のミスについて言えば、ファンは映画のあまりのおもしろさに夢中になって、そんなことに気づくことはありえないというのが本当のところだろう。ドン・シーゲル監督が『ダーティハリー』(一九七一)についてのインタビューで、犯人の存在理由や行動の動機に関する一切の説明がないことを問われて、こう答えていたことを思いだす――「そんなことを考えたりする余裕はないと思うね。観客は椅子から身をのりだしてスクリーンに見入るだろう」。

ヒッチコックもまた同じように誇らかに答えることができただろうと思う。

4 Alfred Hitchcock Presents――「ヒッチコック劇場」のすべて

「Alfred Hitchcock Presents」という一冊の本を洋書店で見つけた。伝説のTVシリーズ「ヒッチコック劇場」のヒッチコックの口上をすべて収録したもので、日本のテレビで放映されたときも人気の番組だったことは周知のとおりだ。

「こんばんは《グッド・イヴニング》」とヒッチコックが画面に出てきて前口上を述べる。手には一冊の本を持っている。

ミステリー小説を読んでいました。面白いので夢中になって、つい時のたつのも忘れ、仕事もほったらかしにしてしまうところでした。

この短編集にはなかなか傑作がそろっています。気軽に読めるし、読んだあとはドアの煽り止めにも役立ちます。

これからごらんいただく作品もこのなかの一篇で、ルイ・ポロックの原作です。思わずぞっとする話です。でも、単なる娯楽作品ではありません。シリアスなドラマのように、人生の教訓が得られます。母親の忠告と同様です。「つねに平静を保ちつつ事態にそなえよ」「まず行動を。質問はあとで」といった類のものです。

といったぐあいに、毎回オトボケ口調で――熊倉一雄の吹替えがまたじつにぴったりで――たのしませてくれた。

一九五〇年後半にはテレビに挑戦したヒッチコックだった。「お茶の間に殺人や死体をお届けした」とヒッチコックは言った。

グノーの「マリオネットの葬送行進曲」とともに、おなじみのアルフレッド・ヒッチコックのサインの一部でもある線画の自画像に横顔のシルエットがフレーム・インしてきてぴたりとおさまるところからはじまるテレビの三十分番組（コマーシャルもふくめて）であった。

毎回、ヒッチコック本人がホスト役になってドラマの前後にトボケた（という以上に人を食った）語り口で一席ぶつので、ヒッチコックのワンマン・ショー的なおもしろさにあふれ、ヒッチコックも例のポーカーフェイスというか、むっつりしたオトボケ顔で、ときには鬘《かつら》をかぶったり、付けひげをしたり、よだれかけをつけた赤ん坊やら斧で頭を割られた犠牲者やらヴィクトリア女王やら双子のヒッチコック兄弟やら、いろんな扮装でいろんな役を演じてみせた。映画ではチラッと登場してファンへのめくばせ、挨拶といった程度のギャグだったのが、テレビではお茶の間の観客――視聴者――に向かって、より親密に、サービス精神たっぷりのパフォーマンスだった。コマーシャルやスポンサーをからかう口上がアメリカではとくに人気をよんだということだが、今回ビデオ発売された「ヒッチコック劇場傑作選」にはヒッチコック自身の演出作品から四作を精選、しかもアメリカのテレビで放映されたときのオリジナル・コマーシャル付きである。白黒の画面も美しく、画質も申し分ない。

『凶器』（ロアルド・ダール原作・脚本、一九五八）では、低カロリー食品の特売店で混雑した通路の邪魔になって交通違反のチェックをうけるヒッチコックの前口上からはじまり、主婦（バーバラ・ベル・ゲデス）の完全犯罪を描いたドラマのあと、ヒッチコックのこんな口上でしめくくられる――「彼女は二番目の夫にも同じ手口で殺害を企ててバレてしまいました。不運にも、健忘症の夫が冷凍庫の電源を入れ忘れたために、肉が凍らずに柔らかくなっていたのです」というのだが、このオチから完全犯罪のために使った凶器が何だったかがよくわかるだろう。

ときにはこんな出立ち
で……「ヒッチコック
劇場」より　©AHP／
D.R.

『亡霊の見える椅子』（ルバート・クラフト＝クック原作、フランシス・クックレル脚本、一九五九）では、サファリ帽のヒッチコックが「ハリウッドという名のジャングル」には情報屋とか中傷好きの危険な野獣が多いので気をつけなければいけない、われわれ探検隊は今夜の物語を追求するために霧深いロンドンへ行かねばなりません――さいわいコマーシャルがあるので、その時間を利用して移動しましょう、といったような前口上を述べ、ロンドンを舞台に『バンクォーの椅子』という原題どおりシェイクスピアの「マクベス」からヒントを得た幽霊ばなしのあと（主演はジョン・ウィリアムズ）、ふたたびハリウッドというジャングルに戻ったヒッチコックがコマーシャルという「一分間の大作」のために退散するという挨拶で終わる。「ヒッチコック劇場」（Alfred Hitchcock Presents）は一九五五年十月二日から六二年六月二十六日までCBSテレビで六年半、次いでNBCテレビで二年間、全二百六十八話が放映され、ヒッチコックは制作責任者、番組提供者として一話ごとに、ドラマの前後に登場して、おなじみになった愉快な口上を述べた。ヒッチコック自身が演出した作品は十七本。

「ヒッチコック劇場」につづいて、一九六二年末から六五年まで、一時間ものの「ヒッチコック・サスペンス」（The Alfred Hitchcock Hour）がNBCテレビで五十四話、放映されたが、そのうちヒッチコック自身が演出したのは一話のみ。ほかに一時間もののテレビ・ドラマを二本演出しているので、それも合わせてヒッチコックのテレビ作品は以下の二十本になる。

①「生と死の間」（一九五五）

②「復讐」（一九五五）

③「ベラム氏の事件」（一九五五）
④「酒蔵」（一九五六）
⑤「雨の土曜日」（一九五六）
⑥「越して来た人」（一九五六）
⑦「もうあと一マイル」（一九五七）
⑧「完全なる犯罪」（一九五七）
⑨「FOUR O'CLOCK」（一時間もの、一九五七）
⑩「凶器」（一九五八）
⑪「賭」（一九五八）
⑫「毒蛇」（一九五八）
⑬「亡霊の見える椅子」（一九五九）
⑭「殺人経験者」（一九五九）
⑮「アルプスの悲恋」（一九五九）
⑯「INCIDENT AT A CORNER」（一時間もの、一九六〇）
⑰「女性専科第一課　中年夫婦のために」（一九六〇）
⑱「神よ許し給え」（一九六一）
⑲「バアン！　もう死んだ」（一九六一）
⑳「ひき逃げを見た！」（「ヒッチコック・サスペンス」の一話、一九六二）

⑨⑯は日本のテレビでは未放映、⑨⑯⑳以外はすべて「ヒッチコック劇場」の三十分ものである。

日本では、「ヒッチコック劇場」は、鳴海四郎の日本語台本と監修による日本語吹替え版が一九五七年から六二年まで（中断の期間もあったが）日本テレビで（次いで関西テレビ、TBSテレビで）放映された。ヒッチコックの声は最初のうちは吹替えなしのスーパー字幕だったように思うけれども、やがて熊倉一雄の名吹替え（と言ってもいいと思う）に定着――一時は三島雅夫が吹替えていたらしいが、私にはまったく記憶がない（その声もふくめて苦手な俳優だったので、たぶん記憶したくなかったのだろう）。日本テレビ放映の「ヒッチコック劇場」は全二百八話である。

一時間ものの「ヒッチコック・サスペンス」は一九六三年から六四年にかけてフジテレビで放映された。

ヒッチコックはテレビ・シリーズのためにシャムリーというかつての――イギリス時代の――ヒッチコック家の別荘の名を冠したプロダクションを設立し、ヒッチコックの秘書から脚本家になったジョーン・ハリソン（ヒッチコック監督の長篇映画、一九三九年の『巌窟の野獣』、一九四〇年の『レベッカ』と『海外特派員』などの脚本に協力）に全シリーズの制作をゆだねた。共同制作に、そしてときに監督として名をつらねているノーマン・ロイドは『逃走迷路』（一九四二）で自由の女神から転落する犯人の役や『白い恐怖』（一九四五）の精神病院の患者の役を演じた俳優だった。ジョーン・ハリソンは作家のエリック・アンブラーと結婚したあと、ヒッチコックから離れていくが、ノーマン・ロイドのほうは、その後、ヒッチコックが死ぬまで、アルフレッド・ヒッチコック・プロダクションの製作主任として付き合うことになる。

「ヒッチコック劇場」および「ヒッチコック・サスペンス」のために、ヒッチコックはジョーン・ハリソンとともに、すべての主題を選定したが、レイ・ブラッドベリ、コーネル・ウールリッチ（ウィリアム・アイリッシュ）、エラリイ・クイーンからジョン・コリア、シャーロット・アームストロング、エヴァン・ハンター、ロアルド・ダール、エリック・アンブラー、スタンリイ・エリンをへてヘンリー・スレッサー、ロバート・ブロックに至る数々の異色作家の原作（シリーズのための書下ろしも少くなかった）を使っている。小説化される前の原案、オリジナル・ストーリーもあった。

ヒッチコックのテレビ映画シリーズで有名になった作家も少くない。ロバート・ブロックは「ヒッチコック劇場」と、そしてとくに『サイコ』（一九六〇）の原作者として一躍脚光を浴びることになった。ヘンリー・スレッサーは「ヒッチコック劇場」と雑誌「ヒッチコック・マガジン」（一九五七年創刊）によって売り出されたと言っても過言ではないだろう。

「ヒッチコック・マガジン」は出版社がヒッチコックの名前を使用する権利を買っただけの雑誌だったとドナルド・スポトーはかなり意地悪く書いているが（「ヒッチコック――映画と生涯」、早川書房）、たしか――これも名前だけかもしれないけれども――娘のパトリシア・ヒッチコックが副編集長として関わっていた思う。

同じようにヒッチコックの責任編集という名目で新鋭ミステリー作家の短篇小説集が出版され、「たんに名前の使用にたいして印税の支払いがなされ」、ヒッチコックによる「序文」は「いつも編集スタッフが代作したもの」だったとドナルド・スポトーはまた得意気に暴露しているのだが、それはまるで、たとえばミッキーマウスのアニメーションはアブ・アイワークスの仕事だからウォルト・ディズニーの作品ではないとか、キネトスコープはW・K・L・ディクソンの発明だからエジソンの仕事とは関係がないと断じて得意になっているような感じだ。

むしろ、当時、ヒッチコックの名がすでに、いかにミステリーものの大御所として決定的になっていたかがうかがえるのであり、たとえ「代作」だったとしても（もちろん「代作」もヒッチコックによって企画され、コントロールされていた）、「サスペンスの巨匠」「スリラーの神様」の映画術、作劇法、つまりはヒッチコック・タッチが、いかに一般的に浸透していたかにおどろかされる。そんな「ヒッチコックの責任編集」によるヘンリー・スレッサーの短篇小説集「うまい犯罪、しゃれた殺人」（高橋泰邦他訳、早川書房）の序文には、殺人をお茶の間に持ち込んだ画期的なテレビ番組である「ヒッチコック劇場」の意図、ひいてはヒッチコックのスリルとサスペンスの「哲学の原則」が述べられていることはすでに書いたとおりだ。

ヒッチコックはテレビの三十分ものをすべて二日ないし三日間で、一時間ものは五日間で撮り上げた。その経験を生かし、早撮りによる息せききったリズムを生みだすためにテレビのキャメラマン、ジョン・L・ラッセルを起用して撮った映画――ヒッチコックによれば「実験作」――が一九六〇年の『サイコ』であった。ヒッチコック映画の恐怖とサスペンスを凝縮した最高作の一本として知られる『サイコ』は、「ヒッチコック劇場」のテレビ体験なくしては生まれなかったであろう傑作なのである。

『サイコ』（1960）のカチンコを持って……　©AHP／パラマウント／D.R.

5 終末論とウォルト・ディズニー――『鳥』

『北北西に進路を取れ』（一九五九）を撮ったとき、ヒッチコックは五十九歳で、そのダイナミックな若々しいエネルギーに驚かされたが、『鳥』（一九六三）は六十三歳のヒッチコックのさらにおどろくべき若々しい力強さを感じさせる傑作だった。いや、傑作などといったそんなありきたりの称讃の言葉ではまだるっこしいくらいの、奇跡としか言いようのない映画だ。「ヒッチコック生誕100周年記念」発売のニュー・デジタルマスター版のビデオで見る。すでに何度も見ていて、そのすばらしさ、おもしろさはよく知っていたつもりだが――じつは見るたびにいつもそうなのだが――また初めて見るようなおどろきだ。

画面をあらあらしく羽ばたきながらよぎるカラスの群れのアニメーション（かと思われるが、実写を映像処理で抽象化したものかもしれない）とエレクトロニック・サウンドによるつんざくような鋭い痛みを感じさせる鳴き声とともに、スタッフ、キャストの文字が次々に現れては崩れて消えていく、オーヴァーラップともワイプともつかぬ冒頭のクレジット・タイトルから、胸騒ぎのような、不気味な戦慄を覚える。

輝くばかりの美しいブロンドのティッピ・ヘドレンが、歩道ですれちがった男たちに口笛を吹かれたと思ってにっこり笑ってふりむくと、それはサンフランシスコ上空を舞うカモメの群れの鳴き声だったという小さな伏線（というか、ドラマの予告のようなもの）がさりげなくあって、彼女がペットショップに入りかけると、こんどは二匹の白い子犬にひかれて店から出てきたヒッチコック（おなじみのヒッチコック登場である）とすれちがうという小さなギャグがつづく。

ペットショップの二階の小鳥売場で女と男が出会うシーンも、ラヴバード（というのはボタンインコの英語名称とのこと）をめぐって、いたずら好きのセクシーな美女と彼女を無礼にからかっておもしろがる魅力的な自信家の男（ロッド・テイラー）のやりとりが中心になって、まるでロマンチック・コメディーのような軽快な出だしだ。

ラヴバードのつがいを鳥かごに入れて、ティッピ・ヘドレンがサンフランシスコから百キロほどのボデガ湾に車で向かうシーンでは、長い曲がりくねった道を疾走するので、車の動きに合わせて鳥かごのなかのつがいもいっしょに右へ、あるいは左へ、仲よく体を傾けて笑わせる。

ラヴバードという名前から、それが愛《ラヴ》のシンボルとして意味ありげな（といっても、ヒッチコックの映画では明快で単純そのものだが）狂言回しに使われるのは当然ながら、それ以上に、世界の終わりのような、息を呑む黙示録的な光景で終わる（エンドマークの出ない終りである）この映画の最後の希望となり唯一の救いともなるのである。

ある日、突然、鳥が人間を襲う。不条理で不可解な偶然が、突然の出来事が、人間の運命をいっきょに変えてしまう——『知りすぎていた男』（一九五六）や『間違えられた男』（一九五七）のように。

それはヒッチコックのすべての映画に通底する妄執のようなテーマでもある。恐怖と不安がヒッチコックの映画の魅惑だ。

『北北西に進路を取れ』で突然飛行機がケーリー・グラントを襲ってくるように、『鳥』では一羽のカモメがいきなりティッピ・ヘドレンを攻撃する。あまりにも突発的なショックで度肝を抜かれるが、そのショックをいかに生みだしたか、ヒッチコックは「映画術 ヒッチコック／トリュフォー」で、トリュフォーにこんなふうに演出のしかた、伏線の張りかたについて説明する。

『北北西に進路を取れ』の場合――たとえば遠くに飛行機が現れるところを――ケーリー・グラントが気づく前に――きちんと画面に見せておく必要がある。『鳥』のティッピ・ヘドレンがモーターボートのなかで突然一羽のカモメに襲われてひと突きされるところも、同じだ。カモメの存在をあらかじめ観客に知らせないで、突然カモメがものすごいスピードで襲って去っていくだけのカットだったら、観客は、ただの紙切れか何かがすっと彼女の顔にふれて画面を横切ったくらいにしか思わないだろう。このシーンを主観的に撮ると、たとえばモーターボートのなかのティッピ・ヘドレンをとらえ、そして突如、カモメが彼女を襲う、ということになる。それでは急激すぎて、観客は何がなんだかつかみきれない。だから、こういう場合は、視点をつねに一定させるという法則を無視し、主観的な視点を捨てて、客観的視点をとること、つまり、観客だけに何が起こるのかをはっきりとわからせるように、カモメが襲ってくる前にカモメを見せておくことだ。『北北西に進路を取れ』の飛行機が襲ってくるところも、まったく同じ原理だ。飛行機が突如降下して襲ってくる前に、観客に不吉な予感を与えて、恐怖への心の準備をさせておかなければならない。

こうして——双葉十三郎の表現を借りれば——サスペンスが醸成される。ティッピ・ヘドレンが小学校の教室の前のベンチに腰かけて女教師のスザンヌ・プレシェット（ティッピ・ヘドレンの金髪とは対照的な黒髪に近いブルネットである）の授業が終わるのを待つあいだに、背後の校庭のジャングルジムにカラスが一羽、また一羽と飛んできてとまり、気がついたときにはジャングルジムがカラスで真っ黒になっているという衝撃と恐怖。

つづいて、逃げる学童たちを鳥の大群が襲撃するシーン、そして、鳥が人間を襲うかどうかを論じ合う笑いをまじえたレストランのシーンをはさんで、ガソリンスタンドが火事になり、大俯瞰で見下ろすように町の全景がとらえられると、キャメラの背後からカモメが一羽、また一羽とフレーム・インしてきて（ここはアニメーションではなく、崖の上からカモメの群れを撮った実写をガソリンスタンドの大俯瞰による遠景にはめこんだものだという）、やがて高らかに鳴き声を上げながら下降し、大群が火事で大騒動の現場に襲いかかる。何度見ても（いや、見れば見るほど）すごいシーンだ。

『鳥』のクレジットタイトルには特撮顧問（special photographic adviser）の担当でウォルト・ディズニーの協力者でありミッキーマウスの生みの親として知られるアブ・アイワークスの名前があり、ディズニー・スタジオから特殊効果のアドバイザーとして参加、合成技術に最大限に力を発揮したという。ナトリウム・プロセスというディズニー・スタジオで開発された合成技術が『鳥』で使われたのであった。もちろん、まだ、CG（コンピューター・グラフィックス）などなかったころの話だ。それまでの合成画面の輪郭にはどうしても青みがかったしみが出てしまったのだが、その難点を解決したもので、アニメーションとライブ・アクションの合成ばかりか、鳥が人間を襲うときの合成画面に使われて効果を上げていることは映画を見れば明らかだ。

ミッキーマウスがスクリーンに初めて登場した『蒸気船ウィリー』『プレーン・クレイジー（飛行機狂）』（ともに一九二八）がアニメ作家アブ・アイワークスの作品であった。その後、独立して、一九三〇年代はディズニー・プロから離れて仕事をしていたアブ・アイワークスだが、キネマ旬報「世界映画人名事典　監督（外国）編」のアブ・アイワークスの項（執筆者は渡辺泰）によれば、「一九四〇年九月九日、古巣のディズニー・プロに復帰」して「技術部門の仕事に専念」とある。

一九四三年には新設のオプティカル・プリンティング部門の技術監督となった。ライブ・アクションとアニメを融合させた傑作『三人の騎士』（一九四五）の融合システムであるマルティヘッド・オプティカル・プリンターを制作。これが後年の『メリー・ポピンズ』（一九六四）や『ベッドかざりとほうき』（一九七〇）などの合成技術成功の鍵となった。一九四五年、スタジオ技術の開発技師となり、一九五八年にはスペシャル・プロセス全般の技術開発監督としての重責を負う。またユニヴァーサルへ出向して、ヒッチコック監督の『鳥』（一九六三）の特撮効果を担当。

ということで、ディズニー・プロが開発したナトリウム・プロセスという「合成画面に輪郭の青いしみが出ない」画期的な方法（一九五九年にアブ・アイワークスは「オプティカル・プリンターの特撮およびマット・プロセスへの利用」でアカデミー科学・技術賞を受賞している）が、ヒッチコックの『鳥』の見せ場に駆使されることになったわけである。

ミッキーマウスの生みの親とディズニー・スタジオの技術の勝利というだけのことなのかもしれないが、ファンにとっては、ヒッチコックとディズニーの出会いと協力がなんといってもうれしい。ウォルト・ディズニーがヒッチコックのファンだったという証言もあり、ヒッチコックのほうもディズニーの大ファンで、イギリス時代の『サボタージュ』(一九三六)にはすでにディズニーの『シリー・シンフォニー』シリーズ(これもディズニー・プロで一九二九年からアブ・アイワークスの企画、製作ではじまったもの)の一本『コック・ロビンを誰が殺した』(一九三五)のワンシーンが印象的に引用されていた。アメリカ時代に入って、『見知らぬ乗客』(一九五一)の遊園地で若者たちが乗るボートにディズニー・アニメのキャラクター、プルートの名が付けられていたのも印象的だった。

もっとも、ヒッチコックは、『北北西に進路を取れ』のアーネスト・レーマンの脚本で、ディズニーランドを舞台に殺人事件を撮る企画を立てたが、『サイコ』のような血みどろの殺人シーンを撮る映画監督にディズニーランドを汚されたくないという理由で許可されず、企画をあきらめたということである。

『鳥』の脚本を書いたのはエヴァン・ハンター(一九五五年のリチャード・ブルックス監督『暴力教室』などの原作者で、ミステリー作家エド・マクベインの名で警察小説「87分署」シリーズなどを書いている)で、ダフネ・デュ・モーリアの原作からは「ある日突然、鳥が人間を襲う」というところだけをアイデアとしていただいた。つまりは鳥が人間を襲うという強烈な視覚的イメージからすべてが出発したことがわかる。

鳥を調教したのは『終身犯』（ジョン・フランケンハイマー監督、一九六二）で小鳥に演技をつけた名高い調教師、レイ・バーウィックであった。

レストランにおける鳥問答のシーンには、「世界の終わりだ！」と陽気に叫んで、旧約聖書の「エゼキエル書」第六章から「主なる神は、山と丘、川と谷に向かって、こう言われる。わたしは剣《つるぎ》をお前たちに臨《のぞ》ませ、聖なる高台を破壊する」（日本聖書協会）という一行を引用し、ずばり映画のテーマを要約してみせる酔っぱらいが出てくる。「まさか鳥類が人類を襲撃して滅ぼしてしまうなんて、誰も考えない」というのがヒッチコックのアイロニーであり終末論なのである。ラストの、まさに黙示録的なシーンの不気味なほど静かな凄絶さは映画史上屈指の美しさと言っていいだろう。

映画の最後でやっと一台の小さな車のなかに愛と家庭がやすらぎとともに築かれるのだが、そこに至るまでに母親と息子と恋人の三角関係がもたつき、感情的なもつれがややこしくなりかけると、鳥が介入してきて（フランソワ・トリュフォーの分析どおり「鳥の群れは、筋の発展につれて、(a)しだいに黒さを増し、(b)しだいに数を増し、(c)しだいに兇暴さを増してくるのだ）メロドラマに傾斜しかけた話を恐怖のお伽噺のほうに引き戻すのである。

ラヴバードをめぐるロマンチック・コメディーがたちまち鳥の侵略という悪夢のような惨劇に変貌する。その決定的な急旋回のきっかけになるのが、眼球をえぐられたパジャマ姿の農夫の死体をとらえるロング――ミディアム――アップの三段階のジャンプ・カットだ。明らかにキャメラは息せききって急激に寄っていくのだが、目線に沿って自然にスピーディに寄っていく前進移動《トラック・アップ》ももどかしく、編集《つなぎ》まちがいのように途中をとばして飛び飛びに寄っていく鮮烈なジャンプ・カットだ。

ファッション・モデル出身のティッピ・ヘドレンはヒッチコックに見出され、クール・ブロンドの最後の美女として『鳥』に出演、つづいて『マーニー』（一九六四）のヒロインも演じた。

6 ヒッチコック的美食と怪談――『フレンジー』

テムズ河に沿って進むヘリコプターによるゆるやかな俯瞰の移動撮影……沿岸の一画に群集が集まっているのが見える。近づくと、政治家らしい男が群衆（そのなかにヒッチコックご本人が英国紳士然として山高帽をかぶり、すましてまぎれこんでいる）をまえに、公害問題について熱弁をふるっている――「このテムズ河の汚染もやがて過去のものとなりましょうし、身元不明の死体が浮かぶなどということもなくなりましょう」。

と、そのとき、群衆のなかから悲鳴が起こる。岸辺に向かって、死体が流れてくるのだ。それも、全裸の女性である。首に巻きつけられた縞柄のネクタイ。

七十二歳のアルフレッド・ヒッチコックの五十三本目の長篇映画『フレンジー』（一九七二）の出だしである。

縞柄のネクタイをしたひとりの男（ジョン・フィンチ）がこの事件に巻きこまれる。ヒッチコック映画の典型的な間違えられた男だ。ヒッチコック映画ならではの偶然が重なって（時間と空間のほんのちょっとしたズレ、目撃者のほとんど悪意にみちた証言、等々）、男には、別れた妻をはじめとする何人かの女たちを乱暴したあとネクタイで絞殺した容疑がかかる。「ネクタイ絞殺魔」の話題がロンドンじゅうを恐怖と興味で沸かせているのである。

安全な隠れ家を求めて、と同時に真犯人を見つけだすために、男は必死に逃げまわる。レストランのウェイトレス（アンナ・マッセイ）が彼に恋をしていて、逃亡を助けようとする。青果市場で果物の卸業をやっている男（バリー・フォスター）も好意的で、逃亡のための援助を惜しまない。戦友（クライヴ・スイフト）も心から彼の無実を信じ、パリへの逃亡を手助けしようとしてくれている。だが、男は、ついに真犯人に密告されて、逮捕され、投獄される。

ぬれぎぬを着せられて命からがら逃げまくる主人公というのは、戦前の『三十九夜』（一九三五）から、いや、サイレント時代の『下宿人』（一九二六）から、戦後の『北北西に進路を取れ』（一九五九）に至る最も快調なヒッチコック映画の典型的人物だが、ただ、『三十九夜』のロバート・ドーナットや『北北西に進路を取れ』のケーリー・グラントは、かならず、かがやくばかりのブロンドの美女（『三十九夜』ではマデリン・キャロル、『北北西に進路を取れ』ではエヴァ・マリー・セイント）との偶然というよりも運命的な出会いとロマンチックな冒険をへて、最終的にはみずから犯人を見つけだし、映画をハッピーエンドにみちびくのだが、『フレンジー』の主人公は最後まで事件の波に流されっぱなしの犠牲者である――その意味では、むしろ、サイレント時代の『下宿人』のイヴォー（アイヴァー）・ノヴェロから実話にもとづく『間違えられた男』（一九五七）のヘンリー・フォンダに至る受難の主人公の影をひきずった人物なのかもしれない。

美女がまったく出てこないという、めずらしいヒッチコック映画だ。ぬれぎぬを着せられた主人公の逃亡を助けようとする戦友の妻（ビリー・ホワイトロー）が、ややもすると、ヒッチコック的な出会いと華麗な美女への変身を期待させるのだが、結局はこわい顔をしてずっと悪意をむきだしにしたままである。明らかに別のところに興味の焦点を持っていくためかと思われるが、恋のロマンスの発展はない。というのも、『フレンジー』には、じつは、もうひとりの主人公がいるからである。「ネクタイ殺人事件」の真犯人である。いや、まだひとり、三人目の主人公がいる――この事件の捜査を担当するロンドン警視庁（スコットランド・ヤード）の主任警部（アレック・マッコーエン）である。とくに映画の最後の三分の一はこの警部と真犯人との暗黙のかけひきみたいなものがアクションの主流になる。『ダイヤルMを廻せ！』（一九五四）を想起させるおもしろさだ。

警部の私生活を垣間見せる部分は、ヒッチコック一流のブラック・ユーモアにあふれた演出で見せる。警部は、毎日、警視庁の事務所で、ベーコン・エッグなどといった簡素な、しかし彼にとってはこの世で最もうまい御馳走を昼食にとるのを最大の歓びにしているのだが、それというのも、彼は毎晩、高級フランス料理に凝りに凝っている夫人（ヴィヴィアン・マーチャント）のゴージャスというよりはほとんどゲテモノに近い地中海風なんとかやら、なんとか風テート・ド・コションとか、見ただけで嘔吐を催してしまいそうな珍味に責めさいなまれており、あぶらが黒くよどんだ魚の頭だけのスープを、夫人が台所へ立ったすきに、すかさずスープ皿から鍋にもどすといった芸当をあえてやらなければならないからなのである！

この警部夫人には、別の才能があって、犯罪に関しては本能的に鼻がきき、味見の天才なのである。警部は、毎晩、おぞましい美食に耐えながら、夫人のレクチュアを受ける。「ネクタイ殺人事件」の真犯人がほかにいることをあざやかに推理してみせたのも、夫人である。こうして、血なまぐさい殺人事件をめぐる会話が、夫人のつくったグロテスクなゲテモノ高級料理とともに、毎晩の食卓を飾る。

一方、ネクタイ絞殺魔のほうに目を向けると、ヒッチコックは、その殺人の手口を見せるというよりは、ちょうど『サイコ』(一九六〇)のアンソニー・パーキンスがジャネット・リーの死体をかたづけ、血で汚れた浴槽を洗い流し、浴室の掃除を一所懸命きれいにするように、犯人が女をネクタイで絞殺してから、いそいそとあとかたづけをする様子を、リアルに、ユーモラスに、そしてもちろんサスペンスあふれるタッチで描いてみせる。

その男が真犯人とわかってからの第一の殺人場面ではネクタイによる絞殺の手口を見せ、ついで第二の殺人場面では、男が女を二階か三階の部屋に誘いこんでドアを閉じたところから、キャメラがゆるやかに後退して階段をおり、踊り場をへて曲がり、さらに階段をくだって、アパートの外へ出て(ここまでは、キャメラもそっとゆるやかに後退し、物音ひとつしない静寂そのものの画面がつづくのだが、キャメラが外に出たとたんに騒音がどっとなだれこむ)、そして、歩道から車道を横切って(その間に人間がとおり、車が走りぬける一瞬、一九四八年の『ロープ』と同じ手法で画面を人間や車でいっぱいにおおい、黒味でつないでいるらしいのだが、見た目にはワンカットとしか思えない)、こちら側の歩道まで来て、アパートの全景をとらえるところまで一気に、いささかのキャメラのぶれもなく、トラック・バックしてくるのである。『汚名』(一九四六)のパーティーのシーンで、イングリッド・バーグマンがうしろ手ににぎっている鍵を画面いっぱいの超アップでとらえるためにキャメラが二階から、まず一階のパーティー会場の全景を大俯瞰でとらえながら、ゆるやかに、よどみなく、トラック・アップしていった、あの驚異的なワンカット撮影を想起させるすばらしさだ。

恐怖と笑いのショック療法たる、あの、ハッとおどろくヒッチコック・タッチも、もちろん、あちこちに見られる。ジャガイモの袋のなかに詰めた女の死体の硬直した足が突然バネがついたようにジャガイモのあいだから飛び出てきて犯人の顔を蹴上げるとか、警部がいつもの戦慄すべき夫人の豪華な晩餐の責め苦に耐えながら、発見された女の死体の強くにぎられていた右手のこぶしの指が無理矢理こじあけられて折れていたことを話すと、タイミングよろしく、夫人がスティックとかフィンガーブレッドとかいう、あのちょうど人間の指くらいの細い棒状のかたいパンを、いともナイーブに、ポキリと口にくわえて折るとかいったところだ。

古今亭志ん生の「もう半分」という有名な怪奇落語があるけれども、その前口上《まくら》で「ハッとおどろくということが、つまり怪談」であるというような定義があって、そのあと、怪談ばなしにはガタというものがつきもので、そのガタというのは「出てくるちょいと手前に、ぐっと客をしめといて、ガタッと音がすると、客がおどろく……」というのである。さらに、酒を飲みに行って、お銚子を三本とって、これで千円くらいだろうと思って、「いくら?」と訊いたら、「三千円です!」。これも怪談ですな、と志ん生。

いや、もう半分というひとことがこの身の毛のよだつような名作怪奇落語の見事なサゲになっていて、そこで緊張感がいっきょにほどけて笑いに転化するわけだが、同じように恐怖と笑いが背中合わせになっているトリックの呼吸というか、サスペンスのオチが、ヒッチコック映画の魅惑だ。『北北西に進路を取れ』のラスト、ラシュモア山の山頂からあわやエヴァ・マリー・セイントがケーリー・グラントの手を離れて転落するかと思った一瞬、寝台車の天井の隠し戸にパジャマ姿のケーリー・グラントがやはりパジャマ姿のエヴァ・マリー・セイントをひきあげている新婚旅行の場面にあざやかに、いたずらっ気たっぷりに、転換するサゲの呼吸。『鳥』(一九六三)の冒頭、つねに男たちの視線を一身に受けているという自信にあふれた美しさにかがやくティッピ・ヘドレンが舗道を歩いてくると、口笛が聞こえるので、にっこり笑ってふりむくと、それは男たちのひやかしの口笛ではなく、サンフランシスコの上空をいっぱいにおおうくらいに群がり飛ぶカモメの鳴き声だったという、これまたいたずらっ気たっぷりの、しかし恐怖を予感させる、不意打ち。

「サスペンスの巨匠」「スリラーの神様」とよばれたように、ヒッチコックは、いつも同じジャンルの話を語りつづけた。ヒッチコックが同じ手をよく使ってみせるのは(間違えられた男、列車、ブロンドの美女、高所恐怖症、等々)、もちろん同じテーマを何度もやり直し、修正しながら、完成させていくというヒッチコックならではの「リメーク」のやりかたであると同時に、いわば持ち芸というか、おそらくは落語家が売り物のレパートリーを何度も演じるようなもので、そのときの気分や観客の反応によって微妙に「はなし」の乗りというか強弱が違ってくるような感じなのである。

それに、テレビ・シリーズ「ヒッチコック劇場」で口上を述べるときの、あの、トボケた人を食ったような語り口は、いかにも、「ええ、お笑いを一席」とやっているようだ。どんなに気味のわるい話でも、単にどぎついグロテスクなものに堕さないように軽妙に笑いを盛ることを忘れない。

『ハリーの災難』(一九五六)など、その意味では軽妙さの、ヒッチコック的軽みの、軽すぎるくらいの、粋であろう。「ヒッチコック劇場」でも、白井佳夫氏が指摘したことがあるように、あまり能のない監督の稚拙でトリヴィアルな演出が目立つエピソードの場合にはその弱さを補うかのように、きまって、前後のヒッチコックの口上が一段とユーモラスに冴えるのである。お客をあきさせないために真の芸人根性に徹した職人監督だったということだろう。

7 ヒッチコックのフェイクあるいは最後の「亭主狩り物語《マンハント・ストーリー》」
――『ファミリー・プロット』

『フレンジー』(一九七二)で初めて洗練されたエレガントな美女がひとりも出てこない「ヒッチコック映画」を撮ったヒッチコックが、それについで、こんどは、これが最後の作品になることを予感していたのだろうか、まるでヒッチコック・プロットの種明かしやヒッチコック的美女の正体を暴露してみせたような『ファミリー・プロット』(一九七六)をつくった。

ヒッチコック・プロットの本質がサスペンスにあることは論をまたないとしても、そのもっと奥には、推理作家の石沢英太郎ふうに、あるいはヒッチコック研究家のドナルド・スポトーふうに言えば、「暗黒面《ダーク・サイド》」があって、それが『ファミリー・プロット』では、故意に、そして親密に、さりげなく、バラされているような気がする。というのも、この映画のプロットの中核が――ふたつの物語が交錯するが、少くともそのひとつは――墓地あるいは墓石をめぐって組み立てられているということである。あるいはそれを死と言い換えてもいいかもしれない。死や殺人が描かれなかったヒッチコック映画はほとんどないとはいえ、こんなにあからさまにリアルに死のイメージが露呈したことはないだろう。

『ファミリー・プロット』のブルース・ダーンが事件の解決の糸口を見つけるのは、一家もろとも焼け死んで埋葬されたはずの、その家族の墓石のひとつだけが妙に新しいことに気づいたときからである。やがて、その墓石は生きていた男がみずからつくったにせの墓碑であることが判明するのだが、役所の戸籍係に登録されたにせの死亡証明書が確認されるシーンでは、「Registrar of Births & Deaths」（出生および死亡届けの係）と書かれた窓口のドアのガラスに〈Deaths〉（死）の文字といっしょにヒッチコック最後のスクリーン・シルエットがくっきりとうつるのだ！

にせの墓石をめぐってひとりの男（エド・ローター）が死に、墓地で埋葬がおこなわれたあと、その未亡人（キャスリン・ヘルモンド）は、にせの墓石をヒステリックにハイヒールで蹴飛ばしながら、「にせもの《フェイク》！　にせもの《フェイク》！」とののしるのである。にせもの《フェイク》をもてあそぶのはオーソン・ウェルズだけではないのだ。

あばかれるのは、墓ばかりではない。ヒッチコック的美女の、クール・ブロンドの、ずばり実体が、本性が、この映画では見事にあばかれるのである。

すでに『めまい』（一九五八）において、ヒッチコックはヒッチコック好みのブロンド美女をつくりあげていく方法を明かしてみせた。ジェームズ・スチュアートが死んだブロンドのキム・ノヴァクをよみがえらせようとして、ブルネットのキム・ノヴァクを、髪型からドレスから靴に至るまでしつこく注文してつくらせては着せたりはかせたりして死んだブロンド美女のイメージに近づけて、徐々に丹念につくり変えていくところは『めまい』の圧巻ともいえるサスペンスあふれるくだりであったが、実際、トリュフォーも言うように、ヒッチコックは同じようにしてキム・ノヴァクという女優を夢の女すなわちグレース・ケリーに似せてつくり変えたのであった。キム・ノヴァクは「黒のハイヒールだけはあたしに似合わないから、ぜったいにはかない」と言ってがんばったけれども、「どうしてもはかされてしまった」ということだ。『北北西に進路を取れ』のエヴァ・マリー・セイントも、同じように、ヒッチコックがみずから美容院やオートクチュールのブティックに連れて行っては夢のブロンド美女に仕立て上げたというヒッチコック自身の証言もある。「ただ『めまい』のジミー・スチュアートは金に糸目をつけないが、わたしは映画のためにできるだけ値切ったがね！」とヒッチコック。

『ファミリー・プロット』は、そんなヒッチコックの美顔術ならぬ美女術を、さらに徹底的に、あからさまにさらして、その「暗黒面《ダーク・サイド》」を、裏の裏まで見せてくれたような映画だ。『フレンジー』ではじめてグレース・ケリー的なエレガントな美女をことごとく捨て去ったあと、ついにここまで手の内を、本音を、バラし、吐露するに至ったのだという印象すら受ける。

ヒッチコック映画の女たちが、美しくエレガントに洗練されたオブラートにくるまれていることなく、これほどあからさまに、ただその色情狂ぶりだけを見せたことはないだろう。いんちきすなわちフェイク専門の霊媒師を演じるバーバラ・ハリスは、ブロンドだが（そしてこれがまたすばらしく魅力的なのだが）、グレース・ケリーのソフィスティケーションからは程遠く、降霊術用の水晶玉にひっかけてタマという言葉を、そのものずばり、男のものの意味で使うといった下品な女だ。ブルース・ダーンが――この俳優の下品なことはあたりまえとしても――「今夜は疲れて立たないんだ」と言うと、彼女は「あたし、がまんできないのよ。こんどいつやってくれんのよ！」などと、もちろんそれなりにじつにチャーミングにではあるが、わめきちらす始末である。ケーリー・グラントあるいはジェームズ・スチュアートとグレース・ケリーのあいだにはとても想像もできなかったような直截的な対話だ。しかし、じつは同じことをやり、同じことを言っていたのである。『泥棒成金』のピクニックのシーンで、グレース・ケリーが「胸？　脚？　どっちがほしい？」と言うので、ケーリー・グラントが一瞬ドキンとするところがあるが、それはバスケットからとりだした昼食用のチキンだったというようなせりふのユーモラスな、しかしエロチックなニュアンスは『ファミリー・プロット』のバーバラ・ハリスとブルース・ダーンのやりとりには皆無である。

『裏窓』（一九五四）ではグレース・ケリーがニューヨークの一流レストラン「21」から最高級のワインとオマールえびのテルミドール風とか仔牛のコニャック風味の香り焼きとかいう最高級のフランス料理をジェームズ・スチュアートの部屋に運ばせて優雅な夕食をとるのに対して、『ファミリー・プロット』のバーバラ・ハリスとブルース・ダーンの食事ときたら、家庭料理なのに、なんとハンバーガーだ――しかもヒッチコックがこの世で最悪の代物として忌み嫌っていたトマトケチャップをたっぷりかけて噛みつくのである。食事の前後にも、最中にも、対話はセックスのことばかり。バーバラ・ハリスは食前に「ちょっとだけ」とねだる。ブルース・ダーンはすわったまま、「きみのかわいいお尻をひらいて、のっかれよ」と言う。

もう一方のカップル、宝石泥棒のウィリアム・ディヴェインとカレン・ブラックのほうも、サド・マゾ的肉体関係やスカトロジーを思わせるやりとりがあって、それもズケズケと言う感じなのである。男が「ダイヤモンドをどこに隠したか知りたいなら、俺を拷問しなきゃね」と言うと、女は「いますぐしてやるわよ！」と言う。富豪や政府高官を誘拐しては身代金がわりに高価なダイヤモンドを要求するというのがこのカップルの生きがいなのだが、男は「ダイヤモンドの蒐集のほうがトイレの汲みとりよりはましな職業さ」と言う。トイレの水を流して出てきた女は、「そうかもしれないわね」というような生返事をしながら、台所に行き、汗でぐしゃぐしゃに濡れたブロンドのかつらを頭からはずして、冷蔵庫をあけ、なかに投げこむのだ！

イングリッド・バーグマンやグレース・ケリーのソフィスティケートされた美しさによってカムフラージュされていた女の官能が、美食に象徴された豪奢なエロチシズムを裏返したむきだしの性欲が、『ファミリー・プロット』のバーバラ・ハリスやカレン・ブラックの顔や手足や身振りにはあられもなくベタベタとはりついているかのようだ。

『裏窓』のグレース・ケリーだって、ずいぶん直截的な素振りを見せた。薄いすけすけのネグリジェ姿になると、片脚にギブスをはめたまま車椅子で身動きできずにいるジェームズ・スチュアートにぐっとのしかかっていき、「これからが本番よ！」。

しかし、『ファミリー・プロット』には、そんなシャレた味のせりふはない。ブレーキがきかない車がカーブの多い崖っぷちの坂道を暴走するシーンで（『北北西に進路を取れ』のケーリー・グラントが泥酔して車を暴走させるシーンが想起される）、助手席のバーバラ・ハリスは車の揺れでひっくりかえり、運転席のブルース・ダーンの首にしがみつき、足をからませたり手をあげたり（まるで体位を変えるみたいに）、あげくの果ては、車の揺れに酔って、「あたし、さっきのハンバーガー、上げそう！」と叫ぶ。

　とはいえ、バーバラ・ハリスのやんちゃで淫らなかわいらしさは絶品で（彼女は麻酔の注射を一本や二本打たれたって、ぐったりして気を失ったふりをするだけで抵抗力を失うことなどないほど性的にタフな女なのだ）、なぜヒッチコックがこの、どちらかといえばちんくしゃの女優をヒッチコック的美女の系譜のブロンドにしたかがわかるような気がするのだ。ロバート・アルトマン監督の『ナッシュビル』（一九七五）の狂乱のラスト・シーンで一曲歌ったブロンドのバーバラ・ハリスを見て（それ以前の彼女は黒に近いブルネットの髪で、うだつの上がらない舞台歴と映画歴を重ねており、そのときすでに三十八歳だった！）、ヒッチコックが『ファミリー・プロット』に起用したのであった。

　これもいつもながらの「亭主狩りのお話《マンハント・ストーリー》」なのだとうそぶくヒッチコックのオトボケ顔が目に見えるようだ。ラスト・シーンで、超能力のふり《フェイク》もあざやかにダイヤモンドのありかを見つけ、生涯の男と目をつけていた精力絶倫の、そして生活力もありそうなブルース・ダーンを完全に煙に巻いてしっかりつかまえ、見事に「亭主狩り《マンハント》」に成功した彼女がキャメラに向かってウインクするところなど、ヒッチコックが夢の美女たちの正体をすべてあばいてみせた最後の映画にふさわしい、最後の「ヒッチコック的美女」ならではの忘れがたい魅惑的な身振りであった。

8 対談／秦早穂子

ヒッチコック――サスペンスとエロティシズム

映画をめぐる秦早穂子さんとの対談は、一九九〇年十二月に東京・渋谷のBunkamuraル・シネマ1で開催された特集上映「マドモアゼル・シャネルシネマ・ウィーク」のプログラムから始まって、ひきつづき雑誌「MRハイファッション」（文化出版局）に一九九二年五月から九五年四月まで断続的に「映画、エロティシズムの復権」のタイトルで連載された。「ヒッチコック――サスペンスとエロティシズム」はそのなかの一章で、話題になったポイントを雑誌対談のときの小見出しからいくつかひろってみると、

――映画は見せるものという原則
――女が男をつかまえる
――結婚の生態
――ヒッチコック的美女の魅力
――めがねと女
――グレース・ケリーと天然色の肌
――密室のエロティシズム
――マゾとサドの微妙な混じり合い

――イディス・ヘッドの衣裳デザイン
――死んだ女との恋
――ジェームズ・スチュアートとケーリー・グラント
――ひげと男のおしゃれ
――エロティックな小道具

といったところで、話題は尽きなかった。

秦 ヒッチコックの作品の魅力は、映画っていうものの原則を絶対はずさないことだと思うんです。映画は見せるもの、見るものっていう原則。

山田 「たかが映画じゃないか」という名文句どおり、むずかしいことは一切なし。見るだけで文句なしに楽しい。これほど映画らしい映画もないという感じ。映画ならではの生命力、魅力が、ヒッチコックを今見ても面白く斬新にしているんでしょうね。

秦 たとえばゴダールの作品などは、いつでも見たいということにはならない。どこか肩に力が入ってしまって、今日はやめとくって感じ（笑）。ヒッチコックの映画は、くたびれていても、つい見てしまう。見たくなる。

山田 うっとりしちゃうんですね。元気が出ますし。

秦 そして、いつ見ても満足。映画は見るもの、見せるものという常道をはずさないというのはプロであり、偉大です。ルネ・クレールなんて、もう見たくない、見ないという若い人はいっぱいいると思うんだけど。

山田 今見ると、かったるいところもあるし。それに、ルネ・クレールは、ちょっと理屈っぽいし、冷たい感じがするんですね。

秦 フランス独特の冷たさと理性があります。ヒッチコックは、皮肉ではあるけれど、冷たくはない。それに、ヒッチコックが描く女優の好みとか、あるいはエロティシズムも、ひとつの魅力ですね。大人の感覚なのに、だからでしょうか、節度と良識があります。

山田 男と女の関係がじつにエロティックなんですね。

秦 男の女に対する絶対的な感じ方。それは一時代前のものかもしれないけれど。たとえば結婚観。屈折した男の、あきらめムードのような（笑）。

山田 女に捕まっちゃう男たちのエロティックな絶望（笑）。

秦 結婚だけはごめんと思いながら、『泥棒成金』（一九五五）の主人公みたいにみごとにキャッチされてしまう。

山田 『To Catch a Thief（泥棒を捕まえる）』っていう原題からして象徴的ですものね。泥棒がケーリー・グラントですからね。

秦 つまりは男の捕まえ方（笑）。すごくうまい題名。手を変え、品を変え、男の捕まえ方が、彼の作品には脈々として流れている。『スミス夫妻』（一九四一）もそうでしたし。『裏窓』（一九五四）で具体的に言えば、グレース・ケリーがレストラン「21」に頼んで出前がやってくる。それはすごいご馳走。でも、ジェームズ・スチュアートはうんざりしてしまう。ワインもいいし文句のつけようはないのだけれど、だからこそこいつと結婚するのは困るんだなあって言うに言われぬ思いが、オマールえびを見るその視線にこめられてしまう。あのオマールはよかったです。オマールのテルミドール焼き（笑）。愉快でしたねえ。たとえ、ご馳走でも女が金にあかして何か持ってくると、男は満足するかというと、そのために白《しら》けた気持ちになるのが、よく出てる。できれば逃げてしまいたい。

山田 逃げたいけれども、片脚にギプスをはめていて車いすにすわったきりだから逃げられない。すると、食事のあと、グレース・ケリーがハンドバッグからネグリジェなんか出すんですよね。「今夜は泊っていく」って（笑）。男をつかまえる名人ですよね、ヒッチコックの美女たちは（笑）。『泥棒成金』ではケーリー・グラントが捕まって。

秦 あのラストのラヴ・シーン。キャッチされて、そのうえにグレース・ケリーの母親までついてくる感じ。でも、もう遅い（笑）。

山田 「ママも喜ぶわ」ってね（笑）。ケーリー・グラントがぎょっとしちゃう。ヒッチコック自身も、マンハントという言葉をつかっているんですね。男狩り、というより亭主狩り（笑）。男を捕まえて亭主にしちゃう話でしょう、ヒッチコックの映画って。

秦 古今東西、脈々として流れる、唯一の女の願いというわけです。とくにあの時代のアメリカはね。それに対して、ヒッチコックも男たちも一致団結してごめんなんだと言いたいんだけれども。

山田 女にひかれながらも、逃げ腰になるっていう。

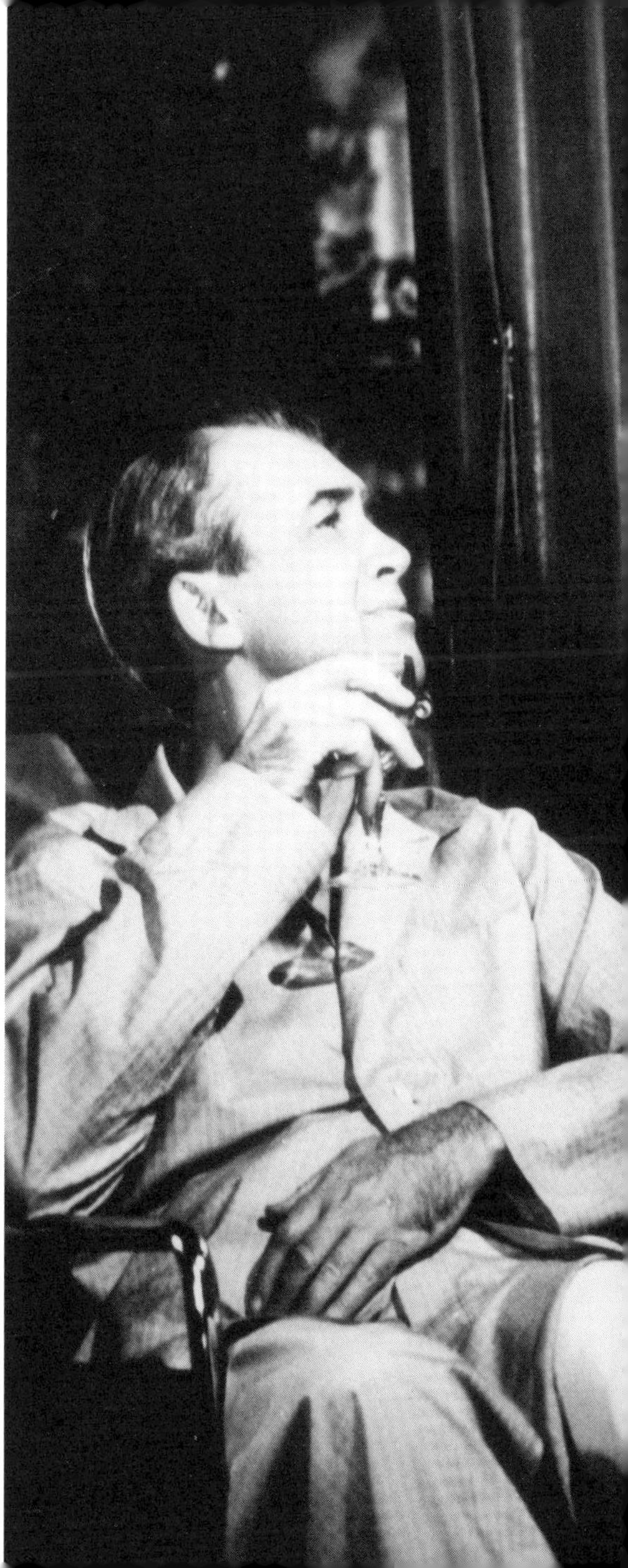

『裏窓』(1954) ジェームズ・スチュアートとグレース・ケリー

秦　結婚したら最後、エロス——愛の神の居場所がないのを男はよく知っているから。

山田　でも、最後に捕まっちゃうんですよね。そこに行くまでのスリルとサスペンスの冒険物語がヒッチコック映画なんですよね。

秦　スリラー仕立てのその底流には、いつも男と女の普遍の違う願いが流れています。

山田　『裏窓』なんか、まさに結婚をテーマにした映画ですね。ジェームズ・スチュアートが裏窓からのぞき見しているアパートの情景が、すべて結婚をめぐる、いろいろなネガティブなイメージなんですね。

秦　そのなかのひとりは妻を殺しちゃうんですから。それを見てる男も捕まえられてしまうのですもの。こんな面白いストーリーはありません。あの当時までは、断固とした男の考え方があった。そのひとつが結婚に対する疑い（笑）。少なくとも、なるべく避けたい。だからあとずさりしている。その皮肉さというか、男らしさというか、女々しさというか（笑）。それが面白い。

山田　しかし、女にとっては、男を捕まえて結婚というのが人生の目的になりうる。

秦　女が一生をかける唯一のテーマは捕まえたい。ヒッチコックの女たちはとても積極的ですからね（笑）。

山田　で、いきおい男は逃げ腰になる。そういう逃げ腰ふうの魅力のある男がヒッチコック映画の主人公ですね。ケーリー・グラントはその典型ですよね。いつも逃げ腰でしょう、ケーリー・グラントって、なんとなく。

秦　だいたい、ちょっと逃げ腰のほうが女には魅力的なんですよ。

山田　だから、女が追いかける（笑）。

秦　今、女は強気一点ばり。いや、ようやく女も結婚を疑い出したかな？（笑）。

山田　ヒッチコックの美女はまだ疑わない。ひたすら男を追いかける。でも深情けにはならないんですね。

秦　ですから女優の選び方が重要になってきます。一見冷たげで、めがねをかけてたり。男を寄せつけないみたいなんだけど、実際裏側は違うっていうことを、ヒッチコックは言いたいのね。ヒッチコック自身は、実際にはあまり経験がないわけでしょう、女の人を。そのためか、かえって観念的ではない。すごい観察者なんですね。女を知っている男はむしろ逆だと思うわ。

山田　ヒッチコックは「性的に最も魅力的なのはイギリス女性だ」って言うんですね。「女教師みたいな硬い表情をしてみせながら、いったんタクシーに乗り込んだら、自分のほうから男のズボンをぬがせにかかるような、大胆さを秘めている」と、かなりえげつない言い方をしているんですね。もっとも、それが映画になると、『泥棒成金』のグレース・ケリーのように、冷たくとりすましていたかと思うや、寝室のドアのところで、いきなりケーリー・グラントに燃えるような熱いくちづけをするといったぐあいに、ユーモラスでエロティックな表現になるわけですけど。

秦　ヒッチコックの言いたいところは、少しわかる気がするわ。イギリス人の女友だちでも、ロンドンにいると味も素っ気もないのに、パリに遊びに来てレストランに行ったりすると変わってしまうの、急に。パンタグリュエルなんていうレストランに行きたがる。ラブレーの創造した快楽主義の人物の名をとっているくらいですから、いささかいかがわしい。ウェーターは僧侶の格好をしていて、「ボンソワール、マ・スール、モン・フレール」なんて言うの（笑）。

山田　シスター、ブラザーって呼ぶわけですね、お客を。

秦　そうなんです。おまけに、メニューも全部が隠語。幸いに教養がない私にはわからない（笑）。でも、アスパラガスもパンもみんな変な形、変な表現。ところがイギリス人の女の人たちは、もうはしゃいで喜ぶの。驚きでした。つまり、手の平を返したような二面性です。ヒッチコックがそれをよく知っていたのは当然でしょう。『断崖』（一九四一）で、ジョーン・フォンテーンとケーリー・グラントが、列車のなかで会いますね。ジョーン・フォンテーンは、めがねをかけて帽子をかぶって、いかにも学校の先生みたいで、本を読んでいる。まさにああいう女こそと、ヒッチコックは言いたい（笑）。

山田　「イギリス女性」は「性的に最も魅力的な女」の象徴ということなんですね。

秦　女の本性を、節度とユーモアをもってヒッチコックは描く。まさに天下一品。見抜く男のすごさ。ぞっとする面白さがいっぱい。で、女も内心はにやりとする。

山田　『断崖』のジョーン・フォンテーンのように、『白い恐怖』（一九四五）のイングリッド・バーグマンも、最初は縁なしのめがねをして出てくるんですね。それが、男の前でめがねをはずして、急に美しくエロティックになる（笑）。典型的なヒッチコック的美女ですね。

秦　めがねをとった女が一番エロティックだって言ったら、女の人たちから猛攻撃されたことがありました。めがねをかけてる女の人も多いわけだし、それを女が言うのは許せないって（笑）。

山田　男が言うほうがもっと許せないんじゃないですか、今は（笑）。でも、めがねをはずしたら

『断崖』（1941）ジョーン・フォンテーン　©AHP／D.R.

どんな顔だろうっていう期待はいつもあるんですね。

秦　小学校時代の受け持ちの先生とお弁当をいっしょに食べることになったら、汗をかいて、めがねをとったのね。彼女の素顔を見たときのショック。

山田　突然本質が見えるときがあるんですね。

秦　そう。そのうえさらに、ブスだなあと思ってしまったわけ（笑）。でもいい人なんだなあとも思った。

山田　ヒッチコックの映画とは逆ですね（笑）。

秦　そうなんです。ほとんどは、よく見える場合が多いけど。意外な発見や新たなる発見もありますね。そんなわけで、まだその先生のことは覚えているの。名前も、状況も。

山田　それほどショックだったわけですね。めがねをとると別の女が見えるというヒッチコックの眼が、すごい。

秦　すごい、そして好色なおじさんですね（笑）。しかも映像としてさらりと見せるでしょう。そこですよ。今私たちが言っているのは言葉だから、いろんなふうに説明してしまいますけれど。もどかしい（笑）。

山田　ヒッチコックのクールな美女たちのなかでも、グレース・ケリーがずば抜けた存在ですよね。一見清楚で、着こなしなんかもみごとだけど、グレース・ケリーってセクシーでしょう。

秦　ヒッチコック女優の魅力の秘密はね、天然色だと思います。つまり、それは肌の色が変わる人。桜色に。あれはすごい（笑）。

山田　そうなんですね。『ダイヤルMを廻せ！』（一九五四）のときに彼女がストッキングで首を絞められたあとが、傷あととかあざとかいうよりキスマークみたいにエロティックに見えるんですね。あれもヒッチコックの演出なんだろうな（笑）。『裏窓』や『泥棒成金』でも、彼女がわくわくして興奮してくると、なんか目のふちが充血してくる感じで、すごくセクシーなんですね。いやらしいくらいに。

秦　そういうところをよく見てる人だと思いますね。ヒッチコックって（笑）。グレース・ケリーは、クール・ビューティって言われてたけど、あの人は相当に官能的な人だと思いました。上気していく感じは、グレース・ケリーにしか出せなかった。

山田　それも、淫らに下品にならずに。

秦　女の結婚願望をみごとに果たして王妃にもなったし、同時にいろいろなスキャンダルも出たけれど、驚きませんでした。ヒッチコックのおかげで、すでに充分洞察できていましたから（笑）。

山田　そういうところを鋭くついてくるわけですね、ヒッチコックって。

秦　それは、ずっと彼が追求していたひとつの女のイメージだったと思うの。たとえば、ジョーン・フォンテーン、テレサ・ライト。それからイングリッド・バーグマンにいくでしょう。でもジョーン・フォンテーンではまだあまり色気もない。

山田　清楚で。

秦　そう。潜在的には何かはあるんだけど、そこまではヒロインの性格は追求されない。ちょっとスカートの短いのをはいて、ちょっとお尻が大きいなあっていうのをとらえているだけ。

山田　『疑惑の影』（一九四三）のテレサ・ライトなんかも、ほとんど少女の魅力というか。

秦　そう。直観というか、疑いね。あの不安は少女の特性。

山田　あの揺れてる感じ。

秦　しかも叔父さんに対する感情。バーグマンになると、ある面で女の性をもろに出してくるけれども、大柄すぎちゃって大味になってしまう。キスのシーンも長いっていうのはありましたけど。

山田　『汚名』（一九四六）のあの有名なキス・シーン。ケーリー・グラントとイングリッド・バーグマンが抱き合ったまま、えんえんとキスし続ける。「映画史上最も長いキス・シーン」っていう宣伝コピーだったということですから（笑）。でも、そのあとで、ヒッチコックは同じキス・シーンをやり直しているんですね、『北北西に進路を取れ』（一九五九）で。エヴァ・マリー・セイントとケーリー・グラントのキス・シーン。

秦　あの当時、列車のなかのラヴ・シーンなんて、驚いたものでしたね。

山田　『汚名』ではアパートのなかだけど、『北北西に進路を取れ』では列車の寝台車のなかで、ずっとうまくいっている感じがする。ずっとエロティックですよね。

秦　『断崖』も汽車でしょう。『北北西に進路を取れ』も汽車でしょう。イギリス時代の『バルカン超特急』（一九三八）から始まっていく発想ですね。あの汽車のコンパートメントのエロティシズム。小さな空間、しかも密室状態で、ある一定の時間。さて、人間は何をするか、何を想像するか。そのなかには、サスペンスがあるから、ますますドキドキして見る。でも、飛行機だと場所がないっていうことをヒッチコックはせりふで言わせているのね。飛行機には密室がない。まあ、飛行機でも何かが起きた映画もありましたが。

山田　『エマニエル夫人』（一九七四）とか（笑）。

秦　ところで、グレース・ケリーに比べるとバーグマンは、大味っていうか、感情過多、演技過剰（笑）。もう少し抑えられればよかったと思いますね。あの眼や唇はとても官能的なのですもの。

山田　たしかに演技過剰ではありますね。うまいことはうまいですけど。とにかく、顔があんなにかわいらしくてきれいなのに、やっぱり柄が大きすぎるって気がしますね。腕なんかすごく太いし長いし、お尻は大きいし、もう全体が大柄で。

秦　何度か本人を見たんですが、パリの美容院で背中合わせにすわっていたのがバーグマンだったりして。つつましい感じの人なのね。この人がロッセリーニとあんな情熱的な恋をしたのかっていう感じ。でも、そこを見ていたんですね、ヒッチコックは。バーグマンって、立つとものすごく大きい人でした。彼女の欠点は、猫背の背中から肩に肉がつきすぎていること。あれではやっぱり男がたじろいでしまう（笑）。『山羊座のもとに』（一九四九）や『汚名』は、たまたま毒薬を盛られる女になるけれど、まず、そうでもしないとなかなか始末におえない（笑）。

山田　『汚名』では亭主の役が小柄なクロード・レインズでしょう。首ひとつ小さい。もう見ただけで、バランスのとれない不安定なカップルっていう感じを出しちゃってるんですね。そういうところ、ヒッチコックは意地悪っていうか、あるいはむしろマゾ的っていうか、男のみじめさもよく見てるんですね。

秦　ヒッチコックも自分が肥っているのを気にしていたのでしょうね。

山田 コンプレックスがあったわけでしょう。それを自ら笑いものにするところもあって。

秦 マゾとサドの微妙な混じり合いも彼の特徴のひとつ。

山田 『汚名』の夫クロード・レインズは悲しい役ですよね。トリュフォーがヒッチコックの映画のなかで『汚名』を最も好きだったのもそこなんですね。だめ男の悲劇（笑）。

秦 なるほどねえ。男の人はそう見るのですね。同時に女の偽善性も遺憾なく見た人ですね、ヒッチコックは。心理サスペンスを演出できるっていう人は、人間の見方がしっかりしている。

山田 『パラダイン夫人の恋』（一九四七）のアリダ・ヴァリなんかも、偽善そのものという感じですね。冷たい顔をしてうそつきで色情狂で犯罪者という。

秦 あとはだれかしら？ ジャネット・リーとかキム・ノヴァク。でも結局は、グレース・ケリーがちょうどいい。品もあるけど、暗くならないエロティックな面が。

山田 ちょうどそれがヒッチコックのカラー映画の時代の始まりとも一致しているんですね。

秦 ヒッチコックにとっては、望んでいた女優の出現だったでしょうし、グレース・ケリーにとっても短いキャリアの頂点だった。グレース・ケリーはおっしゃるように着こなしもうまい。イディス・ヘッドっていう手慣れた、しかもカラー向きの衣裳デザイナーとグレース・ケリーのコンビもよかった。

山田 あの白い手袋なんか、すばらしいですもんね。グレース・ケリーの大きすぎる手を巧妙に隠すということもあったらしいんですが、清楚な感じでね。

秦 一九五〇年代という、まだ夢のある時代感覚を、手袋に出していました。イディス・ヘッドにとっても、グレース・ケリーは出会うべくして出会ったスターだったから、熱を入れていますね。『汚名』もイディス・ヘッドのデザインだけど、イングリッド・バーグマンには、グレース・ケリーのような軽快な都会の味はありませんから。ヒッチコックの女の中で唯一、違うタイプは、シャーリー・マクレーン。

山田 『ハリーの災難』(一九五六)。シャーリー・マクレーンのデビュー作ですよね。だけど、タイプは違っても、その女優ならではの魅力をみごとに出しちゃうんですね、ヒッチコックは。

秦 そうなんです。シャーリー・マクレーンじゃないと、理不尽な話になってしまう。でも彼女のおかげで、すっとんきょうでおかしくて、みんなが笑っちゃう。水墨画にちょっと色がついたみたいな、一見のどかな平和のなかのスリラー。あれは彼女だから成り立ったのでしょう。グレース・ケリーでは成り立たない。

山田 別れた夫が死体になって発見される。それを見ても全然おどろかないで、キャーって喜んだりするんですね。「あんた、また、そんな恰好で」なんて叫んだりして(笑)。たしかにあれはシャーリー・マクレーンでなければできない感じ。

秦 ヒッチコックは、俳優を含めて、人間観察が鋭いから、そこが私には魅力なんです。

山田 じつに人間的ななまなましい魅力が画面にはソフィスティケートされて、さりげなく出るんですね。しかし、ヒッチコックは、グレース・ケリーのあとは、まるでグレース・ケリーをなぞっているというか、どの女優もグレース・ケリーに似せて使っているような感じなんですね。『鳥』(一九六三)のティッピ・ヘドレンなんて、見るからにグレース・ケリーの身代わりですよね。最後の、究極の代役という感じでね。彼女も肌の色が変わるんですね、すごくセクシーに、淫らなくらい。

秦　でも、あの女優さんはグレース・ケリーの鳥のガラみたいなものねえ（笑）。

山田　グレース・ケリーにすごく似せているんですが。

秦　似て非なるもの。男優のほうもそうだけど、俳優の魅力の弱さはありました。『鳥』の男優は、とくに。ただストーリーはすごい。私は半分も見てないんじゃないかっていうくらい怖かった（笑）。というのも『鳥』は一九六三年にカンヌ映画祭に出品され、ヒッチコックとティッピ・ヘドレンがやってきました。プレミアのソワレにどうしてか、その年にかぎって私は裾に鳩のついたきものを着ていってしまった。画面が怖いから下を見る。そこにも鳥がいる。それから一週間、誰ひとりトリは食べませんでした。フランス人でさえ、恐怖のあまり。もうトリに取り込まれちゃったわけです（笑）。

山田　身につまされる怖さですからね。

秦　一羽来て、また一羽来て。パタパタと音がして。いつの間にかワーッと。

山田　校庭のジャングルジムに群らがっている、あのエスカレーションのすごさ。

秦　あんなに怖かったことはない。今回、ビデオでもう一度『鳥』を見ようと思ったんだけど、いや、これだけはやめておきたいという感じで（笑）。

山田　スティーヴン・スピルバーグが『ジュラシック・パーク』（一九九三）で明らかに『鳥』をやろうとしたと思うんですね。肉食恐竜が鳥類の元祖で、夜は鳥目で見えないなんてところはすごく面白いんだけど、でも結局、お化け屋敷みたいな怖さだけでね（笑）。ヒッチコックは軽く笑わせながら、じわじわとね。ユーモアがあるんですね。

秦　そうなの。彼はカンヌにやってきて、鳩なんか飛ばしてすっとぼけて見せて（笑）。

山田　でも、鳥をデザインしたきものを着て『鳥』のプレミアになんて……（笑）。

秦　偶然。だから怖かった。で、そのきものは日本に帰って、すぐに染めに出して変えちゃったの。ヴェネチアのサンマルコ広場の鳩を手描きにしたデザイナー物だったけれど、トリには消えていただきました（笑）。でも私の心のなかでは、決して消えないわ。

山田　ギャグにならなかったわけですね（笑）。

秦　『めまい』（一九五八）のキム・ノヴァクなんかも、いまいちなんでしょうね。

山田　すばらしかったですけどね。ヒッチコック本人は気に入らなかったみたい。トリュフォーに言わせると、『めまい』という映画そのものがグレース・ケリーを求める夢のような映画だったというんです。

秦　つまり、もういなくなったものへの？

山田　いなくなったものをまたよみがえらせる話だって。つまり映画の前半でヒロインが死んでしまう。それで、後半でキム・ノヴァクに死んだヒロインと同じドレスを着せて、同じ髪型にさせて、同じブロンドに染めさせて、同じ靴をはかせて同じ女にしようとする。つまり、あれはキム・ノヴァクをグレース・ケリーに仕立てて夢の女をよみがえらせる話だって。

秦　そこまではわからなかったわ。あの映画は、ほかのヒッチコック作品にもあると思うけれども、つまりもう存在しない人間を、他者を通して愛するっていう、間接的エロティシズムというふうに感じていました。

山田 フェティシズムですよね。

秦 違う女を通して、亡き女を愛しているんだから。目の前の女はただの道具。こんなひどい話はないと（笑）。

山田 身代わりですもんね。

秦 『レベッカ』（一九四〇）にもちょっとあるでしょう。

山田 あ、そうですね。レベッカがすでに死んだ女で……。

秦 そう、レベッカって、もういない。そして新しい女、ジョーン・フォンテーンのヒロインの元の名前さえも私たちは知らない。

山田 ローレンス・オリヴィエのマクシム・ド・ウィンターと結婚してマダム・ド・ウィンターになるだけなんですね。

秦 目の前に見えている女はよくわからず、レベッカという見えない女がまじまじ見えるというのは、ヒッチコックの演出力ですね。

山田 回想シーンでもレベッカという女を見せない。見せないところがすごいんですね。ハンカチーフとかクッションなんかにレベッカのイニシャルのRが刺繍してあったりするだけで。それから肖像画があって……。

秦 それさえ違う。あれはレディ・キャロラインの肖像画。

山田　それで、その肖像画のレディ・キャロラインの衣裳をジョーン・フォンテーンが同じようにデザインして着るシーンがあって……。

秦　かつてレベッカも同じように装ったという……。

山田　それで一瞬レベッカのイメージがのりうつったようになる……。

秦　そのくせレベッカは見えない。見えるのは彼女の衣裳とか毛皮くらい。

山田　レベッカ自身は出てこないで、そのイメージやシンボルだけが散らばっている。

秦　そしてみんなが彼女についてぽつぽつ語る。エレガントで美しくて知性のある女。見えない女に対して、恐怖とコンプレックスにさいなまれていくのは、名もさだかでない現夫人のジョーン・フォンテーン。

山田　『めまい』と同じ話ですね、たしかに。

秦　私はそう思う。この構想と演出が、すごいサスペンスを生むし、エロティシズムを生む。死んだ女にあこがれて、生身の女と寝るなんて。だけど、あると思うの、男にも女にも、こうした気持ちは。

山田　女に対するときのヒッチコック的な男のタイプには二つあるんですね。ローレンス・オリヴィエとかジェームズ・スチュアートは内向的なタイプなんですね。『裏窓』のジェームズ・スチュアートなんか、脚にギプスをして車椅子にすわったきりのまま一方的に女に攻められて身動きできない（笑）。『レベッカ』のローレンス・オリヴィエのように暗く内向していくわけではないんですけど。

『レベッカ』(1940)　ジュディス・アンダーソン（左）とジョーン・フォンテーン　©AHP／D.R.

秦　『レベッカ』の場合は、ローレンス・オリヴィエが先妻への想いを断ち切れなくて、そのとりこになって、現在の妻を追いこんでゆく。

山田　男の二面性をうまくタイプ化して見せているんですね。ケーリー・グラントはちょっと違う。『汚名』では内向的で暗い感じでニコリともしない役なんですけど。

秦　ケーリー・グラントはもっと能動的ですね。単に明るいとは言えませんが、陰にこもらない。

山田　自ら行動を起こして、突破口を開いていく。

秦　『北北西に進路を取れ』だってそうでしょう。ばかばかしい話のようだけど、それが面白くて、何度も見てしまう。

山田　面白い。波瀾万丈で。

秦　おかしいっていえば、おかしいのですが、もうそんなことは突き抜けちゃって。

山田　理屈抜きに面白い。ケーリー・グラントもいきいきしているし。

秦　ちょっとうさんくさい彼の一面も生かされてますしね（笑）。

山田　そうなんですね、ちょっと怪しいところがある（笑）。

秦　ただ底抜けに明るいだけじゃなくて、なんとなく、疑わしい影があるのね。ジェームズ・スチュアートにはそれはない。

山田　ただひたすらって感じで。

秦　初めからこちら側の人っていうのがわかるけど、ケーリー・グラントはどっちかな、どっちかなっていうところがあるの（笑）。

山田　『断崖』のケーリー・グラントなんかまさにそうですね。明るく陽気だけど、殺人犯かもしれない。そんな疑惑を抱かせる。

秦　ヒッチコックの男たちが面白いのは善玉悪玉じゃなくて、みんなグレーなの。たたけばいささかほこりも出る。

山田　たしかに、『レベッカ』のローレンス・オリヴィエにしても、ものすごく暗くて怪しいイメージがある。やっぱり彼が犯人なんでしょう、無罪にはなるけど。レベッカの不治の病というのは、いつものヒッチコック的な救済というか、恩寵というか、危機一髪のショック療法ですよね。

話が横道にそれるかもしれませんが、ヒッチコックの映画の主人公の男がひげをはやしているのは、『レベッカ』のローレンス・オリヴィエまでですね。イギリス時代のスターは、『三十九夜』（一九三五）のロバート・ドーナットとか、『バルカン超特急』のマイケル・レッドグレーヴとか、口ひげがよく似合う男たちですね。イギリス紳士としてのたしなみみたいなものだったのかもしれませんが。

秦　それもあるでしょうけれど、戦争中にひげはモードでなくなるから。一九三〇年代から四〇年代の最初まで、男はひげをはやしていたけれど、デヴィッド・ニヴンなんかはイギリス的紳士っていうパターン化を生かすために戦後もずっとひげをはやしていたにすぎず、現実には、紳士たちはもうひげをはやさなかった。そのあと、戦争に行くときにはみんな剃っていくわけですから。紳士たちがひげを剃ることによって、階級は民主化したのかもしれない。

山田　むかしの紳士はみんなひげをはやしていましたよね。

『断崖』（1941）ケーリー・グラントとジョーン・フォンテーン　©AHP／D.R.

秦　むかしは軍人もひげをはやしていましたけれど。第二次世界大戦ではひげは流行《はや》らないんですよ。そのあとはむしろ、あごひげかもしれません。

山田　あごひげねえ（笑）。しかし、戦前はなんと言ってもロナルド・コールマンが典型的な口ひげの紳士ですね。コールマンひげって呼び方があったくらいですから。『フェリーニのアマルコルド』（一九七三）にもファシズム時代にコールマンひげがもてた話が出てきますね（笑）。

秦　あの時代の女は、ロナルド・コールマンみたいな人にあこがれたのよ。女にもひげの趣味があったんでしょうね（笑）。

山田　ヒッチコックの映画でも、戦中の、一九四〇年の『海外特派員』のジョエル・マックリー、一九四一年の『スミス夫妻』のロバート・モンゴメリー、『断崖』のケーリー・グラントあたりから、もう口ひげははやしていないですね。ヒッチコックの映画には出てないけど、クラーク・ゲーブルなんかは例外的なスターですね。ずっと口ひげをはやしていた。

秦　クラーク・ゲーブルは口ひげなしにはセックス・アピールが出ませんもの（笑）。でも一九四〇年代に入ると二枚目はひげなし。これもヒッチコックの映画ではないんですけれど、ロバート・テイラーなんて、いい例ですね。ある時期ひげをはやして、そして、ひげを落としてまた売った人じゃない。一九四〇年の『哀愁』はそのはざかい期よ。でも妙なことに興味をお持ちなんですね（笑）。男にとってひげをはやすかはやさないかは、女がヘアスタイルを変える以上に重大事なのかしら。

山田　そのへんは実際に経験がないとわかりにくいところですけど（笑）、でもそうなんでしょうね。別にひげに関心があったというほどでもなくて、ふと思いついたものですから（笑）。

秦　いえ、これは案外深層心理的に面白い話ですよ（笑）。

山田　しかし、ケーリー・グラントなんかは、無精ひげは別にして、コールマンひげみたいなおしゃれとしてのひげはちょっと考えられないタイプですね。ひげではなくて、やっぱり着こなしのうまさがスタイルになってる人でしょう。セーターにスカーフなんていうラフなスタイルでも、じつにいいですね。

秦　やっぱりイギリス男だからでしょうか。おしゃれには彼独自のものがあるし、そのいい例がワイシャツの衿ですね。そしてモダンです。ケーリー・グラントでコスチュームものなんて考えられません。

山田　実際、ケーリー・グラントくらいでしょう、ハリウッドのスターで西部劇とか古代史劇といったコスチュームものをやっていないのは。

秦　だいいち、似合いませんもの。モダンな服以外は。

山田　そして身のこなしも軽快でね。アクロバット芸人だったからということもあるんでしょうけど、『泥棒成金』や『北北西に進路を取れ』の飛行機に襲われる有名なシーンはもちろん、危機に次ぐ危機をケーリー・グラントがどうやって逃げるかという面白さ。スリルとサスペンスだけじゃなくて、ユーモアやギャグがすばらしいんですね。たとえば列車のなかでエヴァ・マリー・セイントの寝台車の奥の洗面所に隠れて、ケーリー・グラントが彼女のいろいろな持ち物を調べるでしょう。

秦　そこに小さなカミソリ。

山田　あれが何の伏線になるかと思ったら、駅の洗面所でひげを剃るときに使う。

秦　シャボンをつけちゃってね。これも間接的な女への接し方なのでしょうか。

山田　ケーリー・グラントでなければできないおかしさですね。

秦　ユーモアであり、また追われているドキドキもあり。

山田　ルビッチではないけど、セックスをユーモアに変えるっていう、まさにソフィスティケーションの粋ですね、あのおかしさは。だって、あれ、実はものすごくえげつない（笑）。あの小さなカミソリの使い方。

秦　あの場面は面白い。あれは女用のカミソリなんでしょう。だから、エヴァ・マリー・セイントもどっかを剃っているのよ。どだい、男が女のカミソリを見るとき、そして女が男のカミソリを見るときって、何かどっきりするものがあると思うんです。少なくとも、なんらかのイマジネーションは湧き上がります。こういう小道具のとらえ方って、酸いも甘いも心得た大人の眼ですね。小さなカミソリから、女の肉体の部分や動作を想像するんですもの。

山田　すごくエロティックなものを、どうやって笑いに変えるかっていうね。

秦　そのうえに小道具として、次につながっていくのですもの。なんでもないようなシーンが、次の伏線になってゆく確かさ。それをまず、さりげなく出す。

山田　次に何が来るかというスリル。『北北西に進路を取れ』で最後にエヴァ・マリー・セイントが崖っぷちから落ちそうになって、ケーリー・グラントが必死になってひっぱり上げようとすると、次が列車のなかの……。

秦　これは絶妙。

山田　あの省略のうまさ。あれをオーヴァーラップとかでつないで、説明的にやったらだめなんですけど。

秦　ヒッチコックは自分で編集するからでしょうね。皮肉、ユーモア、サスペンスもエロティシズムも、みんなそのなかに包んでしまいながら、うまい編集によって完成する。映画は編集の力でもありますから。そしてなおかつ、人間の根本を見ていて、はずさない。

山田　人間くさいんですね。スリルとかサスペンスというと、人間がそっちのけになって、プロットのほうが先になりがちなわけですけど。

秦　ともすると、新しい手立てをどうするかと、それだけになって、人間がずっこけてしまう。女に対して皮肉ですが、意地悪ではない。男と女、このわからぬ同士の存在を同等に認め合って、しかもあくまで男の視線で描かれています。

山田　そこがヒッチコックの映画が古くならないところなんですね。結局、男と女の永遠のロマンティシズムみたいなものがプロットを支えているわけでしょう。『裏窓』なんか、男と女のほとんどセクシャルな駆引きみたいなコメディーですもんね。

アルフレッド・ヒッチコック　略歴と作品

一八九九年　八月一三日、アルフレッド・ジョゼフ・ヒッチコック、ロンドンの下町イースト・エンドのレイトンストーンに生まれる。鶏肉店を経営するかたわら青果物の卸売商も営んでいたウィリアム・ヒッチコックと妻のエマ・ジェーン（旧姓ホイーラン）の三人の子供の末っ子であった（兄ウイリアムは九歳上、姉エレン・キャスリーン愛称ネリーは七歳上）。一家はアイルランド人のカトリック教徒。

一九一〇年　ロンドンのイエズス会の聖イグナチウス・カレッジに入学（一九一三年修了）。

一九一四年　父親が死去。一四歳から海洋技術専門学校で工学を学ぶ。

一九一九年　W・T・ヘンリー電信ケーブル会社の技術部門（海底電線の電力測定）で働きながら、週に一、二回ロンドン大学の美術学科で絵の勉強をし、やがて広告宣伝部に異動する。社内雑誌に「Gas（麻酔ガス）」という短篇小説を発表。

一九二〇年　アメリカの映画会社フェイマス・プレイヤーズ・ラスキー（パラマウントの前身）のロンドン支社に映画のタイトル用イラストを売り込み、採用されてイズリントン撮影所で、サイレント映画のタイトルデザイン（セリフや解説を書いた字幕）を担当。

一九二二年　フェイマス・プレイヤーズ・ラスキー、ロンドン支社を閉鎖。イズリントン撮影所はマイケル・バルコンを中心とするイギリスの独立プロのグループに譲渡され、ヒッチコックはグレアム・カッツ監督の下で脚本・美術・助監督などを担当。その間、自主製作の初監督作品、

一九二三年　○『第十三番』(Number Thirteen) を手がけるが、未完に終わる。
ヒッチコックが脚本と助監督と美術を担当した『女対女』(グレアム・カッツ監督)の編集を担当したアルマ・レヴィル (のちのヒッチコック夫人) と知り合う。アルマ・レヴィルはヒッチコックの生年月日と一日違いの一八九九年八月一四日生まれだった。

一九二四年　ドイツ映画の全盛時代で、イギリス映画のほとんどがドイツの撮影所で撮られ、ヒッチコックはフリッツ・ラングやF・W・ムルナウの映画の撮影を見学、とくにムルナウの『最後の人』(一九二四) の撮影に魅せられたという。

一九二五年　ゲインズボロー・プロのマイケル・バルコン製作で、監督第一作、
①『快楽の園』(The Pleasure Garden)
——助監督・記録・編集をアルマ・レヴィルが担当。

一九二六年　②『山鷲』(The Mountain Eagle)
一二月二日、アルマ・レヴィルと結婚。新婚旅行はスイスのリゾート地サンモリッツ。その後も結婚記念日にはこの地ですごすようになる。

一九二七年　③『下宿人』(The Lodger)
御蔵入りになりかけていた『快楽の園』『山鷲』公開。『下宿人』も公開されてヒット、大反響をよぶ。
④『ダウンヒル』(Downhill)
⑤『ふしだらな女』(Easy Virtue)
⑥『リング』(The Ring)
④⑤は不入り、不評に終わるが、⑥は好評。

一九二八年　⑦『農夫の妻』(The Farmer's Wife)
⑧『シャンパーニュ』(Champagne)
ロンドン郊外シャムリー・グリーン村に

別荘を購入。

一九二九年　七月七日、娘（一人娘になる）パトリシア生まれる。愛称パット。
⑨『マンクスマン』(The Manxman)
⑩『恐喝（ヒッチコックのゆすり）』(Blackmail) ――サイレントで撮影スタート、途中でトーキーに切り替えられ、ヒッチコックにとってもイギリス映画にとっても第一回トーキー作品になった。

一九三〇年　○『エルストリー・コーリング』(Elstree Calling) ――ゴードン・ハーカーの出番のみ演出。
⑪『ジュノーと孔雀』(Juno and the Paycock)
⑫『殺人！』(Murder!)

一九三一年　⑬『スキン・ゲーム』(The Skin Game)

一九三二年　⑭『リッチ・アンド・ストレンジ（おかしな成金夫婦）』(Rich and Strange)
○『キャンバー卿の夫人たち』(Lord Camber's Ladies) ――ベン・W・レヴィ監督。製作のみ。

一九三三年　⑮『第十七番』(Number Seventeen)
⑯『ウィーンからのワルツ』(Waltzes from Vienna)

一九三四年　⑰『暗殺者の家』(The Man Who Knew Too Much) ――日本初公開のヒッチコック映画。

一九三五年　⑱『三十九夜』(The 39 Steps)

一九三六年　⑲『間諜最後の日』(The Secret Agent)
⑳『サボタージュ』(Sabotage)

一九三七年　㉑『第3逃亡者』(Young and Innocent)

一九三八年　㉒『バルカン超特急』(The Lady Vanishes) ――イギリス時代のヒッチコック映画最大のヒット作となり、アメリカでも注目され、ニューヨーク批評家協会賞受賞。
七月一四日、デヴィッド・O・セルズニックと契約、ハリウッドでの初仕事は『タイタニック号の沈没』か『レベッカ』かに決まる。

一九三九年　㉓『巌窟の野獣』(Jamaica Inn) ――イ

ギリス時代の最後の「残された契約」で、「さっさとかたづける」ためにやっつけ仕事になる。

三月一日、イギリスを去り、クイーン・メリー号に乗船してアメリカへ。

四月一〇日、セルズニック・インターナショナル・ピクチャーズに正式に雇用される。デヴィッド・O・セルズニックは『風と共に去りぬ』の製作に熱中していて、ヒッチコックが契約書に署名する席には立ち会わなかった。

一九四〇年

㉔『レベッカ』(Rebecca) ——ヒッチコックのアメリカ映画第一作。

㉕『海外特派員』(Foreign Correspondent) ——フリーのプロデューサー、ウォルター・ウェンジャーに貸し出されて。

一九四一年

㉖『スミス夫妻』(Mr. & Mrs. Smith) ——RKOに貸し出されて。

㉗『断崖』(Suspicion) ——RKOに貸し出されて。

一九四二年

㉘『逃走迷路』(Saboteur) ——ユニヴァーサルに貸し出されて。

母親が死去。

一九四三年

㉙『疑惑の影』(Shadow of a Doubt) ——ユニヴァーサルに貸し出されて。

一九四四年

㉚『救命艇』(Lifeboat) ——20世紀フォックスに貸し出されて。

イギリスにもどり、

○『闇の逃避行』(Bon Voyage)

○『マダガスカルの冒険』(Aventure Malgache)

ともに英国情報省依頼による戦争プロパガンダ映画(短篇)だったが、未公開。

一九四五年

㉛『白い恐怖』(Spellbound)

一九四六年

㉜『汚名』(Notorious) ——製作も兼ね、RKOに貸し出されて。

一九四七年

㉝『パラダイン夫人の恋』(The Paradine Case)

セルズニックとの契約終了。

一九四八年

イギリス時代からの旧友でロンドンの劇

場チェーンのオーナー兼経営者、シドニー・バーンスタインと共同でプロダクション、トランスアトランティック・ピックチャーズを設立。
㉞『ロープ』(Rope)

一九四九年　㉟『山羊座のもとに』(Under Capricorn)

一九五〇年　㊱『舞台恐怖症』(Stage Fright)
トランスアトランティック・ピックチャーズ解体。アルフレッド・ヒッチコック・プロダクション設立。

一九五一年　㊲『見知らぬ乗客』(Strangers on a Train)

一九五二年　㊳『私は告白する』(I Confess)
パトリシア、ボストンの実業家ジョゼフ・E・オコンネルと結婚(翌五三年には初孫メアリー、続いて五四年にはテレサ、五九年にはキャスリーンと三人の孫が誕生)。

一九五四年　㊴『ダイヤルMを廻せ!』(Dial M for Murder)
㊵『裏窓』(Rear Window)

一九五五年　㊶『泥棒成金』(To Catch a Thief)
TVシリーズ「ヒッチコック劇場(Alfred Hitchcock Presents)」放映開始。
アメリカ市民権を取得。

一九五六年　㊷『ハリーの災難』(The Trouble with Harry)
㊸『知りすぎていた男』(The Man Who Knew Too Much)

一九五七年　㊹『間違えられた男』(The Wrong Man)
ヒッチコック責任編集による「ヒッチコック・マガジン(Alfred Hitchcock's Mystery Magazine)」創刊。

一九五八年　㊺『めまい』(Vertigo)

一九五九年　㊻『北北西に進路を取れ』(North by Northwest)

一九六〇年　㊼『サイコ』(Psycho)

一九六二年　「ヒッチコック劇場」放映終了。一時間枠に拡大されたTVシリーズ「ヒッチコック・サスペンス(The Alfred Hitchcock

Hour）」放映開始。

一九六三年　㊽『鳥』（The Birds）

一九六四年　㊾『マーニー』（Marnie）

一九六五年　「ヒッチコック・サスペンス」放映終了。

一九六六年　㊿『引き裂かれたカーテン』（Torn Curtain）
「映画術 ヒッチコック／トリュフォー」（フランス語版の原題は「Le cinéma selon Alfred Hitchcock」、英語版は「Hitchcock／Truffaut」）出版。

一九六八年　ヒッチコック全作品に対してアカデミー賞アーヴィング・G・タルバーグ賞（アカデミー特別功労賞）。

一九六九年　(51)『トパーズ』（Topaz）
フランス芸術文化勲章、レジオン・ドヌール勲章。

一九七〇年　ゴールデングローブ賞／セシル・B・デミル賞（功労賞）。

一九七一年　(52)『フレンジー』（Frenzy）

一九七六年　(53)『ファミリー・プロット』（Family Plot）

一九七九年　AFI（アメリカン・フィルム・インスティテュート）功労賞。

一九八〇年　一月三日、エリザベス女王（二世）よりナイトの称号（サーの爵位）を授与され、サー・アルフレッド・ヒッチコックに。
四月二九日、腎不全を起こし、ロサンゼルスで死去。満八〇歳。遺体は火葬に付された。二年半後、一九八二年七月六日、アルマ夫人もこの世を去った。

●写真提供・協力
レ・フィルム・デュ・キャロッス
フランソワ・トリュフォー
コレクション・イフ
AHP

あとがきに代えて

同志たち、映画ですよ!——To the happy few

アルフレッド・ヒッチコック監督の映画について、これまで(一九七〇年代半ばごろからざっと四十年間に)いろいろな形で、いろいろな媒体に、私なりの「ヒッチコック映画」体験も重ね合わせつつ書いたり語ったりしてきたものをまとめた一冊です。同じ作品、同じシーン、同じスターなどのことをしつこく何度もくりかえして書いたり語ったりしているのも、私なりの想いがそれだけこもった結果です。いつもながら、映画への同じ想いを共有する、その意味での同志たちに、心をこめて、映画を映画的に映画の言葉で語ることを心がけました。

以下のように本書を構成してみました。

第一章は総論としてヒッチコックのキャリアや映画史上の位置づけとともに、「スリラーの神様」「サスペンスの巨匠」とよばれるまでに至る映画作家の原点と言うべきものになった妄想あるいは妄執のようなもの、恐怖の本質やサスペンスの手法などを私なりに追究、考察した「覚え書」です。フランソワ・トリュフォーがヒッチコックに五十時間にわたるインタビューをおこなった研究書「映画術 ヒッチコック/トリュフォー」の翻訳中にトリュフォーに会ってささやかなインタビューをできたことも収穫でした。

第二章はヒッチコック映画の官能的な中核になる女優とそのヒロイン——犯罪的美女——についての私なりの映画的な断想です。『めまい』の美しく官能的なヒロインを演じたキム・ノヴァクに会えたことも私には至福の出来事でした。

第三章はイギリスとドイツでサイレント時代に監督としてデビューしたヒッチコックが主としてスパイ・スリラーともよぶべきジャンルを制覇して国際的評価を得ていく一九三〇年代の軌跡をたどってみました。

第四章はハリウッドの大プロデューサー、デヴィッド・O・セルズニックに招かれて渡米したヒッチコックが、契約に縛られつつも、第二次世界大戦中のいろいろな条件を乗り越えて試みたアメリカ映画へのいくつかの挑戦にスポットをあててみました。

第五章はセルズニックとの契約から解放されたヒッチコックが、独立プロダクションを設立、自らの作品の最終編集権を持つプロデューサーとして、試行錯誤をくりかえしながらも、トリュフォーが言うところの「アメリカ映画的様式化」に向かってひたすら邁進していく「ヒッチコック映画」のすばらしさへの私なりの讃歌です。

第四章の冒頭の蓮實重彥氏との対談（『海外特派員』をめぐって）、第五章をしめくくる秦早穂子さんとの対談（「サスペンスとエロティシズム」について）は、できたら多くの方々に読んでほしいと思い、欲張って再録させてもらいました。

本書のために、煩雑な原稿の整理や手直しに関して全面的にご協力をいただいた増原譲子さんに心から感謝いたします。本書の企画・編集者である平凡社の日下部行洋氏、そして装丁、レイアウトの中村香織さんにも。写真提供にご協力いただいた各社にも。ありがとうございました。


（二〇一六年九月一三日、山田宏一記）

索引……◆人名

索引……◆作品名

山田宏一（やまだ・こういち）

映画評論家。1938年、ジャカルタ生まれ。東京外国語大学フランス語学科卒業。1964～67年、パリ在住。その間「カイエ・デュ・シネマ」同人。著書に『増補 友よ映画よ、わがヌーヴェル・ヴァーグ誌 』『増補 トリュフォー、ある映画的人生』（平凡社ライブラリー）、『ゴダール、わがアンナ・カリーナ時代』（ワイズ出版）、『フランソワ・トリュフォー映画読本』『トリュフォーの手紙』（平凡社）、『トリュフォー、最後のインタビュー』（蓮實重彥と共著、平凡社）、『ヒッチコックに進路を取れ』（和田誠と共著、草思社）ほか多数。訳書に『定本 映画術 ヒッチコック／トリュフォー』（蓮實重彥と共訳、晶文社）ほか多数。近刊に『ハワード・ホークス映画読本』（国書刊行会）。

ヒッチコック映画《えいが》読本《どくほん》

2016年12月９日　初版第１刷発行

著者　山田宏一

発行者　西田裕一
発行所　株式会社平凡社
〒101-0051　東京都千代田区神田神保町3-29
電話　03-3230-6584（編集）
03-3230-6573（営業）
振替　00180-0-29639
ホームページ　http://www.heibonsha.co.jp/

装丁　中村香織
印刷・製本　中央精版印刷株式会社

©Koichi YAMADA 2016 Printed in Japan
ISBN 978-4-582-28263-4　NDC分類番号778.28
四六判（19.4cm）　総ページ324

乱丁・落丁本のお取り替えは直接小社読者サービス係までお送りください（送料は小社で負担します）。

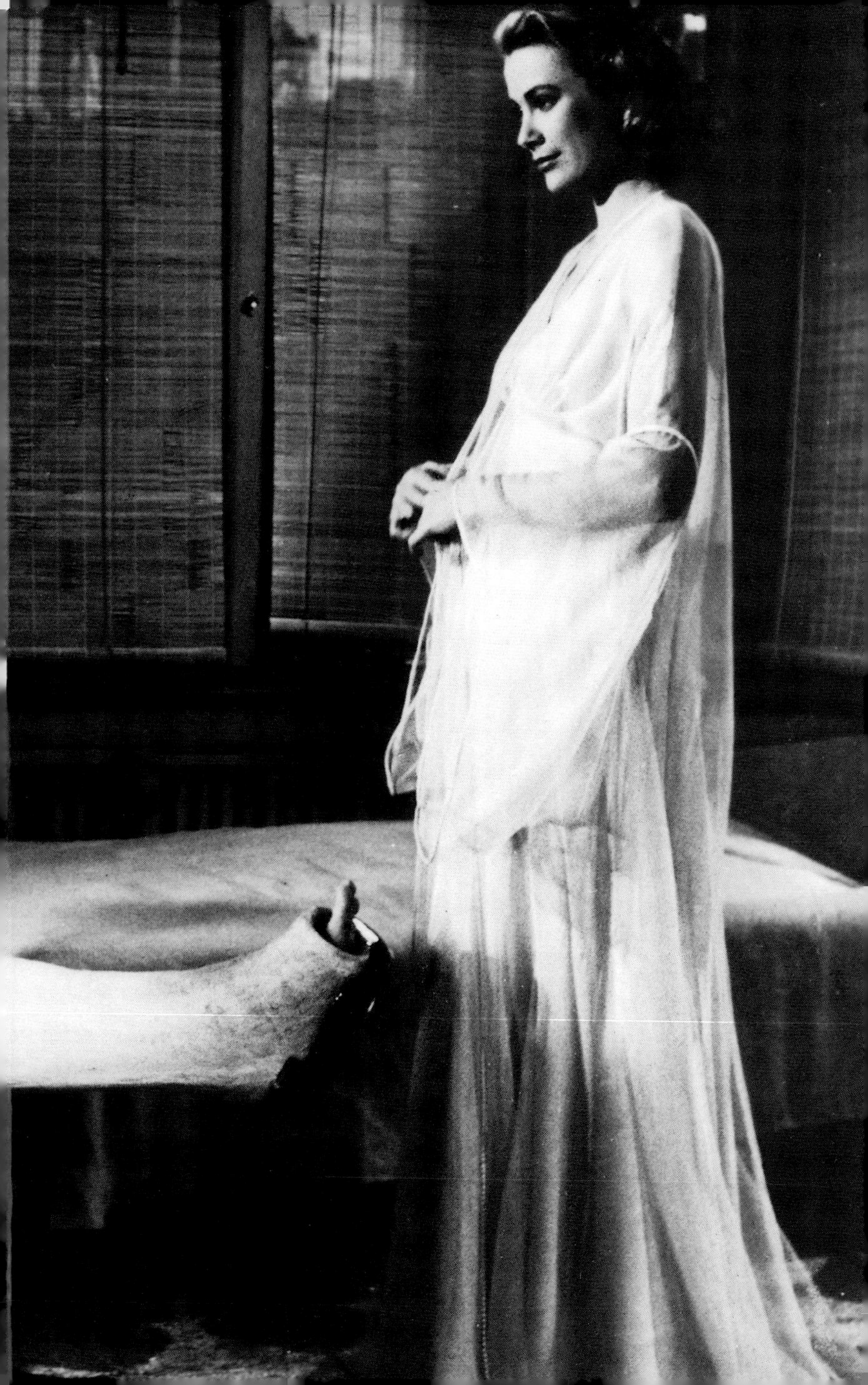